吕思勉 著

魏晋南北朝史札记

吕思勉著作精选

读史札记

图书在版编目（CIP）数据

魏晋南北朝史札记／吕思勉著. -- 上海：上海古籍出版社，2024.11. --（吕思勉著作精选）. -- ISBN 978-7-5732-1388-4

Ⅰ. K235. 07-53

中国国家版本馆 CIP 数据核字第 2024TU1302 号

吕思勉著作精选·读史札记

魏晋南北朝史札记

吕思勉　著

上海古籍出版社出版发行

（上海市闵行区号景路 159 弄 1-5 号 A 座 5F　邮政编码 201101）

（1）网址：www.guji.com.cn

（2）E-mail：guji1@guji.com.cn

（3）易文网网址：www.ewen.co

上海颛辉印刷厂有限公司印刷

开本 890×1240　1/32　印张 11　插页 3　字数 291,000

2024 年 11 月第 1 版　2024 年 11 月第 1 次印刷

ISBN 978-7-5732-1388-4

K·3726　定价：52.00 元

如有质量问题，请与承印公司联系

前 言

　　有一种说法,说理想的历史著述家,要写过一部历史的专著,写过一部历史教科书,再写过一部历史通俗读物。又有一种类似的说法,把教科书换成了方志书,或是把通俗读物换成了历史地图册,说唯有著述了多种主题、多种形式的史学作品,历史著述才算达到了完满的境界。这些说法,当然不是在为史学评论提供一种评判的标尺,其本意是强调历史著述家除了要撰写专业领域里的学术著作,还要尽其所能为社会大众提供多种多样的历史作品,以满足不同层次、不同爱好的读者需要。

　　由此而论,史学家吕思勉先生倒是达到了理想的历史著述境界。他不仅写有大部头的史学著作,如《先秦史》《秦汉史》等成系统的四部断代史,还写过大量的文史教科书和历史通俗读物。其数量之多、品类之丰,在民国时代众多的史学大家中也是很罕见的。而且,他撰写的教科书和历史通俗读物,都是精心之作,或被后人称之为通俗读物之典范。

　　如此次"吕思勉著作精选"收录的一九二四年商务印书馆出版的《新学制高级中学教科书本国史》,黄永年先生曾评价说:这本书现在已经很少有人知道了,有一篇《吕思勉先生主要著作》,就没有提到这本书,也许认为这只是教材而非著作。"其实此书从远古讲到民国，只用了十二万字左右篇幅，而政治、经济、文化以及典章制度各个方面无不顾及，在取舍详略之中，体现出吕先生的史学史识，实是吕先生早期精心之作。有些青年人对我讲，现在流行的通史议论太多，史实太少，而且头绪不清，实在难读难记。我想吕先生这本要言不烦的《本国史》是否可以给现在编写通史、讲义的同志们一点启发。"（黄永年：《回忆我的老师吕诚之先生》，《学林漫录》第四集，北京，中华书局，1981 年）

又如《三国史话》，原是吕先生撰写《秦汉史》的副产品，出版之后，就很受欢迎，被视为历史通俗读物的典范之作。虞云国先生说：史学大师吕思勉既有代表其学术高度的断代史，又有通俗读物《三国史话》，"各擅胜场，令人叹绝"。（吕思勉：《三国史话》封底，北京，商务印书馆，2015 年）梁满仓先生也说："《三国史话》的大家风范，首先体现在作者强烈的历史责任意识……还表现在一些经得住时间检验的观点……《三国史话》是一部通俗历史读物，然而通俗中却包含着渊博的知识……小中见大、通俗中见高雅，《三国史话》为我们树立了典范。"（梁满仓：《〈三国史话〉的大家风范》，吕思勉：《三国史话》，北京出版社，2012 年）如今，吕先生的各种著述一再重版、重印，成为民国史学家中最为大众欢迎的史家之一，说明上述史学家们的评说已经成为大家的共识。

本着这样的认识，我们在吕先生一千余万字的著述中，选择了二十余种兼具通俗性与专业性且篇幅适宜者，根据内容分为七类，分别是：通史、专门史、修身、历史分级读本、读史札记、史话和国学，组成"吕思勉著作精选"，以飨读者。如最先推出的"吕思勉著作精选·专门史"，收入《中国社会史》、《中国社会变迁史（附大同释义）》、《中国民族史两种》和《中国文化史六讲　中国政治思想史十讲》。何以收入此四种？吕先生历来备受关注者，即其"两部通史、四部断代史、一种札记",但其对专门史亦非常重视。他提倡"专就一种现象的陈迹加以研究"之专门的历史,并且身体力行,在史学实践中完成社会史、民族史、文化史、政治思想史等专史著作,涵盖面很广。且其专门史常常有一种贯通的眼光,既是朝代的贯通,也是"专门"的贯通,如其讲政治思想史、文化史,则先论社会史,因此其专门之中又多贯通,体现了其"综合专门研究所得的结果,以说明一地域、一时代间一定社会的真相"的治学路径。吕思勉先生的历史著作,大多都蕴含着这种"贯通"的眼光。以此为例,是想说明我们精选吕思勉著作的用意,以及帮助读者更好地理解中国历史的希望。

为了便于查考,本书为各篇札记编了序号,并在目录中篇题后以"＊"号标注其版本出处:标＊的曾刊于《燕石札记》(商务印书馆,1937 年),标＊＊的曾刊于《燕石续札》(上海人民出版社,1958 年),标＊＊＊的曾刊于《论学集林》(上海教育出版社,1987 年),标＊＊＊＊曾刊于《吕思勉遗文集》(华东师范大学出版社,1997 年),标＊＊＊＊＊的为《吕思勉读史札记(增订本)》(上海古籍出版社,2005 年)所增补,标＊＊＊＊＊＊是《吕思勉全集》(上海古籍出版社,2015 年)所增补。未标星号的,均刊于《吕思勉读史札记》的初版本(上海古籍出版社,1982 年)。札记中的注文,均作文中夹注;编者按语则作页下注。

目 录

〔一〕好名之弊

　　五胡之乱，所以致神州陆沈，百年丘墟者，其道多端，而尚文之弊其一也。夫尚文之弊，其所由来者旧矣。然人孰不好文而恶质？睹其文采斐然而悦之，遂至溺而不反，虽违彬彬之义，犹是天下之公心也。至于自私其身，以七尺之躯，不能久存，而欲借文章以传其名于后，则私矣。崇尚文辞之弊，隋李谔推其原，以为起于魏之三祖。今观《三国志·文帝纪注》引《魏书》曰："帝初在东宫，疫疠大起，时人彫伤，帝深感叹，与素所敬者大理王朗书曰：生有七尺之形，死惟一棺之土，惟立德扬名，可以不朽，其次莫如著篇籍。疫疠数起，士人彫落，余独何人，能全其寿？故论撰所著《典论》、诗、赋，盖百余篇，集诸儒于肃城门内，讲论大义，侃侃无倦。"《王粲传注》引《魏略》，载帝为太子时《与吴质书》曰："昔年疾疫，亲故多罹其灾；徐、陈、应、刘，一时俱逝，痛何可言邪！"所指盖即初在东宫时事。又曰："顷撰其遗文，都为一集。历观诸子之文，对之抆泪，既痛逝者，行自念也。"则犹夫与王朗书之志也。王羲之叙兰亭燕集曰："修短随化，终期于尽。古人云：死生亦大矣，岂不痛哉？"又曰："一死生为虚诞，齐彭、殇为妄作，后之视今，亦犹今之视昔。"其与文帝，真可谓先后同揆矣。当时所谓名士，存心如此者何限？夫如是，安有杀身成仁，舍生取义者？京洛冠带之区，安得不沦为犬羊窟宅，而当任其责者，又岂独一王夷甫哉？

《晋书·羊祜传》："祜乐山水，每风景，必造岘山，顾谓从事中郎邹湛等曰：自有宇宙，便有此山。由来贤达胜士，登此远望，如我与卿者多矣，皆湮灭无闻，使人悲伤。"《杜预传》："预好为后世名。尝言高岸为谷，深谷为陵，刻石为二碑，纪其勋绩。一沈万山之下，一立岘山之上。曰：焉知此后不为陵谷乎？"贪痴如此，真所谓以身名为桎梏者矣。预尝言德不可企及，立功立言，可庶几也，而恶知夫能立德则无慕乎外，学问犹以为粗，事功犹以为末；虽有盖世之勋，不朽之言，湮灭而无传于后，而亦无所憾乎？

原刊《光华大学半月刊》第四卷第三期，
一九三五年十一月十日出版

〔二〕诸葛亮治戎

《三国志·诸葛亮传》：亮卒于军，及军退，宣王案行其营垒处所，曰：天下奇才也。此非虚美之辞。《晋书·职官志》曰：武帝甚重兵官，故军校多选朝廷清望之士居之。先是陈勰为文帝所待，特有才用，明解军令。帝为晋王，委任使典兵事。及蜀破后，令勰受诸葛亮围陈用兵倚伏之法，又甲乙校标帜之制，勰悉闇练之，遂以勰为殿中典兵中郎将，迁将军。久之，武帝每出入，勰持白兽幡在乘舆左右，卤簿陈列齐肃。太康末，武帝尝出射雉，勰时已为都水使者，散从，车驾逼暗乃还，漏已尽，当合函停乘舆，良久不得合，乃诏勰合之，勰举白兽幡指麾，须臾之间而函成，皆谢勰闲解，其为武帝所任。此事足见诸葛亮之治戎，确有法度也。

〔三〕魏武帝

　　从古英雄，坚贞坦白，无如魏武者。予每读《三国志注》引《魏武故事》所载建安十五年十二月己亥令，未尝不怆然流涕也。他且勿论，其曰："合兵能多得耳，然常自损，不欲多之；所以然者，兵多意盛，与强敌争，倘更为祸始。"自清末至民国，军人纷纷，有一人知念此者乎？其引齐桓、晋文及乐毅、蒙恬之事，自明不背汉，可谓语语肝鬲。且曰："孤非徒对诸君说此也，常以语妻妾，皆令深知此意。孤谓之言：顾我万年之后，女曹皆当出嫁，欲令传道我心，使他人皆知之。"以众人之不知也，使豪杰独抱孤忠，难以自明如此，岂不哀哉？又曰："然欲孤便尔委捐所典兵众，以还执事，归就武平侯国，实不可也。何者？诚恐己离兵，为人所祸也。既为子孙计，又己败则国家倾危，是以不得慕虚名而处实祸。"又曰："前朝恩封三子为侯，固辞不受，今更欲受之，非欲复以为荣，欲以为外援，为万安计。"从古英雄，有能如是坦白言之者乎？夫惟无意于功名者，其功名乃真。公初仅欲作郡守，后又欲以泥水自蔽，绝宾客往来之望，虽至起兵讨卓之后，犹不肯多合兵是也。惟不讳为身谋者，其为公家谋乃真。使后人处公之位，必曰所恤者国家倾危，身之受祸非所计，更不为子孙计也。然其诚否可知矣。

　　《董昭传》载昭说太祖建封五等曰："大甲、成王未必可遭，今民难化，甚于殷、周，处大臣之势，使人以大事疑己，诚不可不重虑也。明公虽迈威德，明法术，而不定其基，为万世计，犹未至也。定基之本，在地与人，宜稍建立，以自藩卫。"此即太祖欲受三子侯封以为外援之说，意在免祸，非有所图；且太祖早自言之矣，何待昭之建议。乃传又载昭之言曰："自古以来，人臣匡世，未有今日之功。有今日之功，未有久处人臣之势者也。明公忠节颖露，天威在颜，耿弇床下之言，朱英无妄之论，不得过耳。昭受恩非凡，不敢不陈。后太祖遂受魏公、魏王之号，皆昭所创。"《荀彧传》云：建安"十七年，董昭等谓太祖宜进爵国公，九锡备物，以彰殊勋，密以谘彧。彧以为太祖本兴义兵以匡朝宁国，秉忠贞之诚，守退让之实；君子爱人以德，不宜如此。太祖由是心不能平。会征孙权，表请彧劳军于谯，因辄留彧，以侍中光禄大夫，持节，参丞相军事。太祖军至濡须，彧疾留寿春，以忧薨。明年，太祖遂为魏公矣。"一似太祖之为魏公、魏王，实为篡逆之阶，董昭逢之，荀彧沮之者，此则诬罔之辞矣。太祖果欲代汉，易如反掌，岂待董昭之逢，亦岂荀彧所能沮，欲篡则竟篡矣，岂必有魏公、魏王以为之阶？《昭传注》引《献帝春秋》，谓太祖之功，方之吕望、田单，若泰山之与丘垤，徒与列将功臣，并侯一县，岂天下之所望？此以事言为极确，即以理论为至平，开建大国，并封诸子，使有磐石之安宜也，于篡夺乎何与？《彧传》之说既全属讹传，即《昭传》之辞，亦附会不实。然谓公忠节颖露，耿弇、朱英之谋不得过耳，则可见太祖当时守节之志甚坚，为众人所共知，故虽附会者，亦有此语也。己亥令所言之皆实，弥可见矣。

《郭嘉传》：嘉薨，太祖临其丧，哀甚，谓荀攸等曰："诸君年皆孤辈也，惟奉孝最少。天下事竟，欲以后事属之，而中年夭折，命也夫！"《注》引《傅子》载太祖与荀彧书亦云："欲以后事属之。"此太祖之至心，亦即公天下之心也。然其事卒不克就，身死未几，子遂篡夺,岂郭嘉外遂无人可属哉?人之心思,恒为积习所囿。父死者必子继,处不为人臣之势,则终必至于篡夺而后已。人人之见解如此,固非一二人之力所能为也。太祖即有所属,受其属者,亦岂能安其位哉?然而太祖之卓然终守其志,则可谓难矣。英雄固非众人之所能移也。

《蜀志·李严传注》云:"《诸葛亮集》有严与亮书,劝亮宜受九锡,进爵称王。亮答书曰:吾本东方下士,误用于先帝,位极人臣,禄赐百亿,今讨贼未效,知己未答,而方宠齐、晋,坐自贵大,非其义也。若灭魏斩叡,帝还故居,与诸子并升,虽十命可受,况于九邪!"如亮之言,使其为魏武帝,岂有不受九锡者哉?而李严当日,岂有劝亮为帝之理与?而以魏武帝之受九锡,进王封,必为篡夺之阶,其诬亦可知矣。

〔四〕诸葛亮南征考

　　诸葛亮之南征,《三国志》记其事甚略。《亮传注》引《汉晋春秋》曰:亮在南中,所在战捷。闻孟获者,为夷汉所服,募生致之。既得,使观于营陈之间。问曰:"此军何如?"获对曰:"向者不知虚实,故败。今蒙赐观看营陈。若只如此,即定易胜耳。"亮笑,纵使更战。七纵七禽,而亮犹遣获,获止不去,曰:"公天威也,南人不复反矣。"遂至滇池。南中平;皆即其渠师而用之。或以谏亮;亮曰:"若留外人,则当留兵,兵留则无所食,一不易也,加夷新伤破,父兄死伤,留外人而无兵者,必成祸患,二不易也。又夷累有废杀之罪,自嫌衅重,若留外人,终不相信,三不易也。今吾欲使不留兵,不运粮,而纲纪粗定,夷汉粗安故耳。"《马谡传注》引《襄阳记》曰:亮征南中,谡送之数十里。亮曰:"虽共谋之历年,今可更惠良规。"谡对曰:"南中恃其险阻,不服久矣。虽今日破之,明日复反耳。今公方倾国北伐,以事强贼。彼知官势内虚,其叛亦速。若殄尽遗类,以除后患,既非仁者之情,且又不可仓卒也。夫用兵之速,攻心为上,攻城为下;心战为上,兵战为下;愿公服其心而已。"亮纳其策,赦孟获以服南方,故终亮之世,南方不敢复反。攻心攻城,心战兵战,后世侈为美谈,其实不中情实。案当时叛者,牂牁朱褒、益州雍闿、越巂高定。褒之叛在建兴元年,闿、定则尚在其前。《后主传》:建兴元年夏,牂牁太守朱襃反。先是益州郡大姓雍闿反,流太守张裔于吴。越巂夷王高定亦叛。据《张裔传》及《马忠传》,则闿前次已杀太守正昂。《吕凯传》云:雍闿等闻先主薨于永安,骄黠恣甚。又载亮表凯及王伉,谓其执忠绝域,十有余年,则当先主之世,闿亦未尝服从也。闿又系为吴所诱。见《蜀志·张裔、吕凯传》,《吴志·步骘、士燮传》。其答李严书,辞绝桀慢。见《吕凯传》。盖其蓄叛谋久矣。其心岂仓卒可服?《李恢传》云:为庲降都督,住平夷县,先主薨,高定恣睢于越巂,雍闿跋扈于建宁,朱襃反叛于牂牁。丞相亮南征,先由越巂,而恢案道向建宁。诸县大相纠合,围恢军于昆明。恢出击,大破之。追奔逐者,南至槃江,东接牂牁,与亮声势相连。南土平定,恢军功居多。《吕凯传》:永昌不韦人也。仕郡五官掾功曹,雍闿降于吴,吴遥署闿为永昌太守,永昌既在益州郡之西,道路壅塞,与蜀隔绝,而郡太守改易。凯与府丞蜀郡王伉,帅厉吏民,闭境拒闿。及丞相亮南征讨闿,既发在道,而闿已为高定部曲所杀。亮至南,表以凯为云南太守,亮平南之后,改益州郡为建宁郡。分建宁、永昌郡为云南郡,又分建宁、牂牁为兴古郡。王伉为永昌太守。《马忠传》云:亮入南,拜忠牂牁太守。郡丞朱襃反,叛乱之后,忠抚育恤理,甚有威惠。昆明种落,西至楪榆,其距越巂,已不甚远。亮兵自越巂而出,至云南附近,必已与李恢、吕凯相接。永昌本未破坏。自昆明以东,又为恢所平定,则亮之战绩,当在越巂、云南之间。既抵云南,遂可安行至滇池矣。亮之行,盖至滇池为止。自此以东,盖因李恢兵势,更遣马忠往抚育之。《后主传》仅云:南征四郡,四郡皆平;《亮传》亦仅云:率众南征,其秋悉平;不详述其战绩者,亮军实无多战事也。七纵七擒事同儿戏,其说信否,殊难质言。即谓有之,亦必在平原,非山林深阻之区。且以亮训练节制之师,临南夷未经大敌之众,胜算殆可预操。孟获虽得众心,实非劲敌。累战不捷,强弱皎然,岂待七擒而后服?况攻心攻城,心战兵战,乃庙算预定之策,非临机应变之方，谋之历年，当正指此，安得待出军之日，然后问之？马谡亦安得迟至相送之日，然后言之乎？《李恢传》云：军还，南夷复叛，杀害守将。恢身往扑讨，锄尽恶类，徙其豪帅于成都，赋出叟、濮耕牛战马、金银犀革，充继军资，于时费用不乏。此所谓军还者，当指亮南征之军。所谓费用不乏，亦即《亮传》所谓军资所出，国以富饶。其事相距不远，故承其秋悉平之下终言之。则是亮军还未几，南夷即叛也。《后主传》：建兴十一年，南夷刘胄反，将军马忠讨平之。《马忠传》亦云：建兴十一年，南夷豪帅刘胄反，扰乱诸郡。征庲降都督张翼还，以忠代翼，忠遂斩胄，平南土。而据《张翼传》，则翼之为庲降都督，事在建兴九年，刘胄作乱，翼已举兵讨胄，特未破而被征。然则胄之乱尚未必在十一年；即谓其在十一年，而亮之卒实在十二年八月，相去尚几两年也。《马忠传》又云：初建宁郡杀太守正昂，缚太守张裔于吴，故都督常驻平夷县。至忠，乃移治味县。又越嶲郡亦久失土地，忠率将太守张嶷，开复旧郡。《张嶷传注》引《益都耆旧传》云：忠之讨胄，嶷属焉。战斗常冠军首。遂斩胄平南。事讫，牂牁、兴古僚种复反。忠令嶷领诸营往讨。此事当在建兴十一、二年间，亮亦尚未卒。又《后主传》：延熙三年春，使越嶲太守张嶷平定越嶲郡。《张嶷传》云：自丞相亮讨高定之后，叟夷数反，杀太守龚禄、焦璜。是后太守不敢之郡，只住安定县，去郡八百余里，其郡徒有名而已。时论欲复旧郡，除嶷为越嶲太守。嶷在官三年，乃徙还故郡。定莋、台登、卑水三县，旧出盐铁及漆，夷徼久自固。嶷乃率所领夺取，署长吏。郡有旧道，经旄牛中至成都，既平且近。自旄牛绝道，已百余年，更由安上，既险且远。嶷乃与旄牛夷盟誓，开通旧道，复古亭驿。又《霍峻传》：子弋。永昌郡夷僚，恃险不宾，数为寇害。乃以弋领永昌太守，率偏军讨之。遂斩其豪帅，破坏邑落，郡界宁静。此事在弋为太子中庶子之后，太子璿之立，事在延熙元年,则戈之守永昌,当略与巂之守越巂同时,然则不但终亮之世,南方不敢复反为虚言;抑亮与李恢、吕凯等,虽竭力经营,南夷仍未大定,直至马忠督庲降,张巂守越巂,霍弋守永昌,然后竟其令功也。诸人者,固未尝不竭抚育之劳,亦未闻遂释攻战之事,此又以见攻心心战之策,未足专恃矣。要之亮之素志,自在北方;其于南土,不过求其不为后患而止。军国攸资,已非夙望,粗安粗定,自系本怀。一出未能敉平,原不足为亮病,必欲崇以虚辞,转贻致讥失实矣。

原刊《青年半月刊》第二卷第三期,一九四〇年六月一日出版

〔五〕诸葛亮随身衣食悉仰于官不别治生

诸葛亮自表后主曰："成都有桑八百株，薄田十五顷，子弟衣食，自有余饶。至于臣在外任，无别调度，随身衣食，悉仰于官，不别治生，以长尺寸，若臣死之日，不使内有余帛，外有赢财，以负陛下。"及卒，如其所言。见《三国志》本传。读史者以为美谈。其实当时能为此者，非亮一人也。夏侯惇"性清俭，有余财，辄以分施，不足资之于官，不治产业。"徐邈"赏赐皆散与将士，无入家者"。胡质亦然。嘉平六年，诏与田豫并褒之。以上均见《三国志》本传。邓芝"为大将军二十余年，身之衣食，资仰于官，不苟素俭，然终不治私产，妻子不免饥寒。死之日，家无余财"。吕岱"在交州，历年不饷家，妻子饥乏"。其所为皆与亮同。陈表"家财尽于养士，死之日，妻子露立"。朱桓"爱养吏士，赡护六亲，俸禄产业，皆与共分。及桓疾困，举营忧戚"。见《三国志》本传。则尤有进焉者矣。君子行不贵苟难，不以公家之财自私则可矣；禄尽于外，而妻子饥寒则过矣。要之治生自治生，廉洁自廉洁，二者各不相妨也。

袁涣"前后得赐甚多，皆散尽之，家无所储，终不问产业，乏则取之于人，不为皦察之行，然时人服其清"。见《三国志》本传。有袁涣之行则可也。无之，则有借通财之名，行贪取之实者矣。随身用度，悉仰于官，而无节度，亦不能保贪奢者之不恣取也。为之权衡斗斛，则并权衡斗斛而窃之，于私产之世而求清廉，终无正本之策也。是故督责之术之不可以少弛也，于财计尤然。

羊续为南阳太守，妻与子秘俱诣郡舍，续闭门不纳。妻自将秘行，其资藏惟有布衾、敝祗裯，盐麦数斛而已。顾敕秘曰："吾自奉若此，何以资尔母乎？"使与母俱归。刘虞"以俭素为操，冠敝不改，乃就补其穿。及遇害，瓒兵搜其内，而妻妾服罗纨，盛绮饰，时人以此疑之"。均见《后汉书》本传。步骘"被服居处有如儒生。然门内妻妾，服饰奢绮，颇以此见讥"。见《三国志》本传。夫虞与骘，非必其为伪也。和洽曰："夫立教观俗，贵处中庸，为可继也。今崇一概难堪之行以检殊涂，勉而为之，必有疲瘁。"见《三国志》本传。俭者之家人，不必其皆好俭也。身安于俭焉，习于俭焉，勉于俭焉，皆无不可，必欲强其家人以同好，则难矣。迫其家人为一概难堪之行，以立己名，尤非真率平易者所能为。故居官者携家室以俱行，未为失也，必欲使之绝父子之恩，忘室家之好，如世所称妻子不入官舍者，则亦非中庸之行矣。然身俭素而家人奢泰，以此累其清节者，亦非无之。妻子不入官舍，亦有时足为苞苴滥取之防，以此自厉，究为贤者，较之以家自累者，则远胜矣。《三国志》载：蒋钦，"权尝入其堂内，母疏帐缥被，妇妾布裙。权叹其在贵守约。"则家人能俱安于俭者，亦有之，然非可概诸人人也。

治生之道，循分为难。何谓循分？曰：耕而食，织而衣，有益于己，无害于人者是已。然在交易既兴之后则难矣。无已，其廉贾乎？然身处阛阓之中，为操奇计赢之事，而犹能不失其清者，非有道者不能，凡人未足以语此也。士大夫之家，既不能手胼足胝，躬耕耘之业，又不能持筹握算，博蝇头之利；使为农商，必将倚势陵人，滞财役贫矣。陈化敕子弟废田业，绝治产，仰官廪禄，不与百姓争利，见《三国志·孙权传》黄武四年《注》引《吴书》。以此也。若身财果出于廪禄，虽治产亦何伤？所以必绝之者，正以士大夫而治生，易有妨于百姓故也。诸葛亮之不别治生，其以此欤？

《三国志·孙休传》注引《襄阳记》言："(李)衡每欲治家，妻辄不听。后密遣客十人，于武陵龙场泛洲上作宅，种甘橘千株。临死，敕儿曰：汝母恶我治家，故穷如是。然吾州里有千头木奴，不责汝衣食，岁上一匹绢，亦可足用耳。衡亡后二十余日，儿以白母，母曰：此当是种甘橘也。汝家失十户客来七八年，必汝父遣为宅。汝父恒称太史公言，江陵千树橘，当封君家。吾答曰：且人患无德义，不患不富，若贵而能贫，方好耳，用此何为？吴末，衡甘橘成，岁得绢数千匹，家道殷足，晋咸康中，其宅址枯树犹在。"患无德义而不忧贫，衡之妻何其贤也？然勤树艺之利，而不剥削于人，衡之治生，亦可谓贤矣。然自吴末至咸康，五十年耳，木已枯矣，信乎树木之利，不如树人也。

士之能厉清节者寡矣，乱世尤甚，以法纪荡然，便于贪取也。《三国志·王脩传》言：袁氏政宽，在职势者多畜聚。太祖破邺，籍没审配等家财物以万数。此袁氏所由亡欤？《郭嘉传注》引《傅子》，谓嘉言绍有十败，曹公有十胜，汉末政失于宽，绍以宽济宽，公纠之以猛。然则绍之宽，非能宽于人民，乃正宽于虐民者耳。然虽太祖，亦未能使其下皆厉廉节也。太祖为司空时，以己率下，每岁发调，使本县平资。于时谯令平曹洪资财与公家等，太祖曰："我家资那得如子廉邪？"《三国志·曹洪传注》引《魏略》。洪之多财可知矣。诸葛瑾及其子恪并质素，虽在军旅，身无采饰；而恪弟融，锦罽文绣，独为奢绮。潘璋"性奢泰，末年弥甚，服物僭拟，吏兵富者，或杀取其财物"。均见《三国志》本传。其不法如此。然非独武人也，曹爽等实不世之才，而卒以奢败。魏之何晏，蜀之刘琰，吴之吕范，并以豪汏称，而其风且传于奕世。何曾，晏之子也。晋治之不善，王、石等之奢汏实为之，而其风则仍诸魏末者也。以魏武帝、诸葛武侯之严，吴大帝之暴，而不能绝，亦难矣。

太祖父嵩之死，《武帝纪注》引《世语》、《吴书》，其说不同。《世语》云："嵩在泰山华县。太祖令泰山太守应劭送家诣兖州，劭兵未至，陶谦密遣数千骑掩捕。嵩家以为劭迎，不设备。谦兵至，阖门皆死。"《吴书》言："太祖迎嵩，辎重百余两。陶谦遣都尉张闿将骑二百卫送，闿于泰山华、费间杀嵩，取财物，因奔淮南。"谦虽背道任情，谓其与阙宣合从寇钞，似失之诬，当以《吴书》之言为是。然无论其为谦遣骑掩捕，抑卫送之将所为，嵩之慢藏海盗则一也。处乱世者，可不戒欤？

鲁肃指囷，读史者亦久传为美谈，然亦非独肃也。先主转军广陵海西，糜竺进奴客二千，金银货币，以助军资。于时困匮，赖以复振，亦肃指囷之类也。知《管子》谓丁氏之粟足食三军之师，为不诬矣。然用财贵得其当，刘备、周瑜，皆末世好乱之士，助之果何为哉？

原刊《青年月刊》第三卷第七期，一九四一年七月十五日出版

〔六〕奖率三军,臣职是当

《三国志·诸葛亮传》：建兴五年,亮率诸军北驻汉中,临发,上疏曰:"今南方已定,兵甲已足,当奖率三军,北定中原。"及马谡为张郃所破,亮还汉中,上疏请自贬曰:"《春秋》责帅,臣职是当。"《华阳国志》作"帅将三军,职臣是当"。皆较优。《三国志》文盖讹误。

〔七〕如其不才君可自取

　　蜀先主谓诸葛亮曰："若嗣子可辅，辅之；如其不才，君可自取。"
《三国志·诸葛亮传》。世皆以为豁达大度推心置腹之言，实亦不然也。
孙策临亡，以弟权托张昭。《吴志·张昭传注》引《吴历》曰："策谓昭
曰：若仲谋不任事者，君便自取之。正复不克捷，缓步西归，亦无所
虑。"其言与备亦何以异？董昭建议："宜修古建封五等。"太祖曰：
"建设五等者，圣人也，又非人臣所制，吾何以堪之？"昭曰："自古以
来，人臣匡世，未有今日之功；有今日之功，未有久处人臣之势者
也。"《三国志》本传。此乃明白晓畅之言，势之所迫，虽圣人将奈之何
哉？菁华已竭，褰裳去之，为是言易，欲行是事，不可得也。古来圣
贤豪杰有盖世之才智，卒不能自免于败亡以此。

〔八〕君与王之别

　　《三国志·乌丸传注》引《魏书》曰："常推募勇健能理决斗讼相侵犯者为大人，邑落各有小帅，不世继也。数百千落自为一部，大人有所召呼，刻木为信，邑落传行，无文字，而部众莫敢违犯。"《后汉书·乌桓传》本之，而曰："有勇健能理决斗讼者，推为大人，无世业相继，邑落各有小帅"云云。知《魏书》"不世继也"句，当在"邑落各有小帅"之上，今本误倒也。邑落小帅，君也，不可无，亦不能无。或禅或继，各当自有成法。大人则邑落所共推，犹之朝觐讼狱之所归也，有其人则奉之，无则阙。德盛则为众所归，德衰则去之。三代以前，王霸之或绝或续，一国之所以忽为诸侯所宗，忽云诸侯莫朝以此。

　　《三国志·鲜卑传注》引《魏书》述檀石槐事曰："乃分其地为中东西三部。从右北平以东至辽东，接夫馀、貊为东部，二十余邑，其大人曰弥加、阙机、素利、槐头。从右北平以西至上谷为中部，十余邑，其大人曰柯最、阙居、慕容等，为大帅。从上谷以西至敦煌，西接乌孙为西部，二十余邑，其大人曰置鞬落罗、日律推演、宴荔游等，皆为大帅，而制属檀石槐。"此大人盖亦邑落所共推。而《后汉书》云："分其地为三部，各置大人主领之。"一若本无大人，而檀石槐始命之者，误矣。《魏书》丁乌丸，述其法俗甚详，于鲜卑则甚略，以乌丸、鲜卑法俗多同,述其相异者,同者则不及也。然则鲜卑亦当数百千落乃为一部。而檀石槐三部,中部十余邑,东西各二十余而已。而其大人皆非一人,则大人侔于小帅矣。檀石槐之众,合计不过五六十落,安能称强北边?然则所谓十余邑二十余邑云者,乃其大人所治之邑,即中部有大人十余,东西部各有二十余耳。属此诸大人之邑落,自在其外。此诸大人者,乃一方之主,犹之周初周、召分陕,一治周南,一治召南。太公所治,则东至于海,西至于河,南至于穆陵,北至于无棣也。其后吴、楚称王,犹自各王其域,彼此各不相干。曰天无二日,民无二王,乃冀望之辞,非事实也。《魏书》又曰:自檀石槐死后,诸大人遂世相袭,则犹周衰而齐、晋、秦、楚不随之而俱替耳。

《魏书》及《后汉书》所谓大人,即后世所谓可汗,檀石槐乃大可汗也。越之亡也,诸族子或为王,或为君,滨于江南海上,服朝于楚。其为王者,犹之鲜卑之诸大人;楚之君则犹檀石槐也。蒙古自成吉思汗以前,哈不勒忽图剌皆有汗号,成吉思亦先见推为汗,后乃更见推为成吉思汗。其初称汗也,与哈不勒忽图剌同,犹是小可汗,后则大可汗矣。回纥诸部尊唐太宗为天可汗,则又驾于诸大可汗之上,虽其等级不同,其理则一也。

〔九〕孙氏父子轻佻

　　陈寿言孙坚及策皆以轻佻果躁,陨身致败。其实非独坚及策如此,即孙权亦然。建安十八年正月,曹公攻濡须,权与相拒月余。《吴主传注》引《吴历》言:"权乘轻船,从濡须口入公军。诸将皆以为是挑战者,欲击之。公曰:此必孙权欲身见吾军部伍也。敕军中皆精严,弓弩不得妄发。权行五六里,回还作鼓吹。公见舟船器仗军伍整肃,喟然叹曰:生子当如孙仲谋,刘景升儿子若豚犬耳!"又引《魏略》曰:"权乘大船来观军,公使弓弩乱发,箭著其船,船偏重将覆,权因回船,复以一面受箭,箭均船平,乃还。"二说未知孰是。要之身乘船以入敌军,危道也。十九年,权征合肥。合肥未下,彻军还。兵皆就路,权与凌统、甘宁等在津北为魏将张辽所袭,统等以死扞权,权乘骏马越津桥得去。《注》引《献帝春秋》曰:"张辽问吴降人:向有紫髯将军,长上短下,便马善射,是谁?降人答曰:是孙会稽。辽及乐进相遇,言不早知之,急追自得。举军叹恨。"又引《江表传》曰:"权乘骏马上津桥,桥南已见彻,丈余无版。谷利在马后,使权持鞍缓控,利于后著鞭,以助马势,遂得超度。权既得免,即拜利都亭侯。"《贺齐传》《注》引《江表传》曰:"权征合肥还,为张辽所掩袭于津北,几至危殆。齐时率三千兵在津南迎权。权既入大船,会诸将饮宴,齐下席涕泣而言曰:至尊人主,常当持重。今日之事,几致祸败,群下震怖,若无天地,愿以此为终身诫。"此役盖权生平最危险之一役,然特邂逅致之。《张纮传》言权是时率轻骑,将往突敌,以纮谏而止。果使遂往,其危险又当如何也。不特此也,《权传》黄武五年《注》引《江表传》曰:"权于武昌新装大船,名为长安,试泛之钓台圻。时风大盛,谷利令柂工取樊口。权曰:当张头取罗州。利拔刀向柂工曰:不取樊口者斩。工即转柂入樊口,风遂猛不可行,乃还。权曰:阿利畏水,何怯也?"《张昭传》云:"权每田猎,常乘马射虎,虎常突前攀持马鞍。昭变色而前曰:将军何有当尔?权谢昭曰:年少虑事不远,以此惭君。然犹不能已,乃作射虎车,为方目,间不置盖,一人为御,自于中射之。时有逸群之兽,辄复犯车,而权每手击以为乐。昭虽谏争,常笑而不答。"盖其不能自克如此。案坚之死也,以单马行岘山。而《虞翻传》言策好驰骋游猎,翻谏以从官不暇严,吏卒常苦之。白龙鱼服,困于豫且。策曰:"君言是也。然时有所思,端坐悒悒,有裨谋草创之计,是以行耳。"此文过之辞也。《注》引《吴书》曰:"策讨山越,斩其渠帅,悉令左右分行逐贼,独骑与翻相得山中。翻问左右安在,策曰:悉行逐贼。翻曰:危事也! 令策下马:此草深,卒有惊急,马不及鞚策,但牵之,执弓矢以步。翻善用矛,请在前行。得平地,劝策乘马。翻步随之。得一鼓吏,策取角自鸣之,部曲识声,小大皆出。"其后策之死,果以出猎驱驰逐鹿,所乘马精骏,从骑绝不能及,单骑与许贡客遇故。是诚虞翻之所虑也。而权之不知以父兄为鉴,身屡蹈危,而犹不知戒如故,此无他,一时之风气使之也。《孙翊传》言其骁悍果烈,有兄策风。《注》引《典略》曰:"翊名俨,性似策。策临卒,张昭等谓策当以兵属俨,而策呼权,佩以印绶。"使翊而果,其轻躁当尤甚于权。建安二十五年,权下令诸将曰:"夫存不忘亡,安必虑危,古之善教。昔隽不疑,汉之名臣,于安平之世,而刀剑不离于身,盖君子之于武备,不可以已。况今处身疆畔,豺狼交接,而可轻忽不思变难哉?顷闻诸将出入,各尚谦约,不从人兵,甚非备虑爱身之谓。夫保己遗名,以安君亲,孰与危辱?宜深警戒,务崇其大,副孤意焉。"则当时诸将,亦莫非轻佻果躁之徒也。故曰一时之风气使然也。

〔一〇〕孙策欲袭许

孙策欲袭许之说,见于《三国·魏志·武帝纪》,又见于《吴志策传》,《策传》且谓其欲袭许迎汉帝。注引《江表传》,则谓"策前西征,陈登阴遣间使,以印绶与严白虎余党,图为后祸,以报陈瑀见破之辱。登,瑀从兄子。策归复讨登,军到丹徒,须待运粮,见杀",《九州春秋》及《傅子》又谓"策闻曹公将征柳城,而欲袭许",异说纷如。夫策见杀在建安五年,而柳城之役在十二年。《九州春秋》及《傅子》之谬,不待辨矣。孙盛《异同评》谓:"策虽威行江外,略有六郡,然黄祖乘其上流,陈登间其心腹,且深险强宗,未尽归服,曹、袁虎争,势倾山海,策岂暇远师汝、颍,而迁帝于吴、越哉?"又谓"绍以建安五年至黎阳,策以四月遇害"。而《志》云策闻曹公与绍相距于官渡,谬矣。谓伐登之言为有证,其说是也。而裴松之谓:"黄祖始被策破,魂气未反,刘表君臣,本无兼并之志,强宗骁帅,祖郎、严虎之徒,禽灭已尽,所余山越,盖何足虑。若使策志获从,大权在手,淮、泗之间,所在可都,何必毕志江外,迁帝扬、越?"又致"武帝建安四年已出屯官渡,策未死之前,久与袁绍交兵",因谓策之此举,理应先图陈登,而不止于登,《国志》所云不谬,则误矣。刘表、黄祖,庸或不能为策患,江南之强宗骁帅,则虽处深险之区,实为心腹之疾,策虽轻狡,岂容一无顾虑,即谓其不足为患?抑策并不知虑此。然以策之众,岂足与中国争衡，即谓袁、曹相持，如鹬蚌两不得解，策欲袭许，亦未有济，况徒偏师相接乎？淮、泗之间，岂足自立？策之众，视陶谦、袁术、刘备、吕布何如？若更远都江表，则义帝之居郴耳，岂足有济。况汉至献帝之世，威灵久替，扶之岂足有济？曹公之克成大业，乃由其能严令行，用兵如神，非真天子之虚名也。不然、因献帝而臣伏于操者何人哉？以曹公之明，挟献帝而犹无所用，而况于策乎？况以策之轻狡，又岂足以知此乎？

《吴志·吕范传》云："下邳陈瑀，自号吴郡大守，住海西，与强族严白虎交通。策自将讨虎，遣范与徐逸攻瑀于海西，枭其大将陈牧。"而《孙策传》注引《江表传》谓："建安二年，诏以策为骑都尉，袭爵乌程侯，领会稽太守。又诏与领徐州牧温侯布，及行吴郡太守安东将军陈瑀，共讨袁术。"则瑀行吴郡太守，乃朝命，非自号也。《传》又言："是时陈瑀屯海西，策奉诏治严，当与布、瑀参同形势，行到钱塘，瑀阴图袭策，遣都尉万演等密渡江，使持印传三十余细贼与丹阳、宣城、泾、陵阳、始安、黟、歙诸险县大帅祖郎、焦己，及吴郡乌程严白虎等，使为内应，伺策军发，欲攻取诸郡，策觉之，遣吕范、徐逸攻瑀于海西，大破瑀，获其吏士妻子四千人。"案：策之渡江，本为袁术，汉朝命吏，如刘繇、王朗、华歆等，无不为其所逐。是时虽有与吕布、陈瑀同讨袁术之命，特权宜用之，非信其心也。有隙可乘，加以诛翦，夫固事理所宜。《吕范传》注引《九州春秋》曰："初平三年，扬州刺史陈祎死，袁术使瑀领扬州牧，后术为曹公败于封丘，南人叛瑀，瑀拒之。术走阴陵，好辞以下瑀，瑀不知权，而又怯，不即攻术，术于淮北集兵向寿春，瑀惧，使其弟公琰请和于术。术执之而进，瑀走归下邳。"然则瑀实乃心王室者。陈登之结白虎余党，盖亦欲继其从父之志，戡翦乱人，非徒为雪家门之耻也。《张邈传》注引《九州春秋》言：登甚得江淮间欢心，有吞灭江南之志，孙策遣军攻登，再

败,而迁为东城太守。孙权遂跨有江外。太祖每临大江而叹,恨
不早用陈元龙计,而令封豕养其爪牙,则登之才,盖非刘繇、王朗
等比,而任之不专,致使大功不竟,轻狡之子,坐据江外数十年,岂
不惜哉。

〔一一〕张纯之叛

　　《三国志·公孙瓒传》云:"光和中,凉州贼起,发幽州突骑三千人,假瓒都督行事传,使将之。军到蓟中,渔阳张纯诱辽西乌丸丘力居等叛,劫略蓟中,自号将军,略吏民,攻右北平、辽西属国诸城,所至残破。瓒将所领,追讨纯等有功,迁骑都尉。属国乌丸贪至王率种人诣瓒降。迁中郎将,封都亭侯,进屯属国,与胡相攻击五六年。丘力居等钞略青、徐、幽、冀,四州被其害,瓒不能御。朝议以宗正东海刘伯安既有德义,昔为幽州刺史,恩信流著,戎狄附之,若使镇抚,可不劳众而定,乃以刘虞为幽州牧。"案云瓒与胡相攻击五六年,则张纯之叛,不得在中平四年可知。而《后书·灵帝纪》记纯、举之叛在是年。《后书·乌桓传》亦云:"中平四年前中山太守张纯畔入丘力居众中者,以举称天子,纯称弥天安定王",在是年也。《后书·瓒传》云:"中平中,以瓒督乌桓突骑车骑将军张温讨凉州贼,会乌桓反畔,与贼张纯等攻击蓟中,瓒率所领追讨纯等有功,迁骑都尉。"《注》云:"凉州贼即边章等。"案边章之叛,事在中平元年。明年乃命张温讨之,下距中平四年,决不足五六年,《后书》之说误也。中平二年瓒或尝奉随张温讨边章之命,然张纯之叛,必不在此事之后。《刘虞传》谓纯、举之叛,在凉州贼起之后,更不足信。

〔一二〕边章、韩遂

　　《后汉书·董卓传》云:"北宫伯玉等劫致金城人边章、韩遂,使专任军政,共杀金城太守陈懿,攻烧州郡。"《注》引《献帝春秋》曰:"梁州义从宋建、王国等反,诈金城郡降,求见凉州大人故新安令边允、从事韩约。约不见,太守陈懿劝之,国等便劫质约等数十人。金城乱,懿出,国等扶以到护羌营,杀之,而释约、允等。陇西以爱憎露布,冠约、允名以为贼,州购约、允各千户侯。约、允被购,约改为遂,允改为章。"《三国志·魏武纪》:"建安二十年,西平、金城诸将麹演、蒋石等共斩送韩遂首。"《注》引《典略》曰:"遂字文约,始与同郡边章俱著名西州。章为督军从事。遂奉计诣京师,何进宿闻其名,特与相见。遂说进使诛诸阉人,进不从,乃求归。会凉州宋扬、北宫玉等反,校殿本无伯字,否。举章、遂为主,章寻病卒,遂为扬等所劫,不得已,遂阻兵为乱,积三十二年,至是乃死,年七十余矣。"又引刘艾《灵帝纪》曰:"章一名元。"案元疑当作允。校殿本非允之误否? 遂字文约,亦可见其本名约。宋建亦名扬,北宫伯玉亦名玉,盖边郡之事,传闻不能甚审,故名字或有异同也。自建安二十年上溯三十二年,为灵帝中平元年,与《后书》本纪、《董卓传》俱合。何进之谋诛阉人,当在灵帝崩后,而《典略》云:"遂说进诛阉人,"即传闻不审之一证。然据《献帝春秋》及《典略》观之,则章、遂本不欲叛,似皆可信也。

〔一三〕曹嵩之死

　　《三国志·魏武帝本纪》兴平元年云："初,太祖父嵩去官后还谯,董卓之乱,避难琅玡,为陶谦所害,故太祖志在复仇东伐。"《后汉书·陶谦传》云："初,曹操父嵩、避难琅玡,时谦别将守阴平,士卒利嵩财宝,逐袭杀之。"董卓之乱,未尝及谯,而嵩须避难者,以太祖合兵诛卓也。嵩所避居之琅玡,盖今山东诸城县东南之琅玡山,而非治开阳、在今临沂县境之琅玡郡,僻处海隅,为耳目所不及,故可避卓购捕之难。汉阴平县治在今江苏沭阴县东北,相距颇近,故为陶谦别将成此者所害也。《三国志注》引《世语》曰："嵩在泰山华县,太祖令泰山太守应劭,送家诣兖州,劭兵未至,陶谦密遣数千骑掩捕。嵩家以为劭迎,不设备,谦兵至,杀太祖弟德于门中,嵩惧,穿后垣先出其妾,妾肥不能得出,嵩逃于厕,与妾俱被害,阖门皆死。"又引韦曜《吴书》曰："太祖迎嵩,辎重百余两,陶谦遣都尉张闿将骑二百卫送,闿于泰山、华、费间杀嵩,取财物,因奔淮南。"案:初平四年下邳阙宣聚众数千人,自称天子。谦与共举兵取泰山、华、费,略任城,太祖乃征谦,则兖徐构衅,祸始泰山、华、费。或又以为操与谦有不共戴天之仇,遂妄谓嵩之见杀,为在泰山、华、费之间也。初平三年《纪》云："袁术与绍有隙,术求援于公孙瓒,瓒使刘备屯高唐,单经屯平原,陶谦屯发干,以逼绍。太祖与绍会击,皆破之。"盖是时之相争者,袁绍与刘表为朋,袁术与公孙瓒为伍,太祖据兖州,绍之党也。田楷据青州,陶谦据徐州,皆瓒之与也。发干之屯,谦既躬进兵以逼绍;泰山之略,谦又合阙宣以图操,则自初平四年夏以前,陶谦皆攻取之师,袁绍与魏太祖仅备御之师而已。初平四年之秋,兴平元年之夏,魏祖始再举攻谦,谓之徼利之师可,谓之除害之师,亦无不可;谓之复仇则诬。嵩之死,固由谦之不能约束所部,然不能约束所部者亦多矣,究与躬行杀害者有别也。

《后汉书·应劭传》六年拜泰山太守。"兴平元年,前太尉曹嵩及子德,从琅玡入太山,劭遣兵迎之,未到,而徐州牧陶谦素怨嵩子操数击之,乃使轻骑追嵩、德,并杀之于郡界,劭畏操诛,弃郡奔冀州牧袁绍。"

《三国志·陶谦传》注引《吴书》谓:曹公父于泰山被杀,归咎于谦,欲伐谦而畏其强,乃表令州郡一时罢兵。谦被诏,上书拒命,曹公得谦上书事,知不罢兵,乃进攻彭城。裴松之谓此时天子在长安,曹公尚未秉政,罢兵之诏,不得由曹氏出。

〔一四〕 关羽欲杀曹公

　　《华阳国志·刘先主志》：建安五年，公东征先主。先主败绩，妻子及关羽见获。公壮羽勇锐，拜偏将军。初，羽随先主从公围吕布于濮阳，时秦宜禄为布求救于张杨。羽启公："妻无子，下城乞纳宜禄妻。"公许之。及至城门，复白。公疑其有色，自纳之。后先主与公猎，羽欲于猎中杀公，先主为天下惜，不听，故羽常怀惧。公察其神不安，使将军张辽以情问之。羽叹曰："吾极知曹公待我厚，然我受刘将军恩，誓以共死，不可背之，要当立功以报曹公。"公闻而义之。案关羽壮士，与刘备誓共死，不肯背之，其夙心也，然其怀惧不安，则自以初求秦宜禄妻，而曹公自纳之，及尝欲杀曹公之故。《三国志·关羽传》于此均未叙及，则情节漏略矣。《注》引《蜀记》与《华阳国志》之事略同，然但言公留宜禄妻，而羽心不自安，更不言羽因欲杀曹公而怀惧，情节亦为不全。羽初欲取宜禄妻，其当怀惧，固不如尝欲杀公之深也。惟云："猎中众散，羽劝备杀公。"众散二字，又可补常璩之阙。知古人叙事，多不甚密，欲求一事之真，非互相校勘不可也。

〔一五〕袁曹成败

　　袁、曹成败，昔人议论孔多，然皆事后傅会之辞，非其实也。建安五年，曹操之东征刘备也，《武帝纪》曰："诸将皆曰：与公争天下者袁绍也，今绍方来，而弃之东，绍乘人后，若何？公曰：夫刘备，人杰也，今不去，后必为患。袁绍虽有大志，而见事迟，必不动也。郭嘉亦劝公。嘉传无此语。遂东击备，破之。公还官渡，绍卒不出。"绍传亦云："太祖自东征备，田丰说绍袭太祖后，绍辞以子疾，不许，丰举杖击地曰：夫遭难遇之机，而以婴儿之病失其会，惜哉。"皆病绍之用兵，不能乘时逐利。案用兵各有形势，轻兵掩袭，乘时逐利，与持重后进，专以摧破敌人之大军为主旨者，各一道也。绍之计，盖为先定河北，然后蓄势并力，以与强者争衡。当操与吕布相持于兖州时，强敌在前，饥军不立，欲从袁绍之说，遣家居邺。《三国志·魏书·程昱传》。其势可谓危矣，然以程昱之谏而遂止，袁绍亦不之问。其后吕布为操所败，张邈从布走，张超犹守雍丘，臧洪以故吏之谊，欲乞兵往救。绍当是时大可存超以为牵制，而犹终不听许，至反因此与洪构衅，诚欲专力于河北，未欲问鼎于河南也。建安四年，绍既并公孙瓒，将进军攻许，则既遣人招张绣，复与刘备连和，其明年，两军既相持，则有刘辟等应绍略许下，绍又使刘备助之，则绍于牵制操耳，亦不为不力矣。然终不发大兵为之援者，许下距河北远，多遣兵则势不能捷,少则无益于事,徒招挫折,故绍不肯遣大兵,即操亦知其如此,度其时日,足以定备,是以敢于轻兵东骛,非真能逆亿绍之昧机而不动也。绍之南也,田丰说绍曰:"曹公善用兵,变化无方,众虽少,未可轻也,不如以久持之,简其精锐,分为奇兵,乘虚迭出,以扰河南,救右则出其左,救左则出其右,使敌疲于奔命,民不得安业,我未劳而彼已困,不及二年,可坐克也。今释庙胜之策,而决成败于一战,若不如志,悔无及也。"及兵既接,沮授又曰:"北兵数众,而果劲不及南;南谷虚少,而货财不及北;南利在于急战,北利在于缓搏,宜徐持久,旷以日月。"一以兵之不逮,一以将之不及,不欲速战,而主持久以敝敌。盖时河北虽云凋敝,然其空乏初不如河南之甚,田丰违旨,终遭械系,沮授之策,则绍实不可谓不用。绍传云:"太祖与绍相持日久,百姓疲乏,多叛应绍,军食乏。"《武帝纪》亦谓:操以粮少,与荀彧书,议欲还许。而绍则连谷车为徐晃、史涣所邀击者数千乘。又使淳于琼等五人,将兵万余人送之,悉为操所烧,乃致大溃。则其粮储之丰可知,使徐晃、史涣功不成,操攻琼而之诛不启,抑或不克济,事之成败,固未可知。或传太祖军粮方尽,书与彧议,欲还许以引绍,彧曰:"今军食虽少,未若楚、汉在荥阳、成皋间也。是时刘、项莫肯先退,先退者势屈也。公以十分居一之众,划地而守之,扼其喉而不得进,已半年矣。情见势竭,必将有变,此用奇之时,不可失也。"夫楚汉相持,汉以兵多食足见长,楚兵少食尽,其势与曹操之势正相反,安得举以为喻。陆逊之策刘备曰:"备是猾虏,更尝事多,其军始集,思虑精专,未可干也。今住已久,不得我便,兵疲意沮,计不复生,掎角此寇,正在今日。"此即荀彧所谓情见势绌,用奇之时。徐晃、史涣之邀击,及操之自将以攻淳于琼,正是其事。然亦幸而获济耳,使绍而虑精专,此等竟不能遂,则其后之成否,固犹未可知也。然则袁绍之成败,亦间不容发耳。所谓还许以引绍者,即是不支而退，使其竟尔如此，而绍以大兵乘其后，曹军之势必土崩瓦解，不复支矣。然则绍之筹策，固亦未尝可谓其不奏功也。

《满宠传》云：时袁绍盛于河朔，而汝南绍之本郡，门生宾客布在诸县，拥兵拒守。太祖忧之，以宠为汝南太守。宠募其服从者五百人，率攻下二十余壁，诱其未降渠帅，于坐上杀十余人，一时皆平。得户二万，兵二千人，令就田业。《李通传》云建安初，通举众诣太祖于许。释通振威中郎将，屯汝南西界。太祖讨张绣，刘表遣兵以助绣，太祖军不利。通将兵夜诣太祖，太祖得以复战，通为先登，大破绣军。拜裨将军，封建功侯。分汝南二县，以通为阳安都尉。通妻伯父犯法，朗陵长赵俨收治，致之大辟。是时杀生之柄，决于牧守，通妻子号泣以请其命。通曰："方与曹公戮力，义不以私废公。"嘉俨执宪不阿，与为亲交。太祖与袁绍相拒于官渡。绍遣使拜通征南将军，刘表亦阴招之，通皆拒焉。通亲戚部曲流涕曰："今孤危独守，以失大援，亡可立而待也，不如亟从绍。"通按剑以叱之，即斩绍使，送印绶诣太祖。又击郡贼瞿恭、江宫、沈成等，皆破歼其众，送其首。遂定淮、汝之地。《赵俨传》云：袁绍举兵南侵，遣使招诱豫州诸郡，诸郡多受其命。惟阳安郡不动，而都尉李通急录户调。俨见通曰："方今天下未集，诸郡并叛，怀附者复收其绵绢，小人乐乱，能无遗恨！且远近多虞，不可不详也。"通曰："绍与大将军相持甚急，左右郡县背叛乃尔。若绵绢不调送，观听者必谓我顾望，有所须待也。"俨曰："诚亦如君虑；然当权其轻重，小缓调，当为君释此患。"乃书与荀彧，彧报曰："辄白曹公，公文下郡，绵绢悉以还民。"上下欢喜，郡内遂安。此可见操之多忠亮死节之臣，刘辟等之所以不能摇动以此也。《后汉书·绍传》云：绍与操相持，许攸进曰："曹操兵少而悉师拒我，许下余守势必空虚，若分遣轻军，星行掩袭，许拔则操为成禽，如其未溃，可令首尾奔命，破之必也。"夫遣骑轻则如曹仁等优足拒之矣,安得使操疲于奔命而况侈言拔许哉!

　　曹操之攻淳于琼也,袁绍闻之谓长子谭曰:"就彼破琼等,吾攻拔其营,彼固无所归矣!"乃使张郃、高览攻曹洪,此亦未为非计。《三国志·魏书·武帝纪》。而郃谓曹公营固,攻之必不拔,《三国志·张郃传》。其后果然,则操之备豫不虞不为不至。安得如书生谈兵谓一即可袭取哉。

　　要之两汉三国时史所传,惟一大纲,余皆事后傅会之辞,遽一一信为事实则惧矣。《蜀志》又谓曹公北征乌丸,先主说表袭许,表不能用其说,当时又谓孙策闻公与绍相持,乃谋袭许,未发为刺客所杀,《三国志·魏书·武帝纪》。则近于子虚乌有矣。参《孙策欲袭许》条。

　　《荀彧传》载彧论曹公较之袁绍有四胜,又曰不先取吕布,河北亦未易图也。《郭嘉传》注引《傅子》又谓嘉料绍有十败,公有十胜,其所谓十败十胜者,实与彧之辞无大异,特敷衍之,多其节目耳。又曰:"嘉曰绍方北击公孙瓒,可因其远征,东取吕布,不先取布,若绍为寇,布为之援,此深害也。"两人之言有若是其如出一口者乎?其为事后傅会,而非其实,审矣。然此等综括大体之辞,较之专论一事者差为近理。要之当时之史尚系传述之辞,多所谓某人某人之语,未必可即作其人之辞观。然以此为其时人之见解,固无不可也。《史》、《汉》之《留侯传》,《三国志》之《荀彧传》均可作如是观。

〔一六〕李 邈

《华阳国志·先贤士女总赞》云：李邈，守汉南，邵兄也。牧璋时，为牛鞞长，先主领牧，为从事。正旦命行酒，得进见，让先主曰："振威以讨贼元功，未效，先寇而灭，邈以将军之取鄙州，甚为不宜也。"先主曰："知其不宜，何以不助之?"邈曰："匪不敢也，力不足耳。"有司将杀之，诸葛亮为请，得免，为犍为太守、丞相参军、安汉将军。建兴六年，亮西征，马谡在前，亮将杀之。邈谏，以为秦赦孟明，用霸西戎；楚诛子玉，再世不竞。失亮意，还蜀。十三年亮卒。案亮卒在十二年。后主素服发哀三日。邈上疏曰："吕禄、霍禹，未必怀反叛之心，孝宣不好为杀臣之君，直以臣惧其逼，主畏其威，故奸萌生。亮身杖强兵，狼顾虎臣，五大不在边，臣常危之。今亮殒殁，盖宗族得全，西戎静息，大小为庆。"后主怒，下狱诛之。夫好恶之不可一久矣。今读《三国志》，诸葛亮为朝野所好，更无异辞，此岂实录乎？邈几为先主所诛，亮为请得免，则于亮非有私憾，其言如此，则当时同邈所危者，必不止一人也。特莫敢以为言，若有私议，则史不传耳。然邈则可谓直矣，纵不然其言，何至下狱诛之？后主之闇，亦可谓甚矣。岂邈素好直，怨者孔多，而借此陷之欤？君子是以知直道之不见容也。

〔一七〕姜维不速救成都

《三国志·姜维传》：维保剑阁拒钟会，列营守险，会不能克。粮运县远，将议还归。而邓艾自阴平由景谷道旁入，遂破诸葛瞻于绵竹。后主请降于艾，艾前据成都。维等初闻瞻破，或闻后主欲固守成都，或闻欲东入吴，或闻欲南入建宁，于是引军由广汉、郪道以审虚实。寻被后主敕令，乃投戈放甲，诣会于涪军前，将士咸怒，拔刀斫石。《华阳国志》则谓维未知后主降，谓且固城，素与执政者不平，欲使其知卫敌之难而后逞志，乃回由巴西出郪五城。案维当诣会之后，犹欲杀会而复蜀，其无意于降魏可知。成都雄郡，邓艾孤军，安知后主之遽降？维既无意降魏，岂有不捧漏沃焦，与艾争一旦之命者？而顾迟曲其行，则常璩之言是也。王崇谓邓艾以疲兵二万溢出江油，姜维举十万之师，案道南归，艾为成擒，擒艾已讫，复还拒会，则蜀之存亡，未可量也。乃回道之巴，远至五城，使艾轻进，径及成都，兵分家灭，己自招之，其言允矣。故知文武不和，未有不招覆亡之祸者也；而武人褊隘，欲望其休休尽匪躬之节难矣。

〔一八〕司马宣王征辽东

《传》曰：“虽鞭之长，不及马腹。”此为兵家所最忌。司马宣王之征辽东也，策之曰：“弃城预走，上计也。据辽水以距大军，次计也。坐守襄平，此成擒耳。”又曰：“惟明者能深度彼己，预有所弃，此非其所及也。今县军远征，将谓不能持久，必先距辽水而后守，此中下计也。”既至襄平，大雨，贼恃水，樵牧自若。诸将欲取之，皆不听。曰：“自发京师，不忧贼攻，但恐贼走。今贼粮垂尽，而围落未合，掠其牛马，抄其樵采，此故驱之走也。夫兵者诡道，善因事变。贼凭众恃雨，故虽饥困，未肯束手，当示无能以安之。取小利以惊之，非计也。”其惧渊之走如此。盖悬远之地，少用师则力不足，多用师则馈运不继；即敌窜伏不敢抗，而分军搜捕为难，多军填厌又不易；师尽撤，则敌复出而前功尽弃，甚或乘吾之敝，击其莫归，其患有不可胜言者；故必视之以弱，聚而歼旃也。

《兵法》曰：“用兵之法，……诸侯自战其地者为散地。”《孙子·九地》第十一。此言征之于史而屡验。司马宣王之征辽东，兵少于公孙渊，亦其一事也。然此非自度兵强于敌，知虑谋略皆出敌上，足以制其死命不可。故县师远征，究非易事也。围之未合也，司马陈珪曰：“昔攻上庸，八部并进，昼夜不息，故能一旬之半拔坚城，斩孟达。今者远来，而更安缓，愚窃惑焉。”宣王曰：“孟达众少而食支一年；将士四倍于达，而粮不淹月；

以一月图一年，安可不速？以四击一，正令半解，犹当为之；是以不计死伤，与粮竞也。今贼众我寡，贼饥我饱，水雨乃尔，功力不设，虽当促之，亦何所为？”"与粮竞"之言甚精。宣王所以不肯多用师，以运粮难也。此非兵精于敌，知虑谋略，皆出敌上，后患有不可胜言者；而专恃兵多而又不精者无论矣。杨镐之征辽是已。此等用兵，即使幸胜，亦不足贵。以其所费多，不易再举，又不能久驻以殄余敌也。论者徒咎其分兵为四，未为知言。

渊之穷也，使其相国王建、御史大夫柳甫乞降，请解围面缚，不许。皆斩之。檄告渊曰："昔楚、郑列国，而郑伯犹肉袒牵羊而迎之。孤为王人，位则上公，而建等欲孤解围退舍，岂楚、郑之谓邪？必传言失旨，已相为斩之。若意有未已，可更遣年少有明决者来。"渊复遣侍中卫演乞克日送任。宣王谓演曰："军事大要有五：能战当战，不能战当守，不能守当走，余二事惟有降与死耳。汝不肯面缚，此为决就死也。不须送任。"此等处，以言用兵，诚可谓当机立断；以言乎军礼，则古人遗意，荡焉尽矣，亦可以观世变矣。

原刊《光华大学半月刊》第三卷第四期，
一九三四年十一月二十五日出版

〔一九〕司马宣王之忍

　　孟子曰："不仁哉,梁惠王也! 仁者以其所爱,及其所不爱;不仁者以其所不爱,及其所爱。"《尽心下》。吴起杀妻以求将,义士非之。然古说流传,率多失实,不足信也。拓跋力微,欲图兼并,手刃其妻,并害妻之兄弟。此在夷狄,不足责也。司马宣王固云服膺儒教者,其托风痹以辞魏武之辟也,暴书遇雨,不觉自起收之。家惟一婢,见之。张夫人恐事泄致祸,手杀之以灭口,而亲执爨。密勿同心,可谓至矣。《安平献王传》云:汉末丧乱,与兄弟处危亡之中,箪食瓢饮。盖宣王家素贫,张夫人所谓糟糠之妻也。乃后宠柏夫人,张夫人遂罕得进见。卧疾往省,晋以老物可憎,致几自杀。以诸子不食,乃惊而致谢。退谓人曰："老物不足惜,虑困我好儿耳。"《晋书·宣穆张皇后传》。其天性凉薄,可以见矣。景皇又以其妃魏氏之甥,鸩而杀之。《景怀夏侯皇后传》。仍世凶德如此。明帝问前世所以得天下。王导陈宣帝创业之谋,及文王末高贵乡公事。明帝以面覆床,曰："若如公言,晋祚安得长远?"盖其所为,有鲜卑黄须奴所不忍问者矣。记曰:"其所厚者薄,而其所薄者厚,未之有也。"汉高推堕孝惠、鲁元公主车下,视太公居俎上;漠然无所动于其中。唐太宗亲推刃同气,而取其妃;千古奸雄,如出一辙,岂仁之果不胜不仁哉? 世习于争夺相杀之已久,非阻兵安忍者,不足以

有所诀而取济于一时也。残贼之横行,亦众生之共业,有以召
之耳。

原刊《光华大学半月刊》第三卷第五期,
一九三四年十二月十日出版

〔二〇〕晋武帝不废太子

　　唐甄曰："善治必达情,达情必近人。人君之于父母,异宫而处,
朝见以时,则曰天子之孝,与庶人异;人君之于子孙,异宫而处,朝见
以时,则曰天子之慈,与庶人异;人君之于妻,异宫而处,进御有时,
则曰天子之匹,与庶人异;骨肉之间,骄亢习成,是以养隆而孝衰,教
疏而恩薄。谗人间之,废嗣废后,易于反掌。不和于家,乱之本也。"
善哉言乎! 天子之家,犹庶人之家也。而其家事,往往牵动国事,至
于毒痛四海,则政制不善,将一人一家之事,与国事并为一谈致之
也。而其家之所以易乱,则淫侈之积,有以成之。伊川之言曰:"天
下之害,无不由末之胜也。峻宇雕墙,本于宫室;酒池肉林,本于饮
食;淫酷残忍,本于刑罚;穷兵黩武,本于征伐;凡人欲之过者,皆本
于奉养,其流之远,则为害矣。"惟权力亦然。越人男女同川而浴;而
号称冠带之国,则必深宫固门,阍寺守之。秦人父子同室而居;而山
东礼义之邦,则由命士以上,父子异宫。方其翘然独异于人,岂不顾
盼自喜,而不知兵刃之随其后也。故曰:"高明之家,鬼阚其室。"晋
武帝疑太子不堪政事,悉召东宫官属,使以尚书事令太子决之。太
子不能对。贾妃遣左右代对,多引古义。给事中张泓曰:太子不
学,陛下所知,今宜以事断,不可引书。妃从之。泓乃具草,令太子
书之。武帝览而大悦。太子遂安。夫疑太子之不堪政事,何难召与

之言？乃必出之以纸墨，假手于传达，亦可谓迂而不近情者矣。无他，习之已成，不自知也。《易》曰："崇高莫大乎富贵。"积而至于崇高，则危矣。由其与下隔也。《吕览·达郁》之篇，可以深长思矣。

原刊《光华大学半月刊》第三卷第五期，
一九三四年十二月十日出版

〔二一〕史事失实

子贡曰：纣之不善、不如是之甚也，是以君子恶居下流，天下之恶皆归焉。善哉言乎。《晋书·贾充传》言：充妇郭槐，性妒忌，子黎民，年三岁，乳母抱之当閤。黎民见充入，喜笑，充就而拊之，槐望见，谓充私乳母，即鞭杀之。黎民恋念，发病而死。后又生男，过期复为乳母所抱，充以手麾其头，郭疑乳母，又杀之，儿亦思慕而死，充遂无胤嗣。天下有此刻板事乎？三岁及过期小儿，知恋念乳母至于发病而死乎？亦罕矣。所谓欲甚其恶者，史犹采之，亦不免于失实矣。

〔二二〕刘庸祖、麦铁杖

　　传说之辞，往往辗转附会，不得其实。而昔人修史，好奇爱博，过而取之，遂至显然不足信者，亦有所不暇计矣。《宋书·刘庸祖传》云：便弓马，膂力绝人。每犯法，为郡县所录，辄越屋逾墙，莫之能擒。夜入人家，为有司所围，突围去，并莫敢追。因夜还京口，半夕便至。明旦，守门诣府州要识，俄而建康移书录之。府州执事者，并证庸祖其夕在京，遂得无恙。《隋书·麦铁杖传》云：骁勇有膂力，日行五百里，走及奔马。陈大建中，结聚为群盗。广州刺史欧阳颁俘之，以献。没为官户，配执御伞。每罢朝后，行百余里，夜至南徐州，逾城而入，行光火劫盗。旦还及时，仍又执伞。如此者十余度。物主识之，州以状奏。朝士见铁杖每旦恒在，不之信也。后数告变，尚书蔡征曰：此可验耳。于仗下时，购以百金，求人送诏书与南徐州刺史。铁杖出应募，赍敕而往。明旦及奏事，帝曰：信然，为盗明矣。惜其勇捷，诚而释之。合观两事，明明皆非实录。特有此一类传说，随事增饰附会耳。其不足信，显而易见，而李延寿修《南、北史》，亦俱取之。岂真见不及此哉，亦所谓与其过而废之，毋宁过而存之也。

〔二三〕马　钧

　　古今巧士，莫过马钧。然裴秀难之，曹义复与之同，何哉？傅玄之说义曰：马氏所作，因变而得。是则初所言者，不皆是矣。其不皆是，因不用之，是不世之巧，无由出也。曰"因变而得"，曰"初所言者不皆是"：则钧之所就，亦皆屡试而后成；而试之无成者，亦在所不免。度秀、羲等必以是而忽之也。此固为浅见。然自来长于巧者，多短于言。巧者之所成就，多非其所自传，而长于言者传之，其人不长于巧也。不知其事之曲折，不著其屡试屡易之艰苦；而但眩其成就之神奇，遂若凡有巧制，皆冥思而得，一蹴而成矣。此古来备物致用立成器以为天下利者，其事之真，所以多无传于后也。

　　前人巧制，每多不传于后，浅者每咎后人之不克负荷，此亦不然。凡物之能绵延不绝者，必其能有用于时者也。三国之世，诸葛亮作连弩，而马钧欲五倍之；钧又欲发石车；亮又作木牛流马；时蜀又有李撰，能致思于弓弩机械；而吴亦有张奋能造攻城大攻车，奋，昭弟子，见昭传。盖时攻战方亟，故军械及运粮之具，相继而兴也。天下一统矣，攻战无所复事；而运粮以当时之情形，亦无须乎木牛流马，则其器安得而传哉？不观今世所谓机械者之于穷乡僻壤乎？人力既贱，资本家斥资以购机械，其赢曾不如用人力之为多也，则机械见屏矣。昔时巧制之不传，不与此同理乎？故机械之发明改革，实与群治相关。徒谓机械足以改革社会，亦言之不尽也。

〔二四〕王景文

　　读宋明帝答王景文求解扬州诏,其通达可谓无以复加,论祸福之不应趋避,无可趋避,不必趋避,尤可谓洞见真际,宜乎其必不为无益之举矣。然终不免于杀景文,以景文之亟求退让,以蕲免祸,似乎临命时必悲皇不能自主矣,而其从容乃殊出意计之外,则知人之善恶,不系乎其能明理与否,而系乎其能循理与否也。抑以景文之淡定,而犹不免祸,岂祸真无可避邪? 古岂无获全于危乱之世者乎? 孔子曰:危邦不入,乱邦不居,岂皆临时而求去乎? 景文屡陈退让,而卒不获去,岂于避祸之道,犹有图之不夙者邪? 故曰:介于石,不终日,贞吉。

〔二五〕柳仲礼

　　侯景之围台城也，四面援军云集，虽不皆精锐，然其数十倍于景，谓其不能解围，无是理也。所以无功者，全误于柳仲礼之怀挟异志。仲礼之为大都督，乃韦粲所推，粲虽无功，然赴援甚速，死事甚烈，一子三弟，皆及于难，亲戚死者数百人，谓非乃心王室不可也。仲礼为粲外弟，粲当知其为人，而执欲推之甚固，其故殊不可解。案此无难解也。《柳仲礼传》云："侯景潜图反噬，仲礼先知之，屡启求以精兵三万讨景，朝廷不许，及景济江，朝野便望其至，兼蓄雍司精卒，与诸蕃赴援，见推总督。景素闻其名，甚惮之。"《韦粲传》云：粲建议推仲礼为大都督，报下流众军，裴之高自以年位高，耻居其下。乃云：柳节下已是州将，何须我复鞭板，累日不决。粲乃抗言于众曰："今同赴国难，义在除贼，所推柳司州者，政以久扞边疆，先为侯景所惮，且士马精锐，无出其前，若论位次，柳在粲下，语其年齿，亦少于粲，直以社稷之计，不得复论，今日贵在将和，若人心不同，大事去矣。裴公朝之旧齿，岂应复挟私以沮大计，粲请为诸君解释之。"乃舸至之高营，切让之。之高泣曰："吾荷国荣，自应率先士卒，顾恨衰老，不能效命，跂望柳使君，共平凶逆，前谓众议已定，无俟老夫尔。若必有疑，当剖心相示。"于是诸将定议，仲礼方得进军。合观二传，则仲礼当时兵最强，必得大都督而后肯进，粲不得已而推之，而之高之泥之,亦非必自负年位,不肯相下,盖亦前知其为人矣。仲礼,骄将也,以其兵强,不得已而用之,而卒为所误,故骄将必不可用。

〔二六〕曹景宗、韦叡

　　南北朝时,南北构兵,南多败衄。梁武帝天监六年邵阳洲之战,
北方以元英之重兵,杨大眼之勇将,而皆溃败,决裂不可收拾,实南
方之一奇捷也。是役之功,实在韦叡,而曹景宗不与焉。

　　是役也,元英违邢峦之议,逆世宗之诏,志在必取寿阳,固曰愎
谏以要功,然守者之力已穷,攻者之势方烈,设无邵阳洲之捷,昌义
之不为朱脩之、蔡道恭之续者亦仅耳。是役也,武帝实先使曹景宗
往援,诏其顿道人洲,待众军齐集俱进,而景宗欲专其功,违敕而进,
逮遇风沉溺,则又还守先顿,使无韦叡以促之,景宗必逗桡不进,亦
如其救司州时矣。《曹景宗传》言叡受景宗节度,而《南史·韦叡传》
言景宗未敢进。帝诏叡会焉,赐以龙环御刀,曰:"诸将有不用命者、
斩之。"则实使叡督促景宗也。叡之受命也,自合肥径阴陵大泽,遇
涧谷辄飞桥以济师。人畏魏军盛多,劝叡缓行,叡曰:"钟离今凿穴
而处,负户而汲,车驰卒奔,犹恐其后,而况缓乎?"旬日而至邵阳,于
景宗营前二十里,夜掘长堑,树鹿角,截洲为城,比晓而营立。元英
大惊,以杖击地曰:"是何神也!"非此捧漏沃焦之势,又何及于事乎?
是时,魏人先于邵阳洲两岸,为两桥,树栅数百步,跨淮通道,其难克
者在此。《韦叡传》云:叡装大舰,使梁郡太守冯道根、庐江太守裴
邃、秦郡太守李文钊等为水军,值淮水暴涨,叡即遣之。斗舰竞发,

皆临敌垒，以小船载草，灌之以膏，从而焚其桥，风怒火盛，烟尘晦冥，敢死之士，拔栅斫桥，水又漂疾，倏忽之间，桥栅尽坏。而道根等皆身自搏战，军人奋勇，呼声动天地，无不一以当百，魏人大溃。《曹景宗传》言：高祖诏景宗等，预装高舰，使与魏桥等，为火攻计。令景宗与叡，各攻一桥。叡攻其南，景宗攻其北。六年三月，春水生，淮水暴长六、七尺，叡遣所督将冯道根、李文钊、裴邃、韦寂等，乘舰登岸击魏，洲上军尽殪。景宗因使众军皆鼓噪乱登诸城，呼声震天地。大眼于西岸烧营，英自东岸弃城走，诸垒相次土崩，悉弃其器甲，争投水死，淮水为之不流。合观两传，先登者实叡军，而景宗特继之耳。

天监四年之北伐，诏叡都督众军。叡遣长史王超宗及冯道根攻魏小岘城，未能拔。叡巡行围栅，魏城中忽出数百人，陈于门外。叡欲击之，诸将皆曰：向本轻来，未有战备，徐还授甲，乃可进耳。叡曰："魏城中二千余人，闭门坚守，足以自保，无故出人于外，必其骁勇者也。若能挫之，其城自拔。"众皆犹迟疑，叡指其节曰：朝廷授此，非以为饰，韦叡之法，不可犯也。乃进兵士，皆殊死战，魏军果败走，因急攻之，中宿而城拔。遂进讨合肥。先是右军司马胡景略等至合肥，久未能下。叡按行山川曰：吾闻汾水可以灌平阳，绛水可以灌安邑，即此是也。乃堰肥水，亲自夜率，顷之，堰成水通，舟舰继至。魏初分筑东西小城夹合肥，叡先攻二城。既而魏援将扬灵胤帅军五万奄至，众惧不敌，请表益兵。叡笑曰：临难铸兵，岂及马腹。且吾求济师，彼亦征众，师克在和不在众，古之义也。因与战，破之，军人少安。初，肥水堰立，使军主王怀静筑城于岸守之，魏攻陷怀静城，千余人皆没，魏人乘胜至叡堤下，其势甚盛（未完）。

〔二七〕周弘正

从古学人之无行者，周弘正其最乎？台城陷，弘正谄附王伟，又与周石珍合族，避侯景讳，改姓姬氏，拜为太常。景将篡，使掌礼仪。及王僧辩东讨，元帝谓之曰："王师近次，朝士孰当先来？"僧辩曰："其周弘正乎，弘正智不后机，体能济胜，无妻子之顾，有独决之明，其余碌碌不逮也。"俄而前部传云，弘正至。记曰："其所厚者薄，而其所薄者厚，未之有也。"人情孰不念父母，顾妻子，至激于义理者不然，乃有所不得已也。弘正既已屈节于景矣，所谓不得已者安在？于此而称其无妻子之顾，有独决之明。然则知不后机，体能济胜者，乃惟明于一身之利害，而果以行其趋避之计乎？弘正之来也。僧辩飞骑迎之，即日启元帝，帝手书与弘正，仍遣使迎之，及至，礼数甚优，朝臣无比。帝尝著《金楼子》曰："余于士大夫，重汝南周弘正。"君若臣之所重者如此，安得不亡国败家，并丧其身乎。王克仕侯景，景败，迎候僧辩，僧辩曰：劳事夷狄之君。何不以此语诘弘正？他日一败而臣于渊明，所遣往迎者，即弘正也，岂不哀哉？抑元帝性多猜忌，于名无所假人，微有胜己者，必加毁害，而于弘正，独优礼之，何也？则以其似直而实谀也。史称弘正俳谐似优，刚肠似直，简文之立为太子，弘景奏记，请其抗目夷之义，执子臧之节，明知其时为不能以是加罪也。元帝不肯归建邺，弘正骤谏，似逆帝意，且忤近臣,然当时谏者甚多,朱买臣,帝之亲昵也,而亦谏,则非帝之所甚恶,亦非近臣之所深忌也。此所谓刚肠似直者也。其归元帝也,授之显官,而以著犊鼻裈衣朱衣,为有司所弹,其平时之行类俳优可想。君子正其衣冠,尊其瞻视,宁必以此示异于人,内重者外自不得而轻也,观人者必于其威仪,岂无故哉?或曰:娖娖谨威仪者,遂可以有为乎?曰:不必其有为也。而庶几有所不为,有所不为者,必始于介也,介不足以限奇士,而恒人要不可不以此自勉,故以威仪观人者,或失之于奇士,必不失之于恒人。

弘正在武帝时,有罪应流徙,敕以赐干陁利国,未去,寄系尚方,于狱上武帝讲武诗,降敕原罪,仍复本位。当时用法甚宽,至欲屏之四夷,其所犯之重可知,此等人宥之何为哉?

〔二八〕张雕不择所事

　　张雕为齐后主所委信，遂以澄清为己任，意气甚高，贵幸皆侧目。尚书左丞封孝琰与侍中崔季舒，皆为祖珽所厚。孝琰尝谓珽曰：公是衣冠宰相，异于余人。近习闻之，大以为恨。会齐主将如晋阳，季舒与雕议，以为寿阳被围，大军出拒，信使往还，须禀节度；且道路小人，或相惊恐，以为大驾向并州，畏避南寇；若不启谏，恐人情骇动，遂与从驾文官，连名进谏。时贵臣赵彦深、唐邕、段孝玄等，意有异同，季舒与争未决。韩长鸾遽言于帝曰：诸汉官连名总署，声云谏章并州，其实未必不反，宜加诘戮。齐主遂悉召已署名者集含章殿，斩季舒、雕、孝琰及散骑常侍刘迪、黄门侍郎裴泽、郭遵于殿庭。效忠异族之祸，至于如此。张雕颇有抱负，奈何不择所事邪？

张雕《儒林传》亦作张雕武。盖本名雕虎，避唐讳去下一字，或改虎为武。

〔二九〕杀人自杀

　　《北齐书·废帝纪》云:"文宣登凤台,召太子使手刃囚,太子恻然有难色,再三不能断其首,文宣怒,亲以马鞭撞太子三下,由是气悸语吃,精神时复昏扰。"《孝昭纪》言孝昭入云龙门,至昭阳殿"庭中及两廊下卫士二千余人,皆被甲,待诏,武卫娥永乐武力绝伦,又被文宣重遇,抚刃思效,废帝性吃讷兼仓卒不知所言",遂不能用。然则文宣之教子杀人,乃正所以杀其子也。夫欲杀人者,不过以求自存。然人所以自存之道,岂徒在杀人而已哉? 人未有孑然独存于世者,而欲有以鸠其群而不涣,则必有道矣。故曰:不嗜杀人者能一之,然则君子之所以存心者又可知矣。古之人未尝不事田猎也,而又曰君子远庖厨,有以也夫!

〔三〇〕借手报仇

陈武帝遣文帝攻杜龛，王清援之，欧阳颁同清援龛，中更改异，杀清而归武帝。清子猛，终文帝之世，不听音乐，疏食布衣，以丧礼自处。宣帝立，乃始求位。《南史·王准之传》。人或议之，然无可议也。文帝之后嗣，为宣帝所替，猛盖谓其仇已雪，抑且视宣帝为代己报仇者矣。梁武助齐明以倾郁林亦是道也。然则人不可以妄杀也。妄杀而骨肉之间，或为仇人所借手矣。孟子曰："杀人之父者，人亦杀其父；杀人之兄者，人亦杀其兄。"然则非自杀之也，一间耳，犹未若此之可畏也。

〔三一〕纨袴狎客

《通鉴》：长城公祯明二年，隋师将至。帝从容谓侍臣曰："王气在此，齐兵三来，周师再来，无不摧败，彼何为者邪。"孔范曰："长江天堑，古以为限隔南北，今日虏军，岂能飞渡邪。边将欲作功劳，妄言事急，臣每患官卑，虏若渡江，臣定作太尉公矣。"或妄言北军马死。范曰："此是我马，何为而死。"帝笑以为然。案时临平湖草久塞，忽然自开，帝恶之，乃自卖于佛寺为奴以厌之，则亦未尝不知事势之亟。而临危之际，又借王气在此以自宽，更弱之人，往往如是。至孔范，则惟知献媚，罔恤大局，强敌压境，而以谈笑道之，更可谓全无心肝矣。此等情态，吾于今世所谓纨袴子弟及狎客者屡见之。

〔三二〕 用人以抚绥新附

《三国·魏志·邓艾传》：艾既平蜀，言于司马文王曰："兵有先声而后实者，今因平蜀之势以乘吴，吴人震恐，席卷之时也。然大举之后，将士疲劳，不可便用，且徐缓之；留陇右兵二万人，蜀兵二万人，煮盐兴冶，为军农要用，并作舟船，豫顺流之事，然后发使告以利害，吴必归化，可不征而定也。今宜厚刘禅以致孙休，安士民以来远人，若便送禅于京都，吴以为流徙，则于向化之心不劝。宜权停留，须来年秋冬，比尔吴亦足平。以为可封禅为扶风王，锡其资财，供其左右。郡有董卓坞，为之官舍。爵其子为公侯，食郡内县，以显归命之宠。开广陵、城阳以待吴人，则畏威怀德，望风而从矣。"谓吴可不征而定，自属太过，然其言确系良图，则不可诬也。然厚待刘禅，仅足倾动孙氏之主耳，若为长治久安计，则吴、蜀平后，所以抚绥其士大夫者，尤不可少矣。

《晋书·儒林传》：文立，巴郡临江人，蜀时游太学，师事谯周，仕至尚书。泰始初，拜济阴太守，入为太子中庶子，上表以诸葛亮、蒋琬、费祎等子孙流徙中畿，宜见叙用，一以慰巴蜀之心，其次倾吴人之望，事皆施行。诏称光武平陇蜀，皆收其贤才以叙之。以立为散骑常侍。又曰：蜀故尚书犍为程琼，雅有德业，与立深交。武帝闻其名，以问立，对曰：臣至知其人，但年垂八十，禀性谦退，无复当时之望，不以上闻耳。是武帝之于蜀士，确颇留意。然《本纪》：泰始五年二月己未，诏蜀相诸葛亮孙京，随才署史。则即武侯后裔，亦有用之未尽者也。吴平之后，拔用其人，尤为不尽，刘颂除淮南相，上疏言："封幼稚皇子于吴、蜀，臣之愚虑，谓未尽善。夫吴、越剽轻，庸、蜀险绝，此故变衅之所出，易生风尘之地。且自吴平以来，东南六州将士，更守江表，此肘之至患也。又内兵外守，吴人有不自信之心，宜得壮王以镇抚之，使内外各安其旧。又孙氏为国，文武众职，数拟天朝，一旦埋替，同于编户，不识所蒙更生之恩，而灾困逼身，自谓失地，用怀不靖。今得长王以临其国，随才授任，文武并叙，士卒百役，不出其乡。求富贵者取之于国内，内兵得散，新邦乂安，两获其所，于事为宜。"此其事机，可谓极紧急矣。然《贺循传》言：循以无援于朝，久不进序，陆机上疏荐之。其言曰："台郎所以使州州有人，非徒以均分显路，惠及外州而已。诚以庶士殊风，四方异俗，壅隔之害，远国益甚。至于荆、扬二州，户各数十万，今扬州无郎，而荆州江南，乃无一人为京城职者，诚非圣朝待四方之本心。"观此，知晋初士夫，竞进成俗，而能为国远虑者，则几于无人矣。《陶侃传》：侃察孝廉，至洛阳，数诣张华，华初以远人，不甚接遇，后与语，乃异之，除郎中。伏波将军孙秀，以亡国支庶，府望不显，中华人士，耻为掾属，以侃寒宦，召为舍人。盖其时之歧视远人如此。王导辅元帝，说其招致顾荣、贺循，为史所艳称。然明帝太宁三年，八月，诏曰："吴时将相名贤之胄，有能纂修家训，又忠孝仁义，静己守真，不闻于时者，州郡中正，亟以名闻，勿有所遗。"则至易世之后，而其抚用犹有未尽也。《桓温传》：温平李势，"停蜀三旬，举贤旌善，伪尚书仆射王誓、中书监王瑜、镇东将军邓定、散骑常侍常璩，皆蜀之良也，并以为参军，百姓咸悦。"温时如此，而况晋初乎！

《梁书·武帝纪》：天监五年，正月丁卯朔，诏曰："在昔周汉，取士方国，顷代凋讹，幽仄罕被，人地孤绝，用隔听览，士操沦胥，因兹靡劝。凡诸郡国旧族邦内无在朝位者，选官搜括，使郡有一人。"此即陆机所谓以除壅隔之害者，固不仅为士大夫谋出路也。七年二月庚午，诏于州郡县置州望、郡宗、乡豪各一人，专掌搜荐，盖亦与此。

《魏书·邢峦传》：夏侯道迁内附，诏加峦使持节、都督征梁汉诸军事，诏曰："峦至彼，须有板官，以怀初附，高下品第，可依征义阳都督之格也。"及巴西平，峦表曰："巴西、南郑，相离一千四百，去州迢递，恒多生动。昔在南之日，以其统绾势难，故增立巴州，镇静夷獠。梁州借利，因而表罢。彼土民望，严、蒲、何、杨，非惟五三，族落虽在山居，而多有豪右，文学笺启，往往可观，冠带风流，亦为不少。但以去州既远，不能仕进，至于州纲，无由厕迹。巴境民豪，便是无梁州之分，是以郁快，多生动静。比建义之始，严玄思自号巴州刺史，克城已来，仍使行事。巴西广袤一千，户余四万，若彼立州，镇摄华獠，则大帖民情，从垫江以还，不复劳征，自为国有。"当时蜀中，势实炎炎，以世宗固不用峦之议，又王足反正，乃得幸免耳。然则不徒天朝，即州郡，亦不可不思引用贤能以抚绥所属矣。抑以巴中之辟陋，冠带风流，犹足称举，尚安得诿曰地实无才哉！

又《韩麒麟传》：麒麟以高祖时为齐州刺史，以新附之人，未阶台宦，士人沈抑，乃表曰：齐土自属伪方，历载久远，旧州府寮，动有数百。自皇威开被，并职从，省守宰，阙任不听土人监督。窃惟新人未阶朝宦，州郡局任甚少，沈塞者多，愿言冠冕，轻为去就。愚谓守宰有阙，宜推用豪望，增置吏员，广延贤喆，则华族蒙荣，良才获叙，怀德安土，庶或在兹。朝议从之。又《李彪传》：彪上封事七条，其三曰："臣又闻前代明主，皆务怀远人，礼贤引滞。臣谓宜于河表七州人中，擢其门才，引令赴阙，依中州官比，随能序之。一可以广圣朝均新旧之义，二可以怀江、汉移有道之情。"盖当时反侧于两国之间者,率为地方豪右,故以是为招致之具也。《齐书·郁林王纪》:永明十一年八月,辛丑,诏曰:往岁蛮虏协谋,志扰边服,群帅授略,大奸凶丑,革城克捷,及舞阴固守,二处劳人,未有沾爵赏者,可分遣选部,往彼序用。此所序用者,必多当地之人,鼓舞之用,诚不可阙。然《宋书·长沙景王道怜传》言元嘉时,淮西江北长吏,悉叙劳人武夫,多无政术,虽合酬庸之典,未免扰民之患,又不可以不慎也。

风未甚同、道未甚一之世,各地方之间,恒不免此疆彼界之见。《晋书·孔坦传》:"迁尚书郎,时台郎初到,普加策试。元帝手策问曰:吴兴徐馥为贼杀郡将,郡今应举孝廉不?"此在今日言之为不可解;而当时有此策者,各地方之相视,如今异国人之相视,为恩为怨,非以其人,而以其族,此等成见,犹未尽除也。远方所以宜加意抚绥,其理亦由于此。

原刊一九四七年四月二十五日上海《益世报》副刊"史苑"

〔三三〕近乡情更怯

　　诗惟有至性至情者,乃能道出人心坎中事。唐人诗云:"近乡情更怯,不敢问来人。"此非久经羁旅者不知,抑亦久经羁旅者人人心所欲言,而口不能言者也。毛脩之代王镇恶为安西司马,义真败,为赫连勃勃所擒。及赫连昌灭,入魏。后朱脩之俘于魏,经年不忍问家乡消息,久之,乃访焉。脩之具答,并云:"贤子亢矫,甚能自处。"脩之悲不得言,直视良久,乃长叹曰:"乌乎!"自此一不复及。夫经年始访,即近乡情更怯之意也。然诗人不过羁旅之思,脩之则更有家国之痛焉。一叹之后,终身不及,亦可悲矣。长安之戍,实同弃师,功臣良将,骈肩而没。至于虏马饮江,乃登城而思道济,亦何益哉?

〔三四〕乱时取二妻

　　时直非常，则有非常之事。汉魏之际，丧乱荐臻。而要二妻者，遂屡有所闻焉。太康元年，东平王楙上言，相王昌父毖，本居长沙，有妻息，汉末使入中国，值吴叛，仕魏为黄门郎，与前妻息死生隔绝，更取昌母。今江表一统，昌闻前母久丧，当追成服，求平议。其时议者，谢衡以为虽有二妻，盖有故而然，不为害于道，宜更相为服，盖以为无妨二适者也。张恽谓《尧典》以釐降二女为文，不殊嫡媵，传记以妃夫人称之，明不立正后，则以为可不分适庶者也。其以为不容二适者，则虞溥谓未有遭变而二适，故昌父更娶之辰，是前妻义绝之日。许猛以为地绝。卫恒谓地绝死绝无异。盖谓不容二适，乃出以求全。然昌妻何故当义绝乎？李胤谓毖为黄门侍郎，江南已叛，石厚与焉。大义灭亲，毖可得以为妻乎？夫江南叛，非毖之妻叛也。如毖之说，境有叛首，境内之人，皆在当绝之列乎？于义窒矣。虞溥谓妻专一以事夫，夫怀贰以接已。开伪薄之风，伤贞信之教，于以纯化笃俗，不亦艰乎？其说是也。地绝之说本已难通。刘卞云：地既通，何故追而绝之，于义尤允。虞溥谓据已更娶，有绝前之证，又欲方之恶疾。谓虽无过，亦可见出。然揆诸人情，终不如卞粹谓昌父当莫审之时而娶后妻，则前妻同之于死而义不绝之为允也。卫恒谓绝前为夺旧与新，为礼律所不许，人情所不安，信矣。绝与死同，无嫌二嫡,此所以济事之穷,然以言终绝者则可矣。其如绝而复通,如朱某郑子群陈诜者何?于是嫡庶之别,终不得不辨矣。刘卞云:毖于南为邦族,于北为羁旅,此以名分言之,前妻为元妃,后妇为继室,然娶妻必于邦族,窃所未闻。干宝云:同产者无适侧之别,而先生为兄,诸侯同爵无等级之差,而先封为长,今二妻之入,无贵贱之礼,则宜以先后为秩,今生而同室者寡,死而同庙者众,及其神位,故有上下也。春秋贤赵姬遭礼之变而得礼情,朝廷于此,宜导之以赵姬,齐之以诏命,使先妻恢含容之德,后妻崇卑让之道,室人达少长之序,百姓见变礼之中,若此可以居生,又况于死乎?如宝之论,以处死则得矣。以之居生,先妻不恢含容之德,后妻不崇卑让之道,将若何?时吴国朱某,娶妻陈氏,生子东伯,入晋,晋赐妻某氏,生子绥伯。太康中,某已亡,绥伯将母以归邦族,兄弟交爱敬之道,二母笃先后之序,及其终也,二子交相为服,即行宝之说者也。君子以为贤,然虞溥云伯夷让孤竹,不可以为后王法,此可以为教不可以立法也。安丰太守程谅先已有妻,后又娶,遂立二嫡。前妻亡,后妻子勋疑所服,荀勖议曰:昔乡里郑子群娶陈司空从妹,后隔吕布之乱,不复相知存亡,更娶乡里蔡氏女,徐州平定,陈氏得还,遂二妃并存,蔡氏之子字元峷,为陈氏服嫡母之服,事陈公以从舅之礼,族兄宗伯曾责元峷,谓抑其亲,干宝之议,于斯穷矣。沛国刘仲武先娶毋丘氏,生子正舒正则,毋丘俭反,败,仲武出其妻,娶王氏生陶,仲武为毋丘氏别舍而不告绝,及毋丘氏卒,正舒求祔葬焉。而陶不许,舒不释服,讼于上下,泣血露骨,缞裳缀络,数十年不得从,以至死亡。陶之所为于人情,则有嗛矣,于法不能责也。咸康二年零陵李繁姊先适南平郡陈诜,产四子而遭贼,于贼请活姑命,贼略将姊去。诜更娶严氏,生三子,繁后得姊消息,往迎还诜,诜籍注领二妻,及李亡,诜疑制服,以事言征西大将军庾亮,府司马王愆期议曰:诜有老母,不可以莫之养,妻无归期,纳妾可也。李虽没贼,尚有生冀,诜寻求之理不尽,而便娶妻,诚诜之短,其妻非犯七出,临危请活姑命,可谓孝妇矣。议者欲令在没略之中,必全苦操,有陨无二,是望凡人皆为宋伯姬也。后子不及前母,故无制服之文。然祔祠烝尝,未有不以前母为母者,亡犹母之,况其存乎?继室本非適也。虽云非適,义在始终,严宁可以,诜不应二妻而已涉二庭乎?若能下之,则赵姬之义,若云不能,官当有制。先適后继,有自来矣。此议惟责严氏不当涉二庭为过,余皆平允也。以上据《晋书·礼志》。

《晋书·贾充传》:初充前妻李氏,淑美有才行,生二女,褒、裕。褒一名荃,裕一名濬。父丰诛,李氏坐流徙,后娶城阳太守郭配女,即广城君也。武帝践阼,李以大赦得还,帝特诏充置左右夫人,充母亦敕充迎李氏。郭槐怒,攘袂数充曰:刊之律令,为佐命之功,我有其分,李那得与我并?充乃答诏,托以谦冲,不敢当两夫人盛礼,实畏槐也。而荃为齐王妃,欲令充遣郭而还其母,时沛国刘含母及帝舅羽林监王虔前妻,皆毌丘俭孙女。此例既多,质之礼官,皆不能决。虽不遣后妻,多异居私通。充自以宰相,为海内准则,乃为李筑室于永年里,而不往来。荃、濬每号泣谓充,充竟不往,会充当镇关右,公卿供帐祖道。荃、濬惧充遂出,乃排幔出,于坐中叩头流血,向充及群僚陈母应还之意,众以荃王妃,皆惊起而散,充甚愧愕,遣黄门将官人扶去。既而郭槐女为皇太子妃,帝乃下诏,断如李比皆不得还,后荃恚愤而薨。及充薨后,李氏二女乃欲令其母祔葬,贾后弗之许也。及后废,李氏乃得合葬。

〔三五〕饮食侈靡之祸

西元三一二、三一六年，洛阳、长安相继沦陷。自此政府偏安于南方者二百七十三年。其间北方非无可乘之机，然终不克奏恢复之烈者，士大夫阶级之腐败，其大原因也。士大夫阶级之腐败，事有多端，奢侈其大焉者也。奢侈之事，亦有多端，饮食其大焉者也。贺琛之告梁武帝也，曰："今天下宰守，所以皆尚贪残，罕有廉白者，风俗侈靡，使之然也。淫奢之弊，其事多端，粗举二条，言其尤者。今之燕喜，相竞夸豪。积果如山岳，列肴同绮绣。露台之产，不周一燕之资。而宾主之间，裁取满腹，未及下堂，已同臭腐。又歌姬舞女，本有品制。今虽庶贱，皆盛姬妾。务在贪污，争饰罗绮。故为吏牧民者，竞为剥削。虽致赀巨亿，罢归之日，不支数年。乃更追恨向所取之少，如复传翼，增其搏噬，一何悖哉？"案前世士夫，多畜声伎，燕客则使之奏技以娱宾，而欲延客赏其伎乐者，亦必盛为饮食以饷之。贺琛所言，二事实一事也。五侯之鲭，著称雒下，何曾之谱，流衍江东，五胡之祸，盖与饮食若流终始？岂不哀者？

〔三六〕清谈一

　　清谈之风,起于魏之正始。世遂以晋人之不事事,归咎于王弼、何晏之徒,其实非也。晏等不徒非不事事之人,且系欲大有为之人,观夏侯玄对司马宣王之问可知。《蒋济传》曰:曹爽专政,丁谧、邓飏等,轻改法度。会有日食之变,诏群臣问其得失。济上疏曰:"齐侯问灾,晏婴对以布惠;鲁君问异,臧孙答以缓役。应天塞变,乃实人事。今二贼未灭,将士暴露,已数十年,男女怨旷,百姓贫苦。夫为国法度,惟命世大才,乃能张其纲维,以垂于后,岂中下之吏,所宜改易哉? 终无益于治道,适足伤民望,宜使文武之臣,各守其职,率以清平,则和气祥瑞,可感而致也。"《国志》文最简略,爽等之所更张,盖皆无传于后矣。至于山涛、阮籍等,则皆有所为而为之,亦非酣嬉沈醉之徒也。《晋书·戴逵传》:逵著论曰:"竹林之为放,有疾而为颦者也;元康之为放,无德而折巾者也。"可谓洞见情实。范甯乃以末流之弊,追议创始之人,谓王弼、何晏,罪深于桀纣,不亦诬乎?

　　訾议清谈之论,至晋世而后盛,盖其弊实至晋而始著也。三国时訾议清谈者,《魏志·袁涣传》载涣从弟霸之子亮,深疾何晏、邓飏等,著论以讥切之。《传》既不载其论,其说不可得闻。《傅嘏传注》引《傅子》,有讥切何晏、邓飏、夏侯玄之语,则嘏本与晏等不合,为其免官。《管辂传》及《注》引《辂别传》，亦有讥切何晏之语，并谓辂豫知晏、飏之当被祸，则事后附会之辞，弥不足信矣。正始八年何晏治身远小人之奏，卓然儒家礼法之谈。庾亮风格峻整，动由礼节，闺门之内，不肃而成，时人亦拟诸夏侯玄。见《晋书·亮传》。疑正始诸公之纵恣，并不如传者所言之甚也。

原刊《光华大学半月刊》第四卷第二期，

一九三五年十月二十五日出版

〔三七〕清谈二

　　《三国·魏志·荀彧传注》引何劭《荀粲传》，粲尝谓傅嘏、夏侯玄曰："子等在世涂间，功名必胜我，但识劣我耳。"嘏难曰："能盛功名者，识也。天下孰有本不足而末有余者耶？"粲曰："功名者，志局之所奖也。然则志局自一物耳，固非识之所独济也。"此说最通。凡诸清谈之徒，特其识解相近，才志自各不同；故其立身途辙，亦各有异。有真不能任事者，若焦和、见《魏志·臧洪传注》引《九州春秋》。《后汉书·臧洪传》略同。王澄、谢万之徒是也。有托以避祸者，如阮孚、谢鲲、庾敳之徒是也。有热中权势，无异恒人者，如郭象是也。有处非所宜，以致败绩者，如毕轨是也。以上皆见《晋书》本传。《曹爽传注》引《魏略》，谓李胜前后所宰守，未尝不称职；胜出未几，而司马氏之变起。伐蜀骆谷之谋，亦出于胜。《传》谓邓飏等劝爽伐蜀，又谓飏与爽参军杨伟争于爽前，而伟之言曰："飏、胜将败国家事，可斩也。"则二人并为主谋，《魏略》之言不诬也。胜之才，盖足与司马景王、钟会匹敌矣。《晋书·景帝纪》曰："宣帝之将诛曹爽，深谋秘计，独与帝潜画，文帝弗之知也。将发夕，乃告之。既而使人觇之，帝寝如常，而文帝不能安席。晨会兵司马门，镇静内外，置陈甚整。宣帝曰：此子竟可也。"景帝在诸名士中，可谓最为枭杰矣。东晋诸主，才略莫优于明帝，而尝论圣人真假之意，王导等不能屈，盖亦清谈之隽。而名臣如桓彝、温峤、庾亮、邵续等，亦咸以清谈著闻。

见《晋书·谢鲲》、《羊曼传》。王忱镇荆州，能裁抑桓玄；王廙能诛戮陶侃将佐；其才盖亦相等，史褒忱而贬廙，则成败之论耳。王敦雅尚清谈；简文帝为会稽王，与孙绰商略诸风流人，绰以桓温与刘惔、王蒙、谢尚并举；则乱世之奸雄，亦未尝非捉麈尾之人矣。殷仲堪之败，盖所遭直与忱异，非其才之不足以制桓玄也。殷浩能统率三军，北定中原，虽丧败，亦事势为之，其才则雄于谢安矣，而况王导乎？

清谈者不必皆无能之人，反清谈者，亦不必皆有为之士。庾翼轻杜乂、殷浩，谓当束之高阁。其与浩书，深致讥议。然翼之才，岂能优于亮哉？毌丘俭文武兼资，忠义盖世，而荐裴秀于曹爽曰："生而岐嶷，长蹈自然。玄静守真，性入道奥。博问强记，文无不该。"其所称道，全与时人无殊。则知风尚既成，贤者不必能自外；亦不以此而丧其贤。风俗之衰，受其弊者特恒人耳。然庸众者英杰之所资，众人皆莫能自振，贤豪亦无所借以成其功矣。故风俗之清浊，究为治乱之原，而有唱道率将之责者，不可以不慎也。

学识既无与于才不才，故观其人之风度，亦不能定其贤否；古人戒以貌取人，盖为是也。简文帝少有风仪，善容止，凝尘满席，湛如也。尝与桓温及武陵王晞同载游板桥，温递令鸣鼓吹角，车驰卒奔；晞大恐，求下车，而帝安然无惧色；温由此惮服。初即位，温撰辞欲自陈述，帝对之悲泣，温惧不能言。有司承温旨，奏诛武陵王，帝不许。温固执，至于再三，帝手诏报曰："若晋祚灵长，公便宜奉行前诏；如其大运去矣，请避贤路。"温览之，流汗变色，不敢复言。可谓处变不惊矣。然谢安称为惠帝之流；谢灵运迹其行事，亦以为报、献之辈。即孝武幼称聪悟，谢安叹其精理不减先帝，亦未见其才略之有余于简文也。王戎之奔郏也，亲接锋刃，谈笑自若；时召亲宾，欢娱永日；亦可谓历险夷而不改其度者，曾何解于覆𫗧之讥哉？

成都王颖，乐广之婿也，与长沙王乂构难。乂以问广，广神色不变,徐答曰:"广岂以五男易一女?"又犹以为疑,广竟以忧卒。《晋书·乐广传》。则知能矫饰于外者,未必能无动于中也。此较告子之不动心,又逊一筹矣。

孙登赠嵇康曰:"子才多识寡,难乎免于今之世。"《魏志·王粲传注》引《魏氏春秋》。何晏以为圣人无喜怒哀乐,钟会等述之,王弼不与同,以为:"圣人茂于人者神明也,同于人者五情也。神明茂,故能体冲和以通无;五情同,故不能无哀乐以应物,然则圣人之情,应物而无累于物者也。今以其无累,便谓不复应物,失之多矣。"其《答荀融书》又云:"常狭斯人,以为未能以情从理者也,而今乃知自然之不可革。"何劭《弼传》。亦见《魏志注》。孙登所谓识,与荀粲不同。粲所谓识,但指知解,登则兼该夫以情从理,故谓嵇康无识,则无以自免也。人能以情从理与否,亦因禀赋而不同,王弼所谓自然之不可革也。东汉之季,能以情从理者,郭泰、申屠蟠是也;其不能者,李固、张俭是也。荀粲谓父或不如从兄攸。攸整轨仪以训物,而攸不治外形,慎密自居而已。《魏志·攸传注》引《晋阳秋》。邴原能先诣魏祖;在军历署,终不当事;《魏志》本传《注》引《原别传》。可谓善自韬晦。然其在辽东,犹以清议格物,为公孙度以下所不安,赖管宁密遣之还,《宁传》引《傅子》。则知如张阁之不知美好者,非易事矣。《魏志·邴原传注》。晋文帝欲为武帝求昏于阮籍,籍醉六十日,不得言而止。钟会数以时事问籍,欲因其可否而致之罪,皆以酣醉获免。山涛与尚书和逌交,又与钟会、裴秀并申款昵。二人居势争权,涛平心处中,各得其所,而俱无恨焉。皆见《晋书》本传。而嵇康以箕踞而锻忤钟会,以非薄汤武忤大将军。亦见《魏志注》引《魏氏春秋》。康之识,岂不如阮籍、山涛哉?情有所不自禁也。何晏等皆好交游,而丁谧独以忤诸王系狱,《曹爽传注》引《魏略》。视此矣。然则以情从理,诚非易事也,岂真王弼所谓自然不可革者邪?要非所语于能以学问变化气质者。知自然之不可革也,而不知学问之可以变化气质也,此当时之名士,所以多无以自免也。

宽容与忌刻,亦秉诸自然者也。王敦之举兵也,刘隗劝元帝尽除诸王,王导率群从诣阙请罪。直周颙将入,导呼谓颙曰:"伯仁,以百口累卿。"颙直入不顾,既见帝,言导忠诚,申救甚至。帝纳其言,颙喜饮酒,致醉而出。导又呼颙,颙不与言,顾左右曰:"今年杀诸贼奴,取金印如斗大系肘。"既出,又上表明导,言甚切至。导不知救己,而甚衔之。敦既得志,欲诛颙,以问导,导遂无言。致有"我虽不杀伯仁,伯仁由我而死"之叹,《晋书·周颙传》。啜其泣矣!嗟何及矣!是导外宽而内忌,颙外率而内宽也。此禀赋之殊也。然一时名士,忌刻者多。故王弼结憾于黎融,亦见《魏志注》。羊祜无德于戎、衍,王澄以旧意侮王敦而见杀,羲之以旧恶恨王述而誓墓。皆见《晋书》本传。悻悻然小丈夫哉!何其自处之卑,相报之惨也?无他,识解虽超,而情不免于徼利。不忮不求,何用不臧?忮且求,亦何以善其后哉?识足以平揖古贤,而行不免为市井鄙夫之所耻,君子于是齿冷乎当时之所谓名士者矣。

同是清谈之士,有能守礼法者,有不能守礼法者,亦由各率其情而行之,而未能变化之以学问也。王澄、胡毋辅之等任放为达,或至裸体。乐广闻而笑之曰:"名教中自有乐地,何必乃尔?"和峤居丧,以礼法自持,而王戎母忧,不拘礼制。非必乐广、和峤操持过于王戎、王澄、胡毋辅之等,亦其性本近谨伤耳。能守礼法与否,亦与其人之才不才无涉。庾亮风格峻整,固为名臣;王忱放诞,慕王澄之为人,然其守荆州,亦威风肃然,殊得物和,且能裁抑桓玄也。

王昶名其兄子曰默曰沈,子曰浑曰深,而书以戒之,欲其遵儒者之教,履道家之言;深以惑当时之誉、昧目前之利为戒;可谓知自克矣。然其言曰:"如不知足,则失所欲。"又曰:"能屈以为申,让以为得,弱以为强,鲜不遂矣。"《三国·魏志》本传。则其自克,乃正所以徼利而避祸也。志士不忘在沟壑,勇士不忘丧其元,俭德避难,非苟免之谓也;况又情存于徼利乎? 此又嵇康之徒所不忍为也。

原刊《光华大学半月刊》第四卷第二期,
一九三五年十月二十五日出版

〔三八〕清谈三

　　清谈之士,以忮败,尤多以求败,以其冒利而不能自克也。《三国志》言:何晏等专政,共分割洛阳、野王典农部桑田数百顷,及坏汤沐地,以为产业,承势窃取官物,因缘求欲州郡。有司望风,莫敢忤旨。爽饮食车服,拟于乘舆;尚方珍玩,充牣其家;妻妾盈后庭,又私取先帝才人等,以为伎乐。擅取太乐乐器,武库禁兵。作窟室,绮疏四周,数与晏等会其中,饮酒作乐。爽等罪状,出于司马氏之口,自不免于失实,然不能尽诬也。《注》引《魏略》,言邓飏好货,丁谧父斐亦好货,毕轨在并州名为骄豪,何晏养于太祖家,服饰拟于太子。然则正始秉政之人,实多骄奢之士,其人皆人望也;司马氏为其所摈,屏息不敢出气者几十年,其才亦非不足取也;而卒以覆灭者,岂不以骄则人恶之,奢则民怨之,故变起于肘腋之间而不之知、莫之援哉?

　　《晋书·王衍传》:父卒于北平,送故甚厚,为亲识之所借贷,因以舍之;数年之间。家资罄尽,出居田园,似诚有高致矣。然石勒之责衍曰:“君名盖四海,身居重任;少壮登朝,至于白首,何得言不豫世事耶? 破坏天下,正是君罪。”虽爱衍者,不能为衍辩也。天下破坏,固非一人所能为,然怀禄而不去,何欤? 如衍者,岂得云识不能及哉? 然则其少日之轻财,正是矫情以干誉耳。矫情者,假之也,而不知其终不可假也。衍睹中国已乱,欲为自全之计,乃以弟澄为荆州,族弟敦为青州,谓曰:"荆州有江、汉之固,青州有负海之险,卿二人在外,而吾留此,足以为三窟矣。"而终不免于排墙之祸,哀哉?

当时知名之士,未尝无俭德之人。如山涛爵同千乘,室无嫔媵;阮脩四十不能娶;阮放为吏部郎,不免饥寒;嵇康、向秀,锻以自食,秀又与吕安灌园于山阳是也。然此或为避祸计,或则性本简傲,不与俗谐,乃甘食蔬衣敝耳,非有得于道也。干宝之言曰:"悠悠风尘,皆奔竞之士;列官千百,无让贤之举。"《愍帝纪论》引。庾峻之言曰:"普天之下,先竞而后让;举世之士,有进而无退。"熊远之言曰:"今逆贼猾夏,暴虐滋甚。二帝幽殡,梓宫未返。昔齐侯既败,七年不饮酒食肉。况此耻尤大,臣子之责,宜在枕戈,为王前驱。若此志未果者,当上下克俭,恤人养士,彻乐减膳,惟修戎事。陛下忧劳于上,而群官未同戚容于下;每有会同,务在调戏酒食而已。"均见《晋书》本传。晏安鸩毒,入其中者鲜能自振,此北方之所以终不可复欤!

《记》曰:"君子有诸己而后求诸人,无诸己而后非诸人;所藏乎身不恕,而能喻诸人者,未之有也。"何其言之亲切而有味也?吾尝默察并世中庸之士,亦未尝无为善之心,特其自私之念过深,必先措其身于至安,肥其家使无乏,然后正身以图晚盖。其意若曰:"天下大矣,吾一人自私何害?"殊不知人心之感应,捷于影响,自私而望人之不私,自利而责人无欲利,不可得也。此古之欲为善者,所以贵以身先之。而如今人之所为,是后之也,其不得于人,无足怪矣。王述家贫,求试宛陵令,颇受赠遗,而修家具,为州司所检。王导使谓之曰:"名父之子,不患无禄。屈临小县,甚不宜尔。"述答曰:"足自当止。"时人未之达也。比后屡居州郡,清洁绝伦,禄赐皆散之亲故,宅宇旧物,不革于昔,始为当时所叹。《晋书》本传。此去贪求无已者一间耳;抑世之贪求无已者,岂不自以为未足,而曰足自当止欤?

清谈之士，固多名利之徒，然亦有受诬不白者。殷浩之废也，史称桓温将以为尚书令，遗书告之。浩欣然许焉。将答书，虑有缪误，开闭者数十，竟达空函，大忤温意，由是遂绝。《晋书》本传。此厚诬君子之言也。浩纵不肖，何至并矫情镇物而不能？而以温之忌刻，亦岂待达空函而后绝浩邪？谢安、王坦之犹足厄温，而况于浩？温又岂肯用之以自树难乎？

原刊《光华大学半月刊》第四卷第二期，

一九三五年十月二十五日出版

〔三九〕清谈四

裴颜《崇有》之论曰："夫总混群本，宗极之道也。方以族异，庶类之品也。形象著分，有生之体也。化感错综，理迹之原也。夫品而为族，则所禀者偏；偏无自足，故凭乎外资。是以生而可寻，所谓理也。理之所体，所谓有也。有之所须，所谓资也。资有攸合，所谓宜也。择乎厥宜，所谓情也。识智既授，虽出处异业，默语殊涂，所以宝生存宜，其情一也。贤人君子，知欲不可绝，而交物有会。观乎往复，稽中定务。故大建厥极，绥理群生，训物垂范，于是乎在。贱有则必外形，外形则必遗制，遗制则必忽防，忽防则必忘礼。礼制弗存，则无以为政矣。"《晋书》本传。其说甚辩，然未足以服贵无者之心也。颜之意，乃谓人不能不自爱其生；欲全其生，不能无资乎物；众皆有求，争夺斯起，故不可无礼以为率由之准。而不知贵无者之欲去礼，正以其不足以为率由之准也。奚以知其然也？魏太祖令，谓州人说祢衡受传孔融之论，以为：父母与人无亲，譬若瓾器，寄盛其中；又言若遭饥馑，而父不肖，宁赡活余人。《三国·魏志·崔琰传注》引《魏氏春秋》。此等议论，非恒人思虑所及，可知其必出于融，非诬辞也。是融能破世俗所谓父子之义也。《典略》云："融昔在北海，见王室不宁，招合徒众，欲图不轨，此乃诬辞。融非功名之徒，安得有篡夺之念。言我大圣之后也，而灭于宋。有天下者，何必卯金刀？"《魏志·王粲传注》引。是融能破世俗所谓君臣之义也。君臣父子之伦，乃昔专制之世所最不敢訾议者，而融能毅然反之，足征其识解之超矣。魏文帝既受禅，顾谓群臣曰："舜、禹之事，吾知之矣。"《魏志·文帝纪注》引《魏氏春秋》。阮籍为晋文帝从事中郎。有司言有子杀母者，籍曰："嘻，杀父乃可，至杀母乎？"《晋书》本传。《传》又曰："坐者怪其失言。帝曰：杀父，天下之极恶，而以为可乎？籍曰：禽兽知母而不知父。杀父，禽兽之类也；杀母，禽兽之不若。"此权辞以释众议耳，非其本旨也。则知冲决网罗，为凡谈玄者之所共，而非孔融之所独矣。籍、咸、嵇康、刘伶、谢鲲、胡毋辅之父子，毕卓、王尼、羊曼之伦，所以必蔑弃礼法者，毋亦其视之与方内之士大异，觉其蹴然不安，而不可以一日居邪？

王坦之《废庄论》云："夫自足者寡，故理悬于羲、农；徇教者众，故义申于三代。先王知人情之难肆，惧违行以致讼，故陶铸群生，谋之未兆，每摄其契而为节焉。天下之善人少，不善人多，故庄生之利天下也少，害天下也多。"《晋书》本传。其意略与裴颜同。然亦未思拘守世俗之礼者，未可云能摄其契也。

李充《学箴》云："老子云绝仁弃义，家复孝慈，岂仁义之道绝，然后孝慈乃生哉？盖患乎情仁义者寡，利仁义者众也。道德丧而仁义彰，仁义彰而名利作，礼教之弊，直在兹也。先王以道德之不行，故以仁义化之；行仁义之不笃，故以礼律检之。检之弥繁，而伪亦愈广。老、庄是乃明无为之益，塞争欲之门；化之以绝圣弃知，镇之以无名之朴。圣教救其末，老、庄明其本，本末之涂殊，而为教一也。人之迷也，其日久矣。见形者众，及道者鲜。不窥千仞之门，而逐适物之迹，逐迹愈笃，离本愈远，遂使华端与薄俗俱兴，妙绪与淳风并绝。后进惑其如此，将越礼弃学，而希无为之风，见义教之杀，而不观其隆矣。"又曰："世有险夷，运有通坯。损益适时，升降惟理。道不可以一日废，亦不可以一朝拟。礼不可为千载制，亦不可以当年止。非仁无以长物，非义无以齐耻。仁义固不可违，去其害仁义者而已。"《晋书》本传。其论最为持平也。

　　然当时放诞之士，初非见不及此，乃皆借以为利耳。戴逵之论曰："儒家尚誉者，本以兴贤也。既失其本，则有色取之行，怀情丧真，以容貌相欺，其弊必至于末伪。道家去名者，欲以笃实也。苟失其本，又有越检之行；情理俱亏，则仰咏兼忘，其弊必至于本薄。夫伪薄者，非二本之失，而为弊者，必托二本以自通。夫道有常经，而弊无常情，是以六经有失，二政有弊。苟乖其本，固圣贤所无奈何也。"《晋书》本传。可谓言之深切著明矣。江惇谓"放达不羁，以肆纵为贵者，非但动违礼法，而亦道之所弃"，《晋书》本传。其意亦与逵同。夫情有所不安，不能自克，以就当世之绳墨，虽或以是贾祸，其志固可哀矜；至于以是徼名利焉，以是图便安焉，而其心不可问矣。此又刘伶、阮籍之徒之所弃也。

原刊《光华大学半月刊》第四卷第二期，
一九三五年十月二十五日出版

〔四〇〕清谈五

　　清谈所以求明理也,其后或至于尚气而求胜。如谢朗,病起体赢,于叔父安前,与沙门支遁讲论,遂至相苦。其母王氏再遣信令还。安欲留使竟论。王氏因出云:"新妇少遭艰难,一生所寄,惟在此儿。"遂流涕携朗去。谢道韫为王凝之妻。凝之弟献之,尝与宾客谈议,辞理将屈。道韫遣婢白献之曰:"欲为小郎解围。"乃施青绫步障自蔽,申献之前议。皆是也。然此特末流之失,原其朔,则诚有志在明理,从善服义,不计胜负者。《乐广传》云:"尤善谈论,每以约言析理,以厌人心。"《阮瞻传》云:"遇理而辩,辞不足而旨有余。见司徒王戎,戎问曰:圣人贵名教,老庄明自然,其旨同异?瞻曰:将毋同。戎咨叹良久,即命辟之,时人谓之三语掾。"《王承传》云:"言理辩物,但明其指要,而不饰文辞。有识者服其约而能通。"是当时谈者,皆以要言不烦为贵,不贵喋喋利口也。《广传》又云:"其所不知,默如也。"《裴颜传》:"乐广尝与颜清言,欲以理服之,而颜辞论丰博,广笑而不言。"《王述传》云:"性沈静,每坐客驰辩,异端竞起,而述处之恬如也。"则并不贵有言矣。《王衍传》曰:"义理有所不安,随即改更,世号口中雌黄。"以上均各见《晋书》本传。《三国·魏志·荀彧传注》引何劭《荀粲传》,谓"太和初,到京邑与傅嘏谈。嘏善名理而粲尚玄远,宗致虽同,仓卒时或有格而不相得意。裴徽通彼我之怀,为二家骑驿,顷之,粲与暇善。"《晋书·张凭传》:诣刘惔,"惔处之下坐,神意不接。凭欲自发而无端,会王蒙就惔清言,有所不通,凭于末坐判之,言旨深远,足畅彼我之怀。一坐皆惊,惔延之上坐,清言弥日。"此尤绝无彼我之见,而能获讲习之益者矣。

原刊《光华大学半月刊》第四卷第二期,
一九三五年十月二十五日出版

〔四一〕晋人之矫诞

　　自后汉以名取士，而当世遂多矫伪之人，色取行违，居之不疑，至易代而犹未革。《晋书》所载，居丧过礼、庐墓积年、负土成坟、让产让财、抚养亲族、收恤故旧之士甚多，岂皆笃行，盖以要名也。而其尤矫诞者，要莫如邓攸。《攸传》云："石勒过泗水。攸乃斫坏车，以牛马负妻子而逃。又遇贼掠其牛马，步走。担其儿及其弟子绥，度不能两全，乃谓其妻曰：吾弟早亡，惟有一息，理不可绝，止应自弃我儿耳。幸而得存，我后当有子。妻泣而从之，乃弃之。其子朝弃而暮及，明日，攸系之于树而去。攸弃子之后，妻不复孕，过江纳妾，甚宠之。讯其家属，说是北人遭乱，忆父母姓名，乃攸之甥。攸素有德行，闻之感恨，遂不复蓄妾，卒以无嗣。时人义而哀之，为之语曰：天道无知，使邓伯道无儿。"史臣论之曰："力所不能，自可割情忍痛，何至豫加徽纆，绝其奔走者乎？斯岂慈父仁人之所用心也？卒以绝嗣，宜哉！"其言善矣，然犹未尽也。夫云"朝弃暮及"，则儿已自能奔走，何待负担？此而系之，是自杀其子也。不徒不足称义，抑当服上刑矣。礼：买妾不知其姓则卜之。攸纵不知此，而当买纳之初，岂不讯其家属？必待宠幸既久，然后及之邪？史之所云，无一语近于情理，而众口相传，誉为义士，固知庸众之易欺；而当时愤世之士，必欲违众而蔑礼，至于贾祸而不悔，固亦有激之使然者也。

　　《隐逸·郭翻传》云:"尝坠刀于水。路人有为取者,因与之。路人不取,固辞。翻曰:尔乡不取,我岂能得?路人曰:我若取此,将为天地鬼神所责矣。翻知其终不受,复沈刀于水。路人怅焉,乃复沈没取之。翻于是不逆其意,乃以十倍刀价与之。其廉不受惠,皆此类也。"孔子曰:"鲁道衰,洙泗之间,龂龂如也。"若翻之所为,岂特龂龂而已。孟子曰:"可以取,可以无取,取伤廉;可以与,可以无与,与伤惠。"若翻者,己既伤惠,而又伤人之廉,虽市井薄俗有不忍为,而谓隐者为之乎?然当日知名之士,亦间有天性笃厚之人。《刘骥之传》云:"去骥之家百余里,有一孤姥,病将死,叹息谓人曰:谁当埋我?惟有刘长史耳。何由令知?骥之先闻其有患,故往候之。直其命终,乃身为营棺,殡送之。"若骥之者,不敢谓其无徼名之心,然就其事论之,则诚凡民有丧、匍匐救之之仁人矣。世岂遂无仁人?以徼名而勉为仁者,盖亦不乏,则名亦未始不足以奖进人也。然终以矫伪之士为多。是以君子尚玄德,不贵偏畸之行也。

原刊《光华大学半月刊》第四卷第三期,
一九三五年十一月十日出版

〔四二〕 晋人不重天道

汉世灾异,策免三公,上言者亦多援引天道。至魏晋以后,则异是矣。《晋书·挚虞传》:虞对策东堂。策曰:"顷日食正阳,水旱为灾,将何所修,以变大眚?"虞对曰:"古之圣明,原始以要终,体本以正末。故忧法度之不当,而不忧人物之失所;忧人物之失所,而不忧灾害之流行。诚以法得于此,则物理于彼;人和于下,则灾消于上。其有日月之眚,水旱之灾,则反听内视,求其所由,远观诸物,近验诸身。推之于物则无忤,求之于身则无尤。万物理顺,内外咸宜,祝史正辞,言不负诚,而日月错行,夭疠不戒,此则阴阳之事,非吉凶所在也。期运度数,自然之分,固非人事所能供御,其亦振廪散滞,贬食省用而已矣。是故诚遇期运,则虽陶唐殷汤,有所不变;苟非期运,则宋卫之君,诸侯之相,犹能有感。"《郤诜传》载诜对策,实同时事。其言曰:"水旱之灾,自然理也。故古者三十年耕必有十年之储,尧汤遭之而人不困,有备故也。自顷风雨,虽颇不时,考之万国,或境土相接,而丰约不同;或顷亩相连,而成败异流。固非天之必害于人,人实不能均其劳苦。失之于人,而求之于天,则有司惰职而不劝,百姓殆业而咎时,非所以定人志,致丰年也。宜勤人事而已。"其论虽亦古人所有,然古者勤修人事,实畏天心,二者或未易轩轾,此专以劝人事为言,固与两汉拂士异其趣矣。

〔四三〕州郡秩俸供给

送故迎新之费,特郡县之吏取之于民之一端耳,自此而外,禄秩供给,盖无一不取之当地者。人不能自携资财以作官,以当地之财供当地之用,宜也。然立法不严,则因之以贪取者亦多矣。

《齐书·豫章王嶷传》:"宋氏以来,州郡秩俸及杂供给,多随土所出,无有定准。嶷上表曰:伏寻郡县长尉俸禄之制,虽有定科,而其余资给,复由风俗,东北异源,西南各绪,习以为常,因而弗变。缓之则莫非通规,澄之则靡不入罪。臣谓宜使所在各条公用公田秩石迎送旧典之外,守宰相承,有何供调,尚书精加洗核,务令优衷。事在可通,随宜开许,损公侵民,一皆止却。明立定格,班下四方,永为恒制。从之。"此即后世陋规归公之说也。《南史·范云传》:"迁零陵内史。零陵旧政,公田俸米之外,别杂调四千石。及云至郡,止其半,百姓悦之。"又《王延之传》:"在江州,禄俸外一无所纳。"此已为贤者。《梁书·良吏传》:孙谦,以宋明帝时为巴东、建平二郡太守,"俸秩出吏民者,悉原除之。"禄俸岂可不取,得无贤知之过乎?岂其取之之法,固未尽善邪?《齐书·王秀之传》:"出为晋平太守。至郡期年,谓人曰:此邦丰壤,禄俸常充,吾山资已足,岂可久留,以妨贤路。上表请代。时人谓王晋平恐富求归。"丰壤禄俸常充,则瘠土有不给者矣。所谓东北异源,西南各绪也。

　　《梁书·裴邃传》："迁北梁、秦二州刺史，开创屯田，省息边运，民吏获安，乃相率饷绢千余匹。邃从容曰：汝等不应尔，吾又不可逆，纳其绢二匹而已。"又孙谦："齐初为钱塘令，去官。百姓以谦在职不受饷遗，追载缣帛以送之，谦却不受。"此等饷遗，并非常例。非常例，则既非秩俸所应得，亦非公用之所资，其却之宜也。然肆行贪取者亦多。《南史·宗元饶传》："迁御史中丞。时合州刺史陈褒赃污狼藉，遣使就渚敛鱼，又令人于六郡乞米，百姓甚苦之，元饶劾奏免之。"又《梁宗室传》：始兴王憺，"拜益州刺史。旧守宰丞尉，岁时乞丐，躬历村里，百姓苦之，习以为常。憺至，停断严切，百姓以苏。"此等乞取，尚复成何事体。又《谢朏传》："朏为吴兴，以鸡卵赋人，收鸡数千。"畜马乘不察于鸡豚，况于赋民而使之畜。食人二鸡卵，而卫以是弃干城之将，况于赋民以卵而责其鸡乎！

　　《陈书·孔奂传》："除晋陵太守。曲阿富人殷绮，见奂居处素俭，乃饷衣一袭，毡被一具。奂曰：太守身居美禄，何为不能办此；但民有未周，不容独享温饱耳。劳卿厚意，幸勿为烦。"此盖富人每喜献媚官吏，藉相往来，自以为荣也。然有因此遂见诛求者。《南史·孝义传》：赵拔扈新城人。兄震动，富于财，太守樊文茂求之不已，震动怒曰："无厌，将及我！"文茂闻其语，聚其族诛之。拔扈走免，亡命聚党，杀文茂。非夙与官府交关，虽有诛求，岂容过甚。非所谓慢藏诲盗者邪？

　　裴邃、孙谦、孔奂等却吏民之馈，廉矣。然《陈书·文学传》：褚玠除山阴令，"在任岁余，守禄俸而已；去官之日，遂乃不堪自致，因留县境，种蔬菜以自给。"则徒恃禄俸，诚有不能自活者。《南史·裴昭明传》：元徽中，出为长沙郡丞，罢任，刺史王蕴之谓曰：卿清贫，必无还资。湘中人士，有须一礼之命者，我不爱也。此后世之陋规，所以虽云非法而卒不可绝也。朱脩之刺荆州，百城贶赠，一无所受，惟以蛮人宜存抚纳,有饷皆受,得辄与佐吏赌之,未尝入己。《南史》本传。赌虽非法,可谓曰廉。然去镇之日,秋豪不犯可也,计在州以来,然油及私牛马食官谷草,以私钱六十万偿之,则贤知之过矣。伏暅为东阳太守,郡多麻苎,家人乃至无以为绳,《梁书·良吏传》。其失惟钧。萧琛频莅大郡,不治产业,有阙则取,不以为嫌。《梁书》本传。此则古人随身衣食,悉仰于官,不别治生之义也。《南史·何远传》:"迁武昌太守,馈遗秋豪无所受。武昌俗皆汲江水,盛夏,远患水温,每以钱买人井寒水,不取钱者,则挼水还之。"此亦贤知之过。昏莫叩人之门户,求水火,无弗与者,至足矣。受者与之,不受者亦可以无还也。

伏暅之守东阳也,民赋税不登者,辄以太守钱米助之。何思澄父敬叔,为齐长城令,在县清廉,不受礼遗。夏节至,忽榜门受饷。数日中,得米二千余斛,他物称是。悉以代贫人输租。《南史·文学传》。此以其乘舆济人于溱洧之类也,固不如为法以遗后嗣矣。而如敬叔之所为,尤足使巧者借口也。

有贪取于民,流俗顾不责其贪,犹以他事称道之者。《梁书·张率传》:"率嗜酒,事事宽恕,于家务尤忘怀。在新安,遣家僮载米三千石还吴宅;既至,遂耗大半。率问其故,答曰:雀鼠耗也,率笑而言曰:壮哉雀鼠! 竟不研问。"三千石米,不为不多,新安、吴中之路,不为近矣,果皆出于禄俸,不烦民力乎? 家僮侵蚀,置诸不问,以是为高,则何如陶潜之公田半以种秫也?

朱脩之,史美其百城贶赠,一无所受。是为州郡者,不徒贪取于民,又取之于下僚也。《南史·傅昭传》:"迁临海太守。县令尝饷栗,置绢于簿下,昭笑而还之。"是其事矣。大官贪取于僚属,则僚属不得不益诛求于吏民。斯时之以贪货闻者,刺史如益州刘悛、梁州阴智伯,并臧货巨万。《梁书·江淹传》。县令如山阴虞肩,亦臧污数百万。《梁书·陆杲传》。事实相因也。萧洽仕梁为南徐州从事,近畿重镇,职吏数千人,前后在者,皆致巨富,洽清身率职,馈遗一无所受,妻子不免饥寒,诚可谓难矣。

不独上官贪取于下也,即朝廷亦责郡县以献遗。《齐书·明帝纪》,建武元年十一月诏曰:"邑宰禄薄俸微,不足代耕,虽任土恒贡,亦为劳费,自今悉断。"可见其名为土贡,实则出之令长矣。《南史·垣阆传》:"孝武帝即位,以为交州刺史。时交土全实,阆罢州还,资财巨万。孝武末年贪欲,刺史二千石罢任还都,必限使献奉,又以蒱戏取之,要令罄尽乃止。阆还至南州,而孝武晏驾,拥南资为富人。明帝初,以为司州刺史。出为益州刺史,蜀还之货,亦数千金,先送献物,倾西资之半,明帝犹嫌其少。及阆至都,诣廷尉自簿,先诏狱官留阆,于是悉送资财,然后被遣。凡蛮夷不受鞭罚,输财赎罪,谓之赎,时人谓阆为被赎刺史。"又《张兴世传》:宋元徽中,"兴世在家,拥雍州还资,见钱三千万,苍梧王自领人劫之,一夜垂尽,兴世忧惧病卒。"又《孔靖传》:子琇之,"为临海太守。在任清约,罢郡还,献干姜二十斤。齐武帝嫌其少;及知琇之清,乃叹息。"又《崔慧景传》:"慧景每罢州,辄倾资献奉,动数百万,武帝以此嘉之。"皆可见其诛求无艺,更甚于唐世之进奉也。《萧惠开传》:"惠开妹当适桂阳王休范,女又当适孝武子,发遣之资,应须二千万,乃以为豫章内史,听其肆意聚纳,由是在都著贪暴之名。"此何异纵虎兕以噬人欤?

北魏之初,百官无禄,故其恣取于下,尤为有辞。《魏书·崔宽传》:附《崔玄伯传》。"拜陕城镇将。三崤地险,民多寇劫。宽性滑稽,诱接豪右、宿盗魁帅,与相交结,倾衿待遇,不逆微细,是以能得民庶忻心,莫不感其意气。时官无禄力,惟取给于民。宽善抚纳,招致礼遗,大有受取,而与之者无恨。"此取之于豪猾,似无伤于细民。然因此,能无宽纵豪猾邪?《景穆十二王传》:任城王云,"出为冀州刺史,留心政事,甚得下情。合州请户输绢五尺,粟五升,以报云恩。"此名为乐输,实亦未尝不出献媚也。《北齐书·阳州公永乐传》:"罢豫州,家产不立。神武问其故,对曰:裴监为长史,辛公正为别驾,受王委寄,斗酒只鸡不入。神武乃以永乐为济州,仍以监、公正为长史、别驾。谓永乐曰:尔勿大贪,小小义取莫复畏。"神武颇有意于整饬吏治,而其言犹如是,可见其恬不为怪矣。《周书·裴侠传》:"除河北郡守。旧制有渔猎夫三十人,以供郡守。侠曰:以口腹役人,吾所不为也。乃悉罢之。又有丁三十人,供郡守役使,侠亦不以入私,并收庸直,为官市马。岁月既积,马遂成群。去职之日,一无所取。民歌之曰:肥鲜不食,丁庸不取。裴公贞惠,为世规矩。"此自奉养之出于民者也。《北齐书·裴让之传》:弟谳之,"为许昌太守。客旅过郡,出私财供给,民间无所与。"则凡吏之宗族交游,亦无不烦民供应矣。《周书·申徽传》:"出为襄州刺史。时南方初附,旧俗官人皆通馈遗,徽性廉慎,乃画杨震像于寝室以自戒。"北人之贪取如是,而乃诿其罪于南方旧俗,何其立言之巧也。

原刊一九四七年十一月二十九日上海《益世报》副刊"史苑"

〔四四〕苻洪因谶改姓之诬

　　东汉以后,谶纬之说甚行,外夷之窃据中原者,亦相率傅会,殊可笑也。《晋书·苻洪载记》云:"始其家池中蒲生,长五丈,五节如竹形,时咸谓之蒲家,因以为氏焉。洪以谶文有草付应王,又其孙坚背有草付字,遂改姓苻氏。"案《三国·蜀志·后主传》:建兴十四年,"徙武都氐王苻健及氐民四百余户于广都。"《张嶷传》:"十四年,武都氐王苻健请降,遣将军张尉往迎,过期不到,大将军蒋琬深以为念。嶷平之曰:苻健求附款至,必无他变。素闻健弟狡黠,又夷狄不能同功,将有乖离,是以稽留耳。数日,问至,健果将四百户就魏,独健来从。"《晋书·宣帝纪》:青龙三年,"武都氐王苻双强端帅其属六千余人来降。"青龙三年,在建兴十四年之前一年,是时武都已有苻氏。洪死于晋穆永和六年,年六十六,则当生于武帝太康六年,上距青龙三年,尚五十年也。草付应王之谶,既系妄言;蒲生五丈之说,必为矫诬,从可知矣。

〔四五〕五胡次序无汝羌名

　　《晋书·苻坚载记》：姚苌求传国玺于坚，曰：“苌次膺符历，可以为惠。”坚瞋目叱之曰：“小羌乃敢干逼天子，岂以传国玺授汝羌也？图纬符命，何所依据？五胡次序，无汝羌名，违天不祥，其能久乎？”或据谓五胡以羌为最贱，误。此羌字指姚苌言之，非指凡羌人。当时最重图纬，故苌以是求而坚斥其诬。《苻登载记》：冯翊郭质起兵广乡以应登，宣檄三辅曰：“姚苌穷凶肆害，毒被人神，于图谶历数，万无一分，而敢妄窃重名，厚颜瞬息，日月固所不照，二仪实亦不育。”意与坚之言同。不然，图谶岂有不为一人造而为一种族造者邪？

〔四六〕慕容、拓跋

晋世五胡，率好依附中国，非徒慕容、拓跋称黄帝之后，宇文托于炎帝，苻秦自称出于有扈，羌姚谓出于有虞也；即其部落旧名，亦喜附会音义，别生新解。如慕容廆曾祖莫护跋，魏初率其诸部，入居辽西，从宣帝征伐有功，拜率义王，始建国于棘城之北，此盖慕容氏有土之始，后人遂以其名为氏。慕容二字，固明明莫护转音也，乃《晋书•慕容廆载记》曰："时燕、代多冠步摇冠，莫护跋见而好之，乃敛发袭冠，诸部因呼之为步摇，其后音讹，遂为慕容焉。"岂诸部皆解华语乎？步摇二字，固不难知，然诸部于汉人之冠，未必不能自造一名以名之，亦未必皆用汉名也。况禹入裸国，裸入衣出；莫护跋岂必敛发袭冠，以其名诸部乎？《秃发氏载记》云："其先与后魏同出。"秃发，拓跋，盖同音异译，魏人又自附会为后土，其谬同此。《秃发氏载记》云："寿阗之在孕，母胡掖氏因寝而产于被中，鲜卑谓被为秃发，因而氏焉。"此亦附会。秃发二字，盖覆被之义。

〔四七〕校　郎

　　《晋书·沮渠蒙逊载记》：蒙逊闻刘裕灭姚泓，怒甚。门下校郎刘祥言事于蒙逊，蒙逊曰："汝闻刘裕入关，敢研研然也！"遂杀之。可谓非我族类，其心必异矣。然孰使汝为异族效力乎？胡三省《通鉴注》曰："自曹操、孙权置校事司察群臣，谓之校郎，后遂因之。蒙逊置诸曹校郎，如门下校郎、中兵校郎是也。"义熙十三年。然则蒙逊之司察其臣，可谓特甚。而诈为之鹰犬，岂佳士哉？其死也，固有自取之道也。

　　原刊一九四七年五月十二日天津《民国日报》副刊"史与地"

〔四八〕后魏出自西伯利亚

　　五胡诸族,多好自托于古帝之裔,其说殊不足信。然其自述先世事迹,仍有不尽诬者。要当分别观之,不得一笔抹杀也。《魏书》谓"后魏之先,出自黄帝。黄帝子曰昌意。昌意少子,受封北国。其后世为君长,统幽都之北,广漠之野。黄帝以土德王,北俗谓土为拓,谓后为跋,故以为氏"。又谓"其裔始均,仕尧时,逐女魃于弱水北,人赖其勋,舜命为田祖"。此全不可信者也。然谓"国有大鲜卑山,因以为号",则其说不诬。已见《鲜卑》条。又云:"积六七十代,至成帝毛,统国三十六,大姓九十九,威振北方。五传至宣帝推寅,南迁大泽,方千余里。厥土昏冥沮洳。谋更迁徙,未行而崩。又七传至献帝邻,有神人,言:此土荒遐,宜徙建都邑。献帝年老,以位授其子圣武帝诘汾,命南移。山谷高深,九难八阻,于是欲止。有神兽似马,其声类牛,导引历年乃出。始居匈奴故地。其迁徙策略,多出宣、献二帝,故时人并号为推寅,盖钻研之义也。"此为拓跋氏信史,盖成帝强盛,故传述之事,始于其时也。《魏书》云:"时事远近,人相传授,如史官之有记录焉。"

　　今西伯利亚之地,自北纬六十五度以北,地理学家称为冻土带。自此南至五十五度,称森林带。又南,称旷野带。最南,称山岳带。其山,即西伯利亚与蒙古之界山也。冻土带极寒,人不能堪之处甚多。森林带多蚊虻。旷野带虽沃饶，然卑湿，多疫疠，亦非乐土。拓跋氏盖始处冻土带，以苦寒南徙，复陷旷野带中，最后乃越山岳带而至今外蒙古也。大泽方千余里，必旷野带中薮泽。或谓今拜喀勒湖，非也。拜喀勒湖乃古北海，为丁令所居，汉时服属匈奴，匈奴囚苏武即于此，可见往来非难，安有山谷高深，九难八阻之事？

〔四九〕拓跋氏先世考上

　　晋世五胡，多好自托于神明之胄，其不足信，自无待言。而魏人自述先世，荒渺尤甚，又尝以史事诛崔浩，故其说弥不为人所信。然其中亦略有事实，披沙拣金，往往见宝，所贵善为推求，不当一笔抹杀也。《魏书·序纪》云："昌意少子，受封北土，国有大鲜卑山，因以为号。"此因汉世乌丸、鲜卑，史皆云以山为号，因有是言，不足信者也。又云："积六十七世，至成帝毛统国三十六，大姓九十九。"九十九者，合己为百姓也。统国三十六者，四面各九国。自受封至成帝六十七世，又五世至宣帝，又七世至献帝，又二世至神元，其数凡八十一。八十一者，九九之积也。自成帝至神元十五传，为三与五之积，盖取三才五行之义，比拟三皇五帝也。世数及所统国姓，无一非九之积数，有如是巧合者乎？况自神元以前，除成帝、宣帝、献帝、圣武帝外，绝无事迹可见。世有事迹传述如是其疏，顾于受封以来之世数，及成帝以降十余世之名讳，独能识之弗忘者乎？其为伪造，夫复奚疑！然安帝统国有九十九姓之说，亦见于《官氏志》。九十九之数，虽不足信，其曾统有诸姓，则必不尽诬，特不当造作成帝其人，而系之于其时耳。至云：宣帝"南迁大泽，方千余里，厥土昏冥沮洳，谋更南迁，未行而崩"。献帝时，"有神人言于国曰：此土荒遐，未足以建都邑，宜复徙居。帝时年老，乃以位授子。""圣武帝诘汾，献帝命南移，山谷高深，九难八阻，于是欲止。有神兽，其形似马，其声类牛，先行道引，历年乃出。始居匈奴故地。亦见《魏书·灵征志》。其迁徙策略，多出宣、献二帝，故人并号曰推寅，盖俗云钻研之义。"此中圣武帝其人，及献帝之名，又为伪造；而其迁徙之事，及先后有两推寅，则不尽诬。"诘汾无妇家，力微无舅家"，造作者盖亦微示人以圣武以上，悉无其人。至推寅则所谓以德为号者。以德为号而无其名，又傅以神兽道引荒诞之说，正与野蛮部落十口传说之性质相符，故知其非子虚也。

《礼志》云："魏先之居幽都也，凿石为祖宗之庙于乌洛侯国西北。自后南迁，其地隔远。真君中，乌洛侯国遣使朝献，云石庙如故，民常祈请，有神验焉。其岁，遣中书侍郎李敞诣石室告祭天地，以皇祖先妣配。"《乌洛侯传》云："真君四年来朝。据本纪，事在是年三月壬戌。称其国西北，有国家先帝旧墟。石室南北九十步，东西四十步，高七十尺。室有神灵，民多祈请。世祖遣中书侍郎李敞告祭焉，刊祝文于室之壁而还。"此云旧墟，盖是。《礼志》云凿石为庙则诬矣。魏之先，能兴如是大工乎？然云其地为魏之故土，则自不诬，此固无庸造作也。乌洛侯在地豆干之北，去代都四千五百里。其国西北有完水，东北流合于难水。其地小水，皆注于难，东入于海。又西北二十日行，有于己尼大水，所谓北海也。难水今嫩江；完水今额尔古讷河；北海即贝加尔湖；于己尼盖入湖之巨川也。魏人编发，故称索虏；而乌洛侯绳发；地豆干在失韦西千余里，失韦丈夫索发；可见自失韦以西北，其俗皆同。谓魏人曾居黑龙江、贝加尔湖之间，必不诬也。然其初所居，尚当在此之北。今西伯利亚：自北纬六十五度以北，地理学家称为冻土带；自此南至五十五度曰森林带；又南曰旷野带；极南曰山岳带，则蒙古与西伯利亚之界山也。冻土带极寒，人不能堪之处极多。魏人盖自此南徙。森林带多蚊虻，亦非乐土，不

可居；且鲜卑习骑射，亦不似林木中人也。魏人当时，似自冻土带入
旷野带。其地沃饶，然卑湿多疫疠，所谓昏冥沮洳者也。终至山岳
带定居焉。后又逾山南出，则所谓匈奴故地者，其地当在漠北。自
此至漠南，尚当多历年岁。其事，魏人都不能记矣。自后推寅至神元，
历时必久，世数亦必非一。

　　魏人此等矫诬之说，果始自何时乎？《卫操传》谓桓帝崩后，操
为立碑于大邗城南，以颂功德。云魏为轩辕之苗裔。皇兴初，雍州
别驾雁门段荣于大邗掘得此碑。此说而信，则拓跋氏之自托于轩
辕，尚在惠、怀之世；桓帝死于惠帝永兴二年，卫操卒于怀帝永嘉四年。然
不足信也。《灵征志》云："真君五年二月，张掖郡上言：往曹氏之
世，丘池县大柳谷山石表龙马之形，石马脊文曰大讨曹，而晋氏代
魏。今石文记国家祖宗讳，著受命之符。乃遣使图写其文。大石有
五，皆青质白章，间成文字。其二石记张、吕之前已然之效。其三石
记国家祖宗以至于今。其文记昭成皇帝讳，继世四六天法平，天下
大安，凡十四字；次记太祖道武皇帝讳，应王载记千岁，凡七字；次记
太宗明元皇帝讳，长子二百二十年，凡八字；次记太平天王，继世主
治，凡八字；次记皇太子讳，昌封太山，凡五字。初上封太平王，天文
图录又受太平真君之号，与石文相应。太宗名讳之后，有一人象，携
一小儿。见者皆曰：上爱皇孙，提携卧起，不离左右，此即上象灵
契，真天授也。"此事诬罔，无待于言。又《皇后传》云："高宗初，穿天
渊池，获一石铭，称桓帝葬母封氏，远近赴会二十余万人。有司以
闻。命藏之太庙。"部落会葬，事所可有，何当举部偕来，至于二十余
万乎？其为诬罔，殆与丘池获石等矣。观此二事，则知造作石刻以
欺人，实为魏人惯技。桓帝时虽稍知招徕晋人，恐尚未知以文辞自
炫。且卫操、卫雄、姬澹、莫含等，皆乃心华夏，其于拓跋氏，特欲借
其力以犄匈奴耳，何事道谀贡媚，为作诬辞乎？《操传》又云："卫雄、

姬澹、莫含等名皆见碑。"一似惟恐人之不信，故列多人以为征验者，其情亦大可见矣。然则此等矫诬之说，果始何时乎？案道武定国号诏曰："昔朕远祖，总御幽都，控制遐国，虽践王位，未定九州，"此为魏人自言其先世可考之始。僭位之后，即追尊成帝已下及后号谥。诏有司议定行次。崔玄伯等奏从土德。盖一切矫诬之说，皆起于此时。所以自托于轩辕者，以从土德；所以从土德，则以不欲替赵、秦、燕而承晋故也。太和十四年高闾之议如此，见《礼志》。崔玄伯立说虽异，用意当同，盖不敢替异族以触拓跋氏之怒也。世祖册沮渠蒙逊曰："昔我皇祖，胄自黄轩。"见《蒙逊传》。辞出崔浩。据本纪，事在神䴥四年。高祖时，秘书令高祐、丞李彪等奏曰："自始均以后，至于成帝，其间世数久远，是以史弗能传。"《魏书·高祐传》。皆与《魏书·序纪》合。知道武之世，造作久定，后人特祖述其说而已。

隋文诏魏澹别成《魏史》，义例多与魏收不同。其二曰："魏氏平文以前，部落之君长耳。太祖远追二十八帝，并极崇高，违尧、舜宪章，越周公典礼。但道武出自结绳，未师典诰。当须南董直笔，裁而正之。反更饰非，岂是观过？但力微天女所诞，灵异绝世，尊为始祖，得礼之宜。"《隋书·魏澹传》。然则拓跋氏先世可考者止于神元，固人人所共知也。道武天兴二年，祠上帝，以神元配，瘗地于北郊，以神元窦后配；见《礼志》。太武使祭告天地石室，仅云以皇祖先妣配，而不援昌意、始均、成帝之伦；傥亦不欲厚诬其祖乎？然两推寅固当确有其人也。

拓跋氏事有年可考者，当始文帝入质之岁，实曹魏景元二年。《魏书》以是年为神元四十二年者，上推神元元年为庚子，取与曹魏建国同时也。亦不足信。

或曰：神元能遣子入侍，其部落当不甚微，何至父祖名号，亦无省记？独不观《南史·侯景传》乎？景僭位后，王伟请立七庙，并请七世讳。景曰:"前世吾不复忆,惟阿耶名摽。"景党有知景祖名乙羽周者;自外悉伟别制其名位。神元之初,声名文物,岂能逾于侯景之时? 况神元依妻家以起,乃赘婿之伦;其部落之大,盖自并没鹿回始;前此盖微不足道矣。推寅神兽而外,一无省记,又何足怪乎?

《晋书》谓秃发氏之先,与后魏同出,其说最确。《魏书·源贺传》:世祖谓贺曰:"卿与朕同源,因事分姓,今可为源氏。"《唐书·宰相世系表》:源氏出自后魏圣武帝诘汾长子疋孤。七世孙秃发傉檀据南凉。子贺降后魏。太武见之曰:"与卿同源,可改为源氏。"魏人固自言之矣。乌孤五世祖树机能,略与神元同时。其八世祖匹孤,始自塞北迁于河西。以三十年为一世计之,匹孤早于神元约百年,其时在后汉中叶,正北匈奴败亡、鲜卑徙居其地之时也。西伯利亚南边部落,盖亦以此时逾山南出。

《宋书·索虏传》云:"其先汉将李陵后也。陵降匈奴,有数百千种,各立名号,索虏亦其一也。"《齐书·魏虏传》云:"匈奴种也。"又云:"匈奴女名托跋,妻李陵。胡俗以母名为姓,故虏为李陵之后。虏甚讳之,有言其是陵后者辄见杀。"胡俗以母名为姓,说无征验。若援前赵改姓刘氏为征,则其时入中国已久,非复胡人故俗矣;况亦母姓而非其名也? 匈奴与鲜卑相混,事确有之。《魏书·官氏志》中有须卜氏、林氏其证;而宇文氏出于匈奴,事尤明显,《隋书·李穆传》:"自云陇西成纪人,汉骑都尉陵之后也。陵没匈奴,子孙代居北狄。其后随魏南迁,复归汧、陇。祖斌,以都督镇高平,因家焉。"此则出于依托矣。然不得云拓跋氏为匈奴种也。魏太武与宋文帝书曰:"彼年已五十,未尝出户。虽自力而来,如三岁婴儿,复何知我鲜卑常马背中领上生活?"合诸世祖命源贺之言,拓跋氏固明以鲜卑自居也。

〔五〇〕拓跋氏先世考下

　　《魏书》谓桓帝葬母,远近赴者二十万人,说不足信,既已辞而辟之矣,然《序纪》中类此之言尚多,请一一辩之。《序纪》云:神元之时,控弦上马二十余万。案神元吞并没鹿回,部落诚稍大,然谓有二十余万,则必诬也。《晋书·卫瓘传》曰:除征北大将军、都督幽州诸军事、幽州刺史、护乌丸校尉。至镇,表立平州。后兼督之。于时幽并东有务桓,西有力微,并为边害。瓘离间二虏,遂致嫌隙。于是务桓降而力微以忧死。考《武帝纪》,平州之立,事在泰始十年。其明年为咸宁元年,六月,力微即遣使来献。三年正月,又使瓘讨力微。是年,即《魏书》文帝被害而神元死之年也。《魏书》云:文帝为神元信谗所杀,盖饰辞,实则部落离叛,子见杀而父以忧死耳。此岂似拥众二十万者乎?神元之后,传章帝、文帝、平帝三世,凡十六年,拓跋氏盖其微已甚。思帝死,昭帝、桓帝、穆帝三分其众,势顾稍张。然云控弦骑士四十余万,则又诬也。是年,为晋惠帝元康五年。《魏书》云:穆帝始出并州,迁杂胡,北徙云中、五原、朔方。又西渡河,击匈奴、乌丸诸部。越二年,桓帝度漠北巡,因西略诸国,积五岁始还。史云诸降附者二十余国,盖其经略颇勤,故其势稍振。然穆帝七年,即晋愍帝建兴六年,与刘琨会于平阳,会石勒禽王浚,国有匈奴杂胡万余家,多勒种类,闻勒破幽州,谋为乱,欲以应勒,发觉,伏诛,讨聪之计,于是中止。此即元康五年之所迁也,不过万余家,而主部之势,既不足以制之矣,而《序纪》谓昭帝十年,晋惠帝永兴元年。桓帝以十余万骑会司马腾,昭帝同时大举以助之;穆帝三年,晋怀帝永嘉四年。平文以二万骑助刘琨攻铁弗;是年得陉北之地,徙十万家以充之;五年,永嘉六年。又躬统二十万众以击刘粲;不尤诬乎?

穆帝之死也,《序纪》云:卫雄、姬澹率晋人及乌丸三百余家随刘遵南奔并州。此事亦见《雄》、《澹传》。云时新旧猜嫌,迭相诛戮。雄、澹并为群情所附,谋欲南归,言于众曰:闻诸旧人忌新人悍战,欲尽杀之,吾等不早为计,恐无种矣。晋人及乌丸惊惧,皆曰:死生随二将军。于是雄、澹与刘琨任子遵率乌丸、晋人数万众而叛。案《晋书·琨传》云:遵与澹帅卢众三万人,马牛羊十万,悉来归琨;下文云:琨悉发其众,命澹领步骑二万为前驱;则《雄》、《澹传》之言,为得其实。《序纪》所云,盖讳饰之辞也。《官氏志》云:昭成建国后,诸方杂人来附者,总谓之乌丸。分为南北部,帝弟觚监北部,子寔君监南部,分民而治,若古之二伯焉。太祖登国元年,因而不改,南北犹置大人,对治二部。诸方来附,总谓乌丸,盖其众实以乌丸为多,他部莫足与比也。魏初西部觭觉最甚,东部即慕容、宇文,亦见《官氏志》。较拓跋氏为强,不得为之臣属。然则拓跋氏之所有者,南北部耳。而乌丸之盛如此,库贤沮众,而神元云亡;普洛唱叛,而道武出走;其无足怪。然则拓跋氏之本部亦微矣。遵、澹南归,几于鱼烂,平文绥抚,未知遗落几何,而《序纪》云西兼乌孙故地,东吞勿吉以西,控弦上马,将有百万,不尤言之不怍乎?

《燕凤传》云:苻坚问凤:代王何如人? 凤对曰:宽和仁爱,经略高远,一时之雄主,常有并吞天下之志。坚曰:卿辈北人,无刚甲利器,敌弱则进,强即退走,安能并兼? 凤曰:北人壮悍,上马持三仗,驱驰若飞。主上雄隽,率服北土,控弦百万,号令若一。军无辎重樵爨之苦,轻行速捷,因敌取资,此南方所以疲敝,而北方所以常胜也。坚曰:彼国人马,实为多少?凤曰:控弦之士数十万,马百万匹。坚曰:卿言人众可尔,说马太多,是虚辞耳。凤曰:云中川自东山至西河二百里,北山至南山百有余里,每岁孟秋,马常大集,略为满川。以此推之,使人之言,犹当未尽。此言经后人增饰,非其实。坚当日,盖问凤以北方诸部人马多少,非专问拓跋氏。不然,昭成时敢自夸于秦,谓有并吞之志邪?然《魏书》侈言部众之多,则可由是知其来历。盖皆并计当时北方部族之数,指为己有耳。说虽夸大,仍略有事实为凭,善求之,未必不可借考当日朔陲形势也。

昭成之世,势亦小张。其所由然,则以其服高车之众也。《序纪》:昭成二十六年,讨高车,大破之,获万口,马牛羊百余万头。明年,讨没歌部,破之,获牛马羊数百万头。三十年,征卫辰,卫辰与宗族西走,收其部落而还,俘获生口及马牛羊数十万头。三十三年,征高车,大破之,史不言其有所俘获。然北狄专以俘掠为务,未必此役独不然也。非史失纪,则其所俘较少,未之及。三十九年,苻洛来侵,昭成避于阴山之北,高车杂种,四面寇钞,不得刍牧,乃复度漠南。《献明皇后传》云:苻洛之内侮也,后与太祖及故臣吏避难北徙。俄而高车奄来钞掠,后乘车与太祖避贼而南。中路失辖。后惧,仰天而告曰:国家胤胄,岂止尔绝灭也?惟神灵扶助。遂驰。轮正不倾,行百余里,至七介山南,而得免难。可见是时情势之危。高车之数,盖远逾于其旧部矣。

道武之骤盛,其事亦与昭成同。道武之初立也,辅之者惟贺兰,旋即叛去。其众仅南北部,犹怀反侧。刘显来侵,北部大人复率乌丸而叛,其不为昭成之续者几希。当时所以获免,盖惟赖慕容贺骊之援。然刘显既败,不数年遂至盛强,则实由其胁服之众也。道武之破窟咄,事在登国元年十月。明年五月,复征师于慕容垂,垂又使贺骊来。六月,遂破刘显于马邑南,尽收其部落。其明年五月,北征库莫奚,六月,破之,获其四部杂畜十余万。十二月,西征解如部,破之,获男女杂畜十数万。四年正月,袭高车诸部落;二月,讨叱突邻部;皆破之。五年三月,西征,袭高车袁纥部,破之,虏获生口,马牛羊二十余万。四月,与贺骓讨贺兰、纥突邻、纥奚诸部落,破之。九月,破叱奴部于襄曲河。十月,破高车豆陈部于狼山,十一月,纥奚部大人库寒,十二月,纥突邻大人屈地鞬皆举部内属。六年三月,遣讨黜弗部,破之。十二月,灭卫辰。簿其珍宝畜产,名马三十余万匹,牛羊四百余万头。山胡酋大幡颓、业易于等率三千余家内附。八年三月,西征侯吕邻部,四月,破之。六月,遣救慕容永,破类拔部帅刘曜等。类拔,疑当作颉拔。《太宗纪》:永兴五年正月,颉拔大渠帅四十余人诣阙奉贡。徙其部落。八月,征薛干部帅太悉佛,徙其民而还。至十年,遂与慕容氏构兵矣。以上均见《太祖纪》。盖虏获既多,诸部又间有内附者,得其人足以为强,得其畜足以为富,故其势骤张也。然则慕容氏之助拓跋,不几于借寇兵赍盗粮乎? 道武以皇始元年八月出兵攻燕,至天兴元年正月克邺,事乃粗定。是年六月,迁都平城。十二月僭号。明年正月,即复分兵袭高车矣。自此至天赐元年,仍岁出兵北略;二年乃无闻,则以散发故也。明元立,其勤北略复如故。讫太武世不变。非徒建都平城,形势不得不尔,亦其所以致盛强者,本由于此也。

　　游牧部落,易合易离。有雄主兴,数十百万之众,可以立集;及其亡也,则其土崩瓦解亦忽焉。檀石槐之已事,其明征也。虽契丹之亡,其道亦不外是。拓跋氏所以屡仆复起者,实缘先得陉北,根基稍固之故。然则刘琨之有造于拓跋氏大矣。当时特欲借其力以犄匈奴,而恶知其为百三十年之后,索虏荐居中国之渐也。故曰:土地人民,国之宝也。有国有家者,一民尺土,不可以与人。

〔五一〕拓跋氏之虐

拓跋氏之专以裹胁为强,不独其于北族然也,即于中国亦然。道武之定河北,即徙山东六州民吏及徙何、高丽杂夷三十六万,百工伎巧十万余口,以实云中。旋又徙六州二十二郡守宰、豪杰、吏民二千家于代都。_{皆天兴元年事。}自此至太武,破中原之国,无不徙其民。而内地酋豪以及郡县长吏,亦颇有苦于乱,自归以托庇者,而其势不可遏矣。然道武遇中原之人实虐,所加意抚绥者,则北方部族之众耳。天赐元年,距河北之定已六年矣,而是年三月,限县户不满百罢之,当时郡县之彫残可想。太武太延元年,诏长安及平凉民徙在京师,其孤老不能自存者,听还乡里。以魏人之视民如草芥,而犹有此诏,徙民之流离失所,可知也。而天赐元年,大选朝臣,令各辨宗党,保举才行,诸部子孙失业赐爵者二千余人。其于汉人及部族厚薄,为何如乎?然亦于其旧部则尔,于新降之众,遇之未尝不虐。天兴二年,获高车之众,即令起鹿苑于南台阴,北距长城,东苞白登,属之西山,广轮数十里,凿渠引武川水注之苑中,疏为三沟,分流宫城内外,又穿鸿雁池。此与甫定河北,即发卒治直道,自望都铁关凿恒岭至代,_{天兴元年事。}后又屡勤其力,以起宫室苑囿者何异?宜乎高车之众,时有叛服也。

抑于旧有部族加意抚绥,亦道武僭位以后则然,若上溯诸昭成以前，则其虐用其民，亦与新降之众无异。《序纪》云：穆帝"忿聪、勒之乱，志欲平之。先是，国俗宽简，民未知禁；至是明刑峻法，诸部民多以违命得罪，凡后期者，皆举部戮之；或有室家相携而赴死所，人问何之？答曰：当往就诛"。此事亦见《刑罚志》，云"死者以万计"。蛮人性质固多残酷，然拓跋氏等起于塞外者似尤甚。苻坚之厚抚羌与鲜卑，固非本心；然究犹能伪为之也。至慕容暐谋杀坚事露，乃并鲜卑在城者尽诛之，少长无遗，本心露矣。然究犹退败而然也。至于柔然败投西魏，已无能为，乃徒以突厥之求，执其君民三千余人尽付之，使之并命，此则不徒中国所不为，稍沾中国之化者，亦必不能为矣。屈丐之败奔薛干也，道武使求之，部帅太悉佛出屈丐以示使者曰：今穷而见投，宁与俱亡，何忍遣之。所谓后期，盖后师期，乃欲强发其众南犯也。时穆帝长子六脩领南部，召之不至，怒讨之，失利遂死。盖南部亦不从其命也。此为六脩弑父，抑穆帝战败自死，尚未可知。盖普根攻灭六脩，则不得不以六脩弑父为口实耳。普根先守外境，闻难来赴，攻六脩，灭之。普根立月余而薨，子始生，桓帝后立之，其冬又薨。其为良死与否，尚未可知。而平文立，又欲迫其众南下。平文二年，闻晋愍帝为刘曜所害，顾谓大臣曰："今中原无主，天其资我乎？"刘曜遣使请和，不纳。明年，石勒请为兄弟，斩其使以绝之。其决意如此。五年，晋元帝使韩畅加崇爵服，亦绝之。史谓其治兵讲武，有平南夏之意，桓帝后以帝得众心，恐不利于己子，害帝，遂崩，大臣死者数十人。夫苟得众心，一妇人何能为？盖亦以违众取败也。桓帝中子贺傉立，是为惠帝，未亲政事，太后临朝，即遣使与石勒通和，其情事可见。昭成帝十三年，冉闵杀石鉴自立。十四年，昭成曰："石胡衰灭，冉闵肆祸，中州纷梗，莫有匡救。吾将亲率六军，廓定四海。"乃敕诸部各率所统，以俟大期。诸大人谏，乃止。昭成所为，犹之穆帝，特较能从谏，故未及祸。然则当道武南伐以前，拓跋氏之觊觎中原旧矣，而其众皆不同。固知芸芸之民，特欲安居乐业，父子相保，未有无故觊杀掠者，虽游牧之族犹然。而骄暴之主，每以私意驱之。此墨子所由焦唇敝舌以游说于王公大人者邪？道武之军九门也，中山拒守，饥疫并臻，群下咸思还北。道武乃谓之曰："斯固天命，将若之何！四海之人，皆可与为国，在吾所以抚之耳，何恤乎无民！"真视民如草芥矣。陈留王虔之子悦说太宗，谓京师杂人，不可保信，宜诛其非类者；又雁门人多诈，并可诛之。史称悦怀奸计，故为是言，其实乃拓跋氏之积习也。

夫天下不可以力服也。芮芮之于拓跋，亦切近矣，而终魏之世不服。魏人屡勤大兵以讨之，而烽火犹时通于平城。虽乘阿那瑰时内乱，一臣伏之，末造复畏之如虎。则魏人因酷虐所丧者多矣。抑魏之兵力，非真足畏也。宋文而后，南风不竞，自不足与之敌耳。宋武北伐，道武之众非减于曩时，而竟坐视后秦之亡而不能救；赫连氏之取长安，而不能议其后，则后燕之奔溃，亦其自亡，而非魏之能亡之也。北方众虽犷悍，而无训练节制，乏坚甲利兵，故苻坚谓其不足畏。观其累败于羯石、氐苻、卫雄、姬澹之众，桓帝所倚以征伐者，而不足当石勒之一击，而以道武方兴之锐，慕容垂垂死之年，犹能唾手而入平城，则知坚之言为不诬。假使中国安宁，将卒用命，命一大将，严兵守塞上，而以贾生五饵之策，招暴酋携贰之民，当穆帝、平文之世，民有不归之如水，诸部落有不自相翦灭，虽道武能不为神元之续乎？而诸将猜疑，长安即失，谋臣武将，或以叛乱受戮，或以猜忌见诛，坐使胡马饮江，燕巢林木，天之方愤，无然泄泄，莫肯念乱，不亦悲乎！

〔五二〕高　肇

景明而后，魏政不纲，朝臣之公忠体国者，高肇一人而已。史顾诬为奸佞之流，甚矣其无是非也。《魏书·张彝传》：彝除秦州刺史。"为国造佛寺，名曰兴皇。诸有罪咎者，随其轻重，谪为土木之功，无复鞭杖之罚。时陈留公主寡居，彝志愿尚主，主亦许之。仆射高肇亦望尚主，主意不可。肇怒，潜彝于世宗，称其擅立刑法，劳役百姓。诏遣直后万贰兴驰驿检察。贰兴，肇所亲爱，必欲致彝深罪。彝清身奉法；求其愆过，卒无所得；见代还洛，犹停废数年。"彝即清身，所为岂可云奉法？乱法而劳民，肇为仆射而举其罪，可以谓之潜乎？彝之咎，止于见代，欲深罪之者顾如是乎？谓其以争尚主而怨怒，则莫须有之辞也。此亦肇见诬之一端也。

〔五三〕后魏吏治之坏①

　　《廿二史札记》谓魏入中原，颇以吏治为意，及其末造，国乱政淆，宰县者乃多厮役，入北齐而更甚。卷十五。此误也。拓跋氏非知治体者，其屡诏整饬吏治，必其虐民实甚，更难坐视。此不足见其留意吏治，适足见其吏治之坏耳。据《魏书·本纪》，道武天兴元年，定都平城，即遣使循行郡国，举守宰之不如法者。此承北方僭伪之后，其政治本极苟简，又新遭丧乱，或不能尽为后魏咎。然其后历代诏令频繁，所述守宰贪暴之状，悉出意表，即可知其吏治之坏，实为古今所罕觏矣。明元帝神瑞元年十一月，诏使者巡行诸州，校阅守宰资财，非自家所赍，悉簿为赃；又诏守宰不如法，听民诣阙告言之。已可见其贪残之甚。二年三月诏曰："刺史守宰，率多逋慢，前后怠惰，数加督罚，犹不悛改。今年赋调悬违者，谪出家财充之，不听征发于民。"是其时刺史守宰，不徒下朘民膏，亦且上亏国课也。太武始光四年十二月，行幸中山，守宰以贪污免者十数人。明年（神䴥元年）正月，又以天下守令多行非法，精选忠良悉代之。可见贪暴者之多。太延三年五月诏曰："比年以来，屡诏有司班宣惠政，与民宁息。而内外群官及牧守令长，不能忧勤所司，纠察非法，废公党私，更相

隐置，浊货为官，政存苟且。夫法之不用，自上犯之，其令天下吏民，得举告守令不如法者。"此可见当时监察之司，悉成虚语。文成太安四年五月，诏曰："朕即阼至今，屡下宽大之旨，蠲除烦苛，去诸不急，欲令物获其所，人安其业。而牧守百里，不能宣扬恩意，求欲无厌，断截官物，以入于己。使课调悬少，而深文极墨，委罪于民，苟求免咎，曾不改惧。国家之制，赋役乃轻，比年已来，杂调减省。而所在州郡，咸有逋悬，非在职之官绥导失所，贪秽过度，谁使之然？自今常调不充，民不安业，宰民之徒，加以死罪。"观此，可知神瑞二年之诏之所由来，而其弊迄未尝革矣。明年九月，又诏曰："牧守苞民，侵食百姓，以营家业，王赋不充，虽岁满去职，应计前逋，正其刑罪。而主者失于督察，不加弹正，使有罪者优游获免，无罪者妄受其辜，是启奸邪之路，长贪暴之心，岂所谓原情处罪，以正天下？自今诸迁代者，仰列在职殿最，案制治罪，克举者加之爵宠，有愆者肆之刑戮，使能否殊贯，刑赏不差，主者明为条制，以为常楷。"盖时于逋负，督责严切，去职者乃蒙蔽监司，嫁其罪于后人也。和平二年正月，诏曰："刺史牧民，为万里之表，自顷每因发调，逼民假贷，大商富贾，要射时利，旬日之间，增赢十倍。上下通同，分以润屋。故编户之家，困于冻馁，豪富之门，日有兼积，为政之弊，莫过于此。其一切禁绝，犯者十疋以上皆死。布告天下，咸令知禁。"昔时发调，多用实物，编户之家，不能咸备，诛求之亟，惟有乞假于积贮之家，驵贾豪商，遂乘之以要利。此弊由来已久，乃至官吏与之通同，则更不成事体矣。四年三月诏曰："今内外诸司，州镇守宰，侵使兵民，劳役非一。自今擅有召役，逼雇不程，皆论同枉法。"役之厉民，实尤甚于赋，虐取之余，重之以召役逼雇，民复何以自存哉？孝文延兴二年七月，诏州、郡、县各遣二人，才堪专对者，赴九月讲武，常亲问风俗。三年六月诏曰："往年县召民秀二人，问以守宰治状，善恶具闻，将加赏罚，而赏者未几,罪者众多,肆法伤生,情所未忍。今特垂宽恕之恩,申以解网之惠,诸为民所列者,特原其罪,尽可贷之。"所谓民秀,盖即去岁七月所召。太和七年正月诏曰:"朕每思知百姓之所疾苦,以增修宽政。故具问守宰苛虐之状于州郡使者、秀孝、计掾,而对多不实,甚乖朕虚求之意。宜案以大辟,明罔上必诛。然情犹未忍,可恕罪听归,申下天下,使知后犯无恕。"州郡使者、秀孝、计掾,自不免与官吏扶同,然民秀果敢尽言乎? 乃能使赏者希,罚者众,魏之吏治可想矣。

《魏书·张衮传》:显祖诏诸监临之官,所监治受羊一口,酒一斛者,罪至大辟,与者以从坐论。纠告得尚书已下罪状者,各随所纠官轻重而授之。衮玄孙白泽表谏,谓"周之下士,尚有代耕,况皇朝贵仕,而服勤无报,请依律令旧法,稽同前典,班禄酬廉"。案魏初百官无禄,论者或以是为其时官吏之贪取恕;然昔时郡县之吏,之任代下,所赍悉取于民,所谓送故迎新也。在任时随身衣食,悉仰于官,亦为相沿成法,则无禄者虽不能有所得,亦不至有所耗。而且送迎及供应所入,必不能仅足而无余,岂可以是为贪求之口实乎? 魏之班禄,事在太和八年。而延兴三年,诏县令能静一县劫盗者,兼治二县,即食其禄;能静二县者,兼治三县,三年迁为郡守;二千石能静二郡上至三郡亦如之,三年迁为刺史。此所谓禄,即其出于地方,法令亦许之不以为罪者也,岂真枵腹从公哉!

州郡弊政之深,一由督察之不力,一由选用之太轻。《北齐书·元文遥传》云:"齐因魏朝,宰县多用厮滥,至于士流耻居百里。文遥以县令为字人之切,遂请革选,于是密令搜扬贵游子弟,发敕用之。犹恐其披诉,总召集神武门,令赵郡王叡宣旨唱名,厚加慰喻。士人为县,自此始也。"赵氏引此,以证魏末之弊。然据《魏书·辛雄传》:雄以肃宗时转吏部郎中,上疏曰:"助陛下治天下者,惟在守令,最须简置，以康国道。但郡县选举，由来共轻，贵游俊才，莫肯居此，宜改其弊，以定官方。请上等郡县为第一清，中等为第二清，下等为第三清。选补之法，妙尽才望，如不可并，后地先才；不得拘以停年，竟无铨革。三载黜陟，有称者补在京名官，如前代故事，不历郡县不得为内职。"则其弊实不始魏末。《北史·元文遥传论》云："汉氏官人，尚书郎出宰百里。晋朝设法，不宰县不得为郎。后魏令长，多选旧令史为之，故缙绅之流耻居其位，爰逮有齐，此途未改。"亦不云其事始于魏末也。《周书·于谨传》言谨屏居闾里，未有仕进之志，或劝之，谨曰："州郡之职，昔人所鄙；台鼎之位，须待时来。吾所以优游郡邑，聊以卒岁耳。"此亦魏盛时之俗，非其末叶始然也。《晋书·傅玄传》：诏群僚举郡县之职以补内官，玄子咸上书曰："才非一流，职有不同。中间选用，惟内是隆，外举既颓，复多节目，竞内薄外，遂成风俗，此弊诚宜呕革。"则当魏晋之世，外选业已寖轻矣，况于拓跋氏之不知治体者乎！

　　魏、齐、周三朝中，北周最能模仿中国之治法，其能灭齐而开隋、唐之先路，非无由也。宇文泰任苏绰，立法改制，模拟《周官》，其事并无足取，而其整顿吏治，则实为致治之大端。苏绰制文案程式及计帐户籍之法，又为六条诏书奏施行之，是也。北齐亦有班五条诏书之法。见《隋书·礼仪志》四。殊无益于吏治者，彼行之以文，此行之以实也。然周时刺史，多以功臣为之，其弊颇著。《周书·令狐整传》：弟休，与整同起兵，入为中外府乐曹参军。时诸功臣多为本州刺史，晋公护谓整曰："以公勋望，应得本州，但朝廷藉公委任，无容远出，然公门之内，须有衣锦之荣。"乃以休为敦煌郡守。此可见其习为故常矣。《隋书·柳彧传》：迁治书侍御史。于时刺史多任武将，类不称职。彧上表曰："伏见诏书，以上柱国和平子为杞州刺史。其人年垂八十，钟鸣漏尽，前任赵州，闇于职务，政由群小，贿赂公行,百姓吁嗟,歌谣满道,乃云老禾不早杀,余种秽良田。古人有云:耕当问奴,织当问婢。此言各有所能也。平子弓马武用,是其所长,治民莅职,非其所解。如谓优老尚年,自可厚赐金帛;若令刺举,所损殊大。"上善之,平子竟免。此亦周世之余弊也。又《北齐书·高隆之传》曰:"魏自孝昌已后,天下多难,刺史太守,皆为当部都督,虽无兵事,皆立佐僚,所在颇为烦扰。隆之表请:自非实在边要,见有兵马者,悉皆断之。"夫置吏猥多,则扰民必甚。此等皆当时弊政,正不独郡县选任之轻也。

原刊一九四七年二月七日上海《益世报》副刊"史苑"

〔五四〕魏立子杀母

《廿二史札记》云:"《魏书·道武宣穆皇后传》:魏故事,后宫产子,将为储贰,其母皆赐死,故后以旧法薨。然考纪传,道武以前,未有此事。《明元本纪》载道武将立明元为太子,召而告之曰:昔汉武将立其子而杀其母,不令妇人与国政也。汝当继统,故吾远同汉武。于是刘贵人死,明元悲不自胜。据此,则立子先杀其母之例,实自道武始也。遍检《魏书》,道武以前,实无此例。而传何以云魏故事邪?《北史》亦同此误。"今案魏自道武以前,曷尝有建储之事,况云欲立其子而杀其母乎?往史之诬,不待辩也。然云其例始于道武亦误。道武曷尝立明元为太子。《明元纪》言:刘贵人死,明元哀泣,不能自胜,太祖怒之。帝还宫,哀不自止,日夜号泣。太祖知而又召之。帝欲入,左右曰:孝子事父,小杖则受,大杖避之,今陛下怒甚,入或不测,不如且出,待怒解而进。帝惧,从之,乃游行逃于外。此盖既杀其母,又欲诛其子耳,非欲立之也。《齐书·魏虏传》云:初,佛狸母是汉人,为木末所杀,佛狸以乳母为太后。自此以来,太子立,辄诛其母。今案,自佛狸以后,文成元皇后为常太后所杀,孝文贞皇后则为文明皇后所杀,惟献文思皇后为良死,则其人之有无不可知。《齐书》之言,信有征矣。然明元之杀太武母,亦非以虑妇人与政而然也。

《魏书・皇后传》云：明元密皇后，杜氏，邺人，阳平王超之姊也。初以良家子选入太子宫，有宠，生世祖。及太宗即位，拜贵嫔，泰常五年薨。世祖保母窦氏，初以夫家坐事诛，与二女俱入宫，太宗命为世祖保母，性仁慈，勤抚导，世祖感其恩训，奉养不异所生，及即位，尊为保太后，后尊为皇太后，与《齐书》佛狸以乳母为太后之说合，与其母为木末所杀之说则乖。今案，魏太武以泰常七年摄政，时年十五。密后果殁于泰常五年，太武年已十三，尚何待窦氏之保育，其感恩安得如是其深？然则谓密皇后殁于泰常五年，其说殆不足信，一语既虚，满盘是假。《杜超传》谓其泰常中为相州别驾，奉使京师，以法禁不得与后通问，亦子虚乌有之谈。太武之母在魏宫，盖本无位号，亦难考其以何时见杀。太武之获长大，非得窦氏保全之力，则必得其养育之功，故其德之如是其深也。《胡灵后传》云：召入掖庭，为承华世妇，椒掖之中，以国旧制，相与祈祝，皆愿生诸王公主，不愿生太子。唯后每谓夫人等言，天子岂可独无儿子，何缘畏一身之死，而令皇家不育冢嫡乎？及肃宗在孕，同列犹以故事相恐，劝为诸计，后固意确然，幽夜独誓云："但使所怀是男，次第当长，子生身死，所不辞也。"此乃附会之谈。献文及废太子恂母之见杀，未知何故，要必非遵行故事，疑当时宫掖之中，有此等惨酷之事，欲借辞于先世，乃造作道武欲法汉武之说。不徒《魏史》不能发其覆，即南国传闻，亦不免为其所误也。《太宗纪》：泰常七年四月，甲戌，封皇子焘为泰平王。初、帝素服寒食散，频年动发，不堪万几。五月，诏皇太子临朝听政。是月，泰平王摄政。《世祖纪》：泰常七年四月，封泰平王。五月，为监国。太宗有疾，命帝总摄百揆。《崔浩传》载浩对明元之问曰："自圣化龙兴，不崇储贰，是以永兴之始，社稷几危，今宜早建东宫，选公卿忠贤，陛下素所委仗者，使为师傅，左右信臣，简在圣心者，以充宾友，入总万机，出统戎政，监国抚军，六柄在手。

若此,则陛下可以优游无为,颐神养寿,进御医药。万岁之后,国有
成主,民有所归,则奸宄息望,旁无觊觎,此乃万世之令典,塞祸之大
备也。今长皇子焘,年渐一周,明叡温和,众情所系,时登储副,则天
下幸甚。"浩辞中虽有早建东宫,时登储副等语,然传言太宗纳之,使
浩奉策告宗庙,命世祖为国副主,居正殿临朝,绝无立为太子之说。
然则本纪中诏皇太子临朝听政一语,乃史家措辞不审,抑或原文实
系皇长子,后人传写,误长为太,皆未可知。要之,明元未尝立太武
为太子也。《浩传》又载太武监国后,明元谓左右侍臣,以长孙嵩等
六人辅相,吾与汝曹,游行四境,伐叛柔服,可得志于天下矣。会闻
宋武帝之丧,遂欲取洛阳、虎牢、滑台,其后卒自将南下。世岂有不
能听政,顾能躬履行阵者?然则明元使太武监国,意实别有所在,其
死于明年,特偶然之事,初非当退居西宫之日,即有不可救药之病。
《浩传》及《北史·长孙嵩传》等皆谓明元因病,而命太武监国,又事
后附会之谈也。序纪言:昭帝之时,分国为三部,帝与桓、穆二帝,
各主其一。其时昭帝未闻外出,而桓、穆二帝,则皆躬出经略,穆帝
且历五年而后归。其后献文传位于孝文,亦曾北征蠕蠕。然则大酋
或主国政,或亲戎马,实拓跋氏之旧习,故文明太后迫献文传位,而
当时不以为篡也。然则拓跋氏自献文以前,始终未有建储之事,安
得云道武欲立明元而杀其母,况又谓道武系奉行故事乎?

〔五五〕神武得六镇兵

北齐神武帝之所以兴，实缘得尔朱兆所分六镇之众，而所以得此众者，魏齐二书记载皆欠明耳。今综核其文而亿测之。《齐书·神武纪》云：费也头纥豆陵步藩入秀容，逼晋阳。兆征神武。神武将往。贺拔焉过儿请缓行以弊之。神武乃往，逗留，辞以河无桥，不得渡。步藩军盛，兆败走。兆又请救于神武，神武内图兆，复虑步藩后之难除，乃与兆悉力破之，藩死。兆深德神武，誓为兄弟。时世隆、度律、彦伯共执朝政，天光据关右，兆据并州，仲远据东郡，各拥兵为暴，天下苦之。葛荣众流入并，肆者二十余万，为契胡陵暴，皆不聊生。大小二十六反，诛夷者半，犹草窃不止。兆患之，问计于神武。神武曰："六镇反残，不可尽杀。宜选王素腹心者，私使统焉。若有犯者，直罪其帅，则所罪者寡。"兆曰：善。遂以委焉。神武以兆醉，醒后或致疑贰，遂出。宣言"受委统州镇兵，可集汾东受令"，乃建牙阳曲川，陈部分。兵士素恶兆而乐神武，莫不皆至。居无何，又使刘贵请兆：以"并，肆频岁霜旱，降户掘黄鼠而食之，皆面无谷色，徒污人国土。请令就食山东，待温饱而处分之。"兆从其议。其长史慕容绍宗谏曰："今四方扰扰，人怀异望，高公雄略，又握大兵，将不可为。"兆曰："香火重誓，何所虑也?"绍宗曰："亲兄弟尚尔难信，何论香火?"时兆左右已受神武金，因谮绍宗与神武旧有隙。兆乃禁绍宗而催神武发。神武乃自晋阳出滏口。路逢尔朱荣妻北乡长公主自洛阳来,马三百匹,尽夺易之。兆闻,乃释绍宗而问焉。绍宗曰:"犹掌握中物也。"于是自追神武。至襄垣,会漳水暴涨,桥坏。神武隔水拜曰:"所以借公主马,非有他故,备山东盗耳。王受公主言,自来赐追。今渡河而死不辞,此众便叛。"兆自陈无此意。用轻马渡,与神武坐幕下,陈谢。遂授刀引颈,使神武砍己。神武大哭曰:"自天柱薨背,贺六浑更何所仰? 愿大家千万岁,以申力用。今旁人构间至比,大家何忍复出此言?"兆投刀于地,遂刑白马而盟,誓为兄弟。留宿夜饮。尉景伏壮士欲执之,神武啮臂止之,曰:"今杀之,其党必奔归聚结,兵饥马瘦,不可相支。若英雄崛起,则为害滋甚。不如且置之。兆虽劲捷,而凶狡无谋,不足图也。"旦日,兆归营,又召神武。神武将上马诣之。孙腾牵衣,乃止。兆隔水肆骂,驰还晋阳。如此说是神武受委统众在平步蕃之后也。《魏书·尔朱兆传》云:初荣既死,庄帝召河西人纥豆陵步蕃等,令袭秀容。兆入洛后,步蕃兵势甚盛,南逼晋阳。兆所以不服留洛,回师御之。兆虽骁果,本无策略,频为步蕃所败。于是部勒士马,谋出山东。令人频征献武王于晋州。乃分三州、六镇之人,令王统领。既分兵别营,乃引兵南出,以避步蕃之锐。步蕃至于乐平郡,王与兆还讨破之,斩步蕃于秀容之石鼓山。其众退走。兆将数十骑诣王,通夜宴饮。后还营召王。王知兆难信,未能显示,将欲诣之。临上马,长史孙腾牵衣而止。兆乃隔水责骂腾等。于是各去。王遂自襄垣东出,兆归晋阳。是神武受委统众在破步蕃之先也。《齐书》本纪虽与《魏书》岐异,而其《慕容绍宗传》曰:纥豆陵步藩逼晋阳,尔朱兆击之,累为所破,欲以晋州征高祖,共图步藩。绍宗谏曰:"今天下扰扰,人怀觊觎,正是智士用策之秋,高晋州才雄气猛,英略盖世,譬诸蛟龙,安可借以云雨?"兆怒曰:"我与晋州,推诚相待,何忽辄相猜阻,横生此言?"便禁止绍宗,数日方释。遂割鲜卑隶高祖。高祖共讨步藩,灭之。亦谓割众隶神武,在破步蕃之先,与《魏书》合。今案《魏书·孝庄纪》永安三年十二月,河西人纥豆陵步蕃、破落韩常大败尔朱兆于秀容山。盖即兆传所云,兆入洛后,步蕃进逼之事,兆因此反旆拒之,其战事犹在秀容,未至晋阳也。其后盖因兆部勒士马谋出山东,乃后乘虚南逼至于晋阳,兆于此时盖又反旆御之,而又屡为所败,乃欲征神武以自助。《齐书》本纪直言步蕃入秀容,逼晋阳,一似长驱直下,所向无前者固非。《魏书·兆传》亦将步蕃南逼晋阳,误叙于兆欲部勒士马,谋出山东之前,信如是亦为非是。兆当自顾不遑,何暇更谋东略乎?神武在尔朱荣时,即刺晋州。而《慕容绍宗传》言兆欲以晋州征高祖,一似待步蕃既灭之后,乃以此酬庸者,措语亦殊粗略,观称神武为晋州可知。推原其故,盖兆之入洛,神武不从,嫌隙既构,兆入洛后,盖有夺神武晋州之意,至是又仍旧职。故诸家记载,有以晋州征之语,作史者摭其单辞,而未计其与全文不合也,亦可谓疏矣。兆所分神武之众,盖即其部勒之,欲率以出山东者,继因晋阳见逼,乃又率之回援,其众素怨,是以累败。大小二十六反,正在此时,非谓统入并、肆后并计之也。其众本以乖离而败,故分之神武而即克,然则兆之分兵,盖亦有不得不然者,非因酒醉而然矣。三州盖谓并肆及兆所刺汾州,其中并、肆之众,盖以葛荣降户为多。三州六镇之兵,虽非必鲜卑种人,亦必为所谓累世北边,习其俗遂同鲜卑者。《齐书·神武纪》言神武如此。故《绍宗传》称为鲜卑,神武起兵实借此众,故其誓师有不得欺汉儿之语也。兆分神武之众究若干,不可知。然必不能甚多。神武起兵时,虽恃此众为主,必不能此外一无所有。韩陵之役,高昂所将,即非鲜卑,此外率部曲与于此役者尚多。然韩陵之战,犹云马不满二千,兵不满三万。则受委时,可知本纪侈言其数为二十余万。盖承上文尔朱氏诸人为暴,遂并凡葛荣降众言之,而不悟兆所分诸神武者,止就其隶行伍,并止就其当时所统率者而言也。上言凡降户,而下言受委统州镇兵,可谓一简之中,自相抵牾矣。神武之受委统众,自当在破步蕃之先,其建牙阳曲,令士集汾东,则当在就食山东得请之后。《齐书·神武纪》误其受委在破步蕃之后,《魏书·尔朱兆传》则漏去请就食山东一节,其事之始末,遂不可知矣。慕容绍宗之谏,在兆分兵畀神武,抑许其东出时,不可知。此虽难必然,窃疑当在分兵之时,《神武纪》言神武请选腹心统众时,兆曰:善,谁可行也?贺拔允时在坐,请神武。神武拳殴之,折其一齿,曰:生平天柱时,奴辈伏处分如鹰犬,今日天下,安置在王,而阿鞠泥敢诬下罔上,请杀之。兆以神武为诚,遂以委焉。窃疑当时实公议之欲用神武者固多,反之者亦不少,兆则决用神武。故一怒而禁绍宗,此特借以摄众,非有恶于绍宗也。史所载绍宗谏兆之辞,固非众议之语,然绍宗特亦不然分兵于神武者之一,其辞盖出后来附会,非当时语实如是也。然必非因其征神武,以图步蕃而发。征神武以图步蕃,神武且为兆用,何嫌何疑,而须强谏。《绍宗传》上言绍宗之谏,以兆之征神武,而下言兆之距谏,不云遂征神武而云割鲜卑以隶,更矛盾不可通矣。六朝史书之疏略,大率如此,恨不能一一斠正之也。并州逼近晋阳,神武居此,必不能叛。一出山东,则真所谓蛟龙得云雨者矣。当时山东不服尔朱氏者固多,此兆所以部勒其众而欲亲出,神武之请就食,未尝不以前驱陈力尝寇为辞,此兆之所以许之。至夺北乡之马,则其非信臣可知,故又悔而自追之。然卒无如何者,则为神武此众便叛一语所胁,兆固自度必不能善驭此众也。六镇之师武臣力实,尔朱氏所由兴,而虐用其众以资敌,兴亡之故,亦可鉴矣。

〔五六〕宇文氏先世

　　《周书》谓周之先，出自炎帝。炎帝为黄帝所灭，子孙遁居朔野。其后有葛乌兔者，雄武多算略。鲜卑奉以为主。遂总十二部落，世为大人。其裔孙曰普回，因狩，得玉玺三纽，文曰皇帝玺。其俗谓天子曰宇文，故国号宇文，并以为氏。普回子莫那，自阴山南徙，始居辽西，为魏甥舅之国。自莫那九世至侯豆归，为慕容晃所灭。出自炎帝乃妄语。自莫那至侯豆归，世次事实亦不具。当以《魏书·宇文莫槐传》正补之。《宇文莫槐传》，谓其先出自辽东塞外，世为东部大人。莫槐虐用其民，为部下所杀。更立其弟普拨。普拨传子丘不勤。丘不勤传子莫廆。莫廆传子逊昵延。逊昵延传子乞得龟。丘不勤取魏平帝女，逊昵延取昭帝长女，所谓为魏甥舅之国也。莫廆、逊昵延、乞得龟三世皆与慕容廆相攻，皆为廆所败。乞得龟时，廆乘胜长驱，入其国，收资财亿计，徙部人数万户以归。别部人逸豆归，遂杀乞得龟自立。与慕容晃相攻，为所败，远遁漠北，遂奔高句丽。晃徙其部众五千余落于昌黎，自是散灭矣。逸豆归即侯豆归。侯、逸同声。侯应议罢边备塞吏卒，谓"北边塞至辽东，外有阴山，东西千余里"，则阴山之脉，远接辽东。《周书》谓莫那自阴山南徙，《魏书》谓莫槐出辽东塞外，似即一人。惟自莫槐至逸豆归，仅得七世。《周书》世次既不具，所记或有讹误也。《晋书》以宇文莫槐为鲜卑；

《魏书》谓南单于之远属；又谓其语与鲜卑颇异。疑宇文为匈奴、鲜卑杂种，语亦杂匈奴也。又《魏书》以奚、契丹为宇文别种，为慕容晃所破，走匿松漠之间，则逸豆归败亡时，慕容廆所徙五千余落，实未尽其众，奚、契丹之史，亦可补宇文氏先世事迹之阙矣。奚事迹无考。契丹事迹可知者，始于奇首可汗，别见《契丹部族》条。奇首遗迹，在潢、土二河流域，已为北窜后事，不足补宇文氏先世事迹之阙。惟《辽史·太祖本纪赞》，谓"辽之先，出自炎帝，此即据《周书》言之。世为审吉国。其可知者，盖自奇首云"。审吉二字，尚在奇首以前，或宇文氏故国之名欤？然事迹无可征矣。

写于一九三四年四月前

〔五七〕周人畏突厥之甚

　　《隋书·苏威传》：威有从父妹,适河南元雄。雄先与突厥有隙,突厥入朝,请雄及其妻子,将甘心焉,周遂遣之。威曰：夷人昧利,可以赂动。遂标卖田宅,罄家所有以赎雄,论者义之。案柔然之亡也,其余众千余家奔关中,突厥请尽杀以甘心焉。周文遂收缚其主已下三千余人,付突厥使者于青门外斩之。亦既不仁且不武矣,犹得曰柔然故为中国患,乘此殄之也。若元雄,固中国之人也,乃虏使一来,其受命也如响。弃子民以快夷狄之欲,不亦重愧为民父母之义乎？周武帝号雄主,而其所为如此,周之畏突厥,可谓甚矣。其交涉之事,不可告人者必尚多,史皆削之耳。汉高祖被围于平城,卒其所以得脱者,世莫得而言也。唐高祖尝称臣于突厥,《唐书》亦仅微露其辞。屈辱于外,而伪饰于内,所谓临民者,不亦重可笑哉！

〔五八〕突厥之先

　　突厥强盛,始于土门,然其先,尚有可考者三世,讷都六设、阿贤设、大叶护是也。《北史》载突厥缘起三说:第一说谓始率部落出于穴中者为阿贤设,至大叶护种类渐强,当后魏之末,而有伊利可汗。第二说谓本平凉杂胡阿史那氏,魏太武灭沮渠氏,阿史那以五百家奔蠕蠕。居金山之阳,为蠕蠕铁工,金山形似兜鍪,俗号兜鍪为"突厥",因以为号。第三说则以讷都六设为伊质泥师都之大儿,阿贤设为讷都六设之幼子。《新唐书·西突厥传》云:"其先讷都陆之孙吐务,号大叶护,长子曰土门伊利可汗,次子曰室点蜜,亦曰瑟帝米。"讷都陆即讷都六,显而易见。伊质泥师都,不知果有其人否?而《唐书》之大叶护,即《北史》之大叶护,则无可疑。其名及其为讷都陆之孙,土门之父,《北史》皆不具,而《唐书》著之。是土门之前可考者确得三世也。特不知大叶护是否阿贤设之子耳。

　　《北史》之说,《周书》具载之。惟将其第一、第二两说并为一说,而无"本平凉杂胡阿史那氏,魏太武灭沮渠氏,阿史那以五百家奔蠕蠕"之说,不知后人传写有所刊落邪?抑其辞本如此,而《北史》又有增益也?《周书》曰:"其后曰土门,部落稍盛,始至塞上市缯絮,愿通中国。大统十一年,太祖遣酒泉胡安诺槃陁使焉。十二年,土门遂遣使献方物。时铁勒将伐茹茹,土门率所部邀击,破之,尽降其众五万余落。恃其强盛,乃求婚于茹茹。"《隋书》则云:"伊利可汗以兵击铁勒,大败之,降五万余家,遂求婚于茹茹。"其辞虽有详略,其事则无异也。《北史》前录《隋书》之文,后又袭《周书》之语,则其辞重出矣。度《北史》并录两说,必有自注,为传写者所删耳。

《隋书》曰:"伊利可汗卒,弟逸可汗立,病且卒,舍其子摄图,立其弟俟斗,称为木杆可汗。"逸可汗,《北史》作阿逸可汗,俟斗作俟叔,木杆作水杆。外夷单语其少,疑《隋书》夺阿字;俟斗、俟叔,并俟斤之误;水杆为木杆之误,显而易见。《周书》曰:"土门死,子科罗立,号乙息记可汗。科罗死,弟俟斤立,号木汗可汗。"《北史》亦同其文,而曰"科罗舍其子摄图,并其弟俟斤",则乙息记之与阿逸,其为一人,亦凿然无疑。乙息记,《周书》云为伊利子,《隋书》谓为伊利弟,则《周书》是而《隋书》非也。《北史》云:木杆舍其子大逻便,而立其弟他钵。他钵病且卒,复命其子庵逻避大逻便。及卒,国中将立大逻便,以其母贱,众不服,竟立庵逻为嗣。大逻便不得立,不服,庵逻不能制,遂让位于摄图。摄图立,是为沙钵略可汗,以大逻便为阿波可汗;已而袭破之,杀其母。阿波西奔达头可汗。《隋书》曰:"达头者,名玷厥,沙钵略之从父也。"《北史》同。《新唐书》曰:"瑟帝米之子曰达头可汗,亦曰步迦可汗。"必乙息记为土门之子,达头乃得为沙钵略从父;若为土门弟,则达头与沙钵略为昆弟行矣。摄图以子雍虞闾愞,遗令立弟处罗侯。摄图卒,雍虞闾使迎处罗侯。处罗侯曰:"我突厥自木杆可汗来,多以弟代兄,以庶夺適,失先祖之法,不相敬畏,汝当嗣位,我不惮拜汝也。"明兄弟相及,始于木杆之于乙息记,土门不得传弟也。

《隋书》曰:"佗钵以摄图为尔伏可汗,统其东面。又以其弟褥但可汗子为步离可汗,居西方。"《北史》无子字,案《北史》是也。步离即步迦,此即西突厥之达头可汗耳。都蓝时曾遣母弟褥但特勒献于阗玉杖。褥但，盖可汗介弟之尊称也。

　　《隋书》曰：摄图号伊利俱卢设莫何始波罗可汗，一号沙钵略可汗。下文载其致书隋文帝，自称伊利俱卢设莫何始波罗，而文帝报书则称为伊利俱卢设莫何沙钵略，然则沙钵略即始波罗之异译，中国于四夷名字，恒截称其末数字以求简，非有二号也。今人简称，多截取首数字，此古今语法不同。然俗人犹沿旧习，如上海法租界有路名勃来泥蒙马浪，俗人简称为马浪路，不曰勃来路也。

〔五九〕称秃发氏为汉儿

《通鉴》陈宣帝大建五年,源师为左外兵郎,摄祠部,尝白高阿那肱,龙见当雩。阿那肱惊曰:"何处龙见,其色如何?"师曰:"龙星初见,礼当雩祭,非真龙也。"阿那肱怒曰:"汉儿多事,强知星宿。"遂不祭。师出,窃叹曰:"礼既废矣,齐能久乎?"注曰:诸源本出于鲜卑秃发,高氏生长于鲜卑,自命为鲜卑,未尝以为讳,鲜卑遂自谓贵种,率谓华人为汉儿,率侮诟之。诸源世仕魏朝,贵显,习知典礼,遂有雩祭之请,冀以取重,乃以取诟。《通鉴》详书之,又一慨也。案《通鉴》是年,又载韩长鸾尤疾士人,朝夕宴私,惟事谮诉,尝带刀走马,未尝安行,嗔目张拳,有啗人之势,朝士咨事,莫敢仰视,动致呵叱。每骂云:"汉狗不可耐,惟须杀之。"其轻视汉人,可谓甚矣。诸源本出鲜卑,而高阿那肱等亦以汉人视之,盖以其已同于汉也。此可见民族异同,只论法俗,不论种姓。春秋之义,用夷礼则夷之,进于中国则中国之,诚有由也。

古称汉民族曰华。《左氏》:夷不谋夏,裔不乱华,又戎子驹支谓:我诸戎饮食衣服,不与华同是也。古者民族之义,尚未光昌,故称我民族者,率以其朝代之名。如《汉书·匈奴传》言:卫律为单于谋,穿井筑城治楼以藏谷,与秦人守之。《西域传》言:匈奴缚马前后足置城下,驰言秦人我丐若马是也。汉有天下久,秦人之称,遂渐易为汉人。此时民族之义渐著,知民族之与王朝,非是一物,遂沿称汉民族为汉人。朝名犹氏名,以朝名名其民,盖知有氏族,而未知有民族也。在本国中,诸氏族之界限渐泯,而又与异民族遇,则民族之义渐昌矣。魏晋之世,作史者犹沿旧例,称汉族人为魏人、晋人,而语言则迄未尝改。故鲜卑人犹称中国人为汉人也。自此相沿,遂为定称。如唐时称汉蕃不曰唐蕃是也。故我汉族之名,实至汉以后而渐立。

〔六〇〕秃发与拓跋

　　《魏书·源贺传》：世祖谓贺曰："卿与朕同源，因事分姓，今可为源氏。"《廿二史考异》云：古读轻唇如重唇，发从发得声，与跋音正相近。魏伯起书尊魏而抑凉，故别而二之。《晋书》亦承其说。案此盖魏人移译时有意用不同之字，亦未必伯起为之也。《魏书·乌孤传》云：初母孕寿阗，因寝产于被中，乃名秃发。其俗为被覆之义。此说似较可信。或谓寿阗为树机能之祖。元魏与秃发氏之分携，安得如是其晚。然无妨秃发为被覆之义真，而其出于寿阗为附会也。《晋书·载记》言：乌孤八世祖匹孤，率其部自塞北迁于河西。元魏与秃发氏之分携，或当在是时也。

〔六一〕乞伏氏

《晋书·乞伏氏载记》云：在昔有如弗斯、出连、叱卢三部，自漠北南出太阴山，遇一巨虫于路，状若神龟，大如陵阜，乃杀马而祭之，祝曰："若善神也，便开路；恶神也，遂塞不通。"俄而不见，乃有一小儿在焉。时又有乞伏部，有老父无子者，请养为子。众咸许之。老父欣然，自以有所依冯，字之曰纥干。纥干者，夏言依倚也。年十岁，骁勇善骑射，弯弓五百斤，四部服其雄武，推为统主，号之曰：乞伏可汗托铎莫何。托铎者，言非神非人之称也。案《魏书·乞伏国仁传》云："其先如弗，自漠北南出"，则乞伏当属如弗斯，不得自为一部。后述延居苑川，以斯引乌埿为左辅将军，镇蔡园川，出连高胡为右辅将军，镇至便川。叱卢那胡为率义将军，镇牵屯山。斯引乌埿，盖如弗斯部之酋，犹是三部鼎立也。窃疑乞伏氏之于如弗斯，犹字儿只斤之于蒙古，后乃别为一族，初非独为一部。

如弗与女勃同音，疑部名或系出阴山后居女勃水畔而得，则其得名亦非甚早。

〔六二〕大人简称为"大"

《晋书·石勒载记》:"时胡部大张訇督冯莫突等,拥众数千,壁于上党,勒往从之。"殿本考证云:"纲目集览,姓大张,名訇督,正误云。一部之长,呼为部大。姓张氏,下文亦有都督部大之名是也。"案"部大"乃部落大人之简称。《魏书·段就六眷传》云:"其伯祖曰陆眷,因乱被卖为渔阳乌丸大库辱官家奴,诸大人集会幽州,皆持唾壶,惟库辱官独无"云云。乌丸大之大,即下文诸大人之大也。《宋书·大且渠蒙逊传》云:"匈奴有左且渠右且渠之官,蒙逊之先为此职。羌之酋豪曰大,故且渠以位为氏,而以大冠之。"其实酋豪曰大,不独羌人然也。

〔六三〕考绩之法上

卢毓为吏部尚书，魏明帝诏之曰："选举莫取有名，名如画地作饼，不可啖也。"毓对曰："名不足以致异人，而可以得常士。常士畏教慕善，然后有名，非所当疾也。愚臣既不足以识异人，又主者正以循名案常为职，但当有以验其后。故古者敷奏以言，明试以功。今考绩之法废，而以毁誉相进退，故真伪浑杂，虚实相蒙。"帝纳其言，即诏作考课法。《三国·魏志·卢毓传》。案入官之为利禄之途久矣，无论以何途取之士，皆将巧伪而冒进；初砥行而立名，后枉法而致败者多矣。故察吏之法，考绩实重于登庸。论者多注重于取之之时，而不留意于用之之后，此其所以吏职不举，而政事罕见修明也。

《汉书·京房传》云："治《易》，事梁人焦延寿。延寿字赣。赣贫贱，以好学得幸梁王，王共其资用，令极意学。既成，为郡史，察举，补小黄令。以候司先知奸邪，盗贼不得发。赣常曰：得我道以亡身者，必京生也。"世因谓房之所以亡身者，为延寿之《易》学，误也。《儒林传》言："延寿云尝从孟喜问《易》。会喜死，房以延寿《易》即孟氏学，而翟牧、白生不肯，皆曰非也。至成帝时，刘向校书，考《易》说，以为诸《易》家说皆祖田何、杨叔、丁将军，大谊略同，惟京氏为异。党焦延寿独得隐士之说，托之孟氏，不相与同。"然则延寿之《易》，实为无本之学。梁王既共其资用，令极意，安得如此？然则延寿殆别有所学,其用以候司知奸邪者,即本其所学以为用,而亦即延寿考功课吏之法所自出也。王符言先师京君科察考功,以遗贤俊,太平之基,必自此始,无为之化,必自此来也。《潜夫论·考绩》。杜预言魏氏考课,即京房之遗意。见《晋书》本传。案魏氏考课,除卢毓外,又有刘劭作《都官考课》七十二条,王昶尝受诏撰百官考课事。"昶以为唐、虞虽有黜陟之文,而考课之法不垂。周制冢宰之职,大计群吏之治而诛赏,又无校比之制。由此言之,圣王明于任贤,略举黜陟之体,以委达官之长,而总其统纪,故能否可得而知也。"《三国·魏志·王昶传》。案刘劭所作考课之法,今已不传,而其所为《人物志》具存,其论博大精深,断非一人一时思虑之所能到。盖实文王官人之遗,足见先秦之世,已有此一种学术,而汉魏之世实承其流,若焦延寿、京房之所授受者则是也。延寿谓房得之以亡身者盖指此。《汉书》辞不完具,后人遂以为指《易》学,误也。

《汉书·王吉传》:谷永奏言"圣王不以名誉加于实效。考绩用人之法",《谷永传》:永对策亦言"论材选士,必试于职。明度量以程能,考功实以定德,毋用比周之虚誉,毋听寝润之谮愬"。后汉左雄亦欲令"吏职满岁,宰府州郡乃得辟举"。《后汉书》本传。和帝永元五年诏曰:"选举良才,为政之本;科别行能,必由乡曲;而郡国举吏,不加简择。故先帝明敕在所令试之以职,乃得充选。又德行尤异,不须经职者,别署状上。"然则科别行能,亦当历试;而德行尤异,乃特为别署耳。然则两汉之世,考绩之义本明,而惜乎莫之通行也。《三国·魏志·邓艾传》:"迁兖州刺史。上言国之所急,惟农与战,国富则兵强,兵强则战胜。然农者,胜之本也。上无设爵之劝,则下无财畜之功。今使考绩之赏,在于积粟富民,则交游之路绝,浮华之原塞矣。"澄清选举,必由考绩,虽武夫亦知之矣。

欲行考绩,必行久任,左雄言之详矣。《三国·魏志·王昶传》:

司马宣王既诛曹爽，乃奏博问大臣得失。昶陈治略五事：其二欲用考试，其三欲令居官者久于其职。《刘廙传注》引《廙别传》载廙表论治道亦言"数转易，则往来不已，送迎之烦，不可胜计。转易之间，辄有奸巧，既于其事不省，而为政者亦以不得久安之故，知惠益不成于己，而苟且之可免于患，皆将不念尽心于恤民，而梦想于声誉，此非所以为政之本意也"，其论全与左雄同。或谓新任职者，多有朝气，久则不免暮气，此诚有之；然积久而暮气乘之，亦由是非不别，功罪不明。苟其不然，安得如此。况新出者虽有朝气，然□□①未足，亦安足任乎？未使天下之士，可不待督责，而自致于□，②则善矣。如其不然，考绩安可废？欲行考绩，则非□□□□□□□□□□，③王安石所谓贤者则其功可以致于成，不肖者则其罪可以至于著也。

　　考绩必有其法，如王昶之言，是为无术矣。本虑官吏相比周，而设监司以检察之；若悉委诸长官，又何烦为此纷纷乎？岂长官皆可任邪？然监察之司，亦有不可信者。刘廙之言曰："今之所以为黜陟者，颇以州郡之毁誉，听往来之浮言耳。长吏之所以为佳者，奉法也，忧公也，恤民也。此三事者，或州郡有所不便，往来者有所不安。而长吏执之不已，于治虽得计，其声誉未为美；屈而从人，于治虽失计，其声誉必集也。长吏皆知黜陟之在于此也，亦何能不去本而就末哉？"此监司之弊也。廙以为长吏皆宜使少久，足使自展。岁课之能，三年总计，乃加黜陟。课之皆当以事，不得依名。事者，皆以户口率其垦田之多少，及盗贼发兴，民之亡叛者，为得负之计。如此行之，则无能之吏，修名无益；有能之人，无名无损。法之一行，虽无部司之监，奸誉妄毁，可得而尽。以上刘廙之言均见《三国·魏志·刘廙传

---

① 原稿缺字。
② 原稿缺字。
③ 原稿缺字。

注》引《虞别传》载虞表论治道。夫以部司监郡,而又须防其奸誉妄毁,此齐威王之所以烹阿大夫封即墨大夫也。夫国家之使监司察郡县,非谓监司必可信也,特其职如此耳。然则法之所定,固亦可使下官监察上官。京房之法,公卿朝臣会议者,皆訾其令上下相司,烦碎不可许,度其法必有大过人者,而惜乎其不传也。

《后汉书·朱浮传》:浮因日食上疏,言"间者守宰,数见换易,迎新相代,疲劳道路。寻其视事日浅,未足昭见其职。既加严切,人不自保,各相顾望,无自安之心。有司或因睚眦以骋私怨,苟求长短,求媚上意。二千石及长吏,迫于举劾,惧于刺讥,故争饰诈伪,以希虚誉"。此急考课而不久任之弊也。

敷奏以言,似与军功无涉,然其事亦未可以已。此则葛洪言之矣。其言曰:"古者犹以射择人,况经术乎? 如其舍旃,则未见余法之贤乎此也。假令不能尽得贤能,要必愈于了不试也。今且令天下诸当在贡举之流者,莫敢不勤学;但此一条,其为长益风教,亦不细矣。"又曰:"予意谓新年当试贡举者,今年便可使儒官才士豫作诸策,计足周用集。禁其留草,殿中封闭之。临试之时,亟赋之,人事因缘于是绝。当答策者,皆可会著一处,高选台省之官,亲监察之,又严禁其交关出入,毕事乃遣,违犯有罪无赦。如此,属托之冀塞矣。夫明君恃己之不可欺,不恃人之不欺己也,亦何耻于峻为斯制乎? 若试经法立,则天下不可以不立学官,而人自勤学矣。"又曰:"汉四科亦有明解法令入仕。今在职之人,官无大小,悉不知法令,而使之决狱,是以死生委之,以轻百姓之命,付无知之人也。亦可令廉良之吏,皆取明律令者试之如试经,高者随才品叙用。如此,天下必少弄法之吏,失理之狱矣。"以上葛洪之言,均见《抱朴子·审举篇》。其言于后世科举所致之利,所行之法,一一若烛照而数计;使非其书久著,几使人疑为科目既兴之后,后人依托前人之谈矣。故谓事全不可逆亿非也。前人□□之谈，后人往往有不率由者。何者？势之所趋，不得不然，言之者亦不过能审乎其势耳。此前人之抱道者，所以可自信百世以俟圣人而不惑也。

名不足以致异人，而可以得常士。此言最为平允。惟可以得常士也，故策试考绩诸法，明知其不尽可恃，而终不可废。惟不足致异人也，故汉武帝、魏太祖欲求跅弛之士也。参看《汉末名士》条。

〔六四〕考绩之法下

　　九品中正之弊,历数百年,夫人而知之矣。其原何自起乎？曰：起于汉末之朋党也。何以言之？案《三国志·夏侯玄传》："玄议以为官才用人,国之柄也,故铨衡专于台阁,上之分也；孝行存乎闾巷,优劣任之乡人,下之叙也。夫欲清教审选,在明其分叙,不使相涉而已。若令中正但考行伦辈,辈当行均,斯可官矣。奚必使中正干铨衡之机于下,而执机柄者有所委仗于上,上下交侵,以生纷错哉？且台阁临下,考功校否,众职之属,各有官长,旦夕相考,莫究于此；闾阎之议,以意裁处,而使匠宰失位,众人驱骇,欲风俗清静,其可得乎？天台县远,众所绝意。所得至者,更在侧近,孰不修饰以要所求？所求有路,则修己家门者,已不如自达于乡党矣。自达乡党者,已不如自求之于州邦矣。苟开之有路,而患其饰真离本,虽复严责中正,督以刑罚,犹无益也。"然则中正之弊,实由台阁不听官长考功校否之谈,而冯闾阎以意裁处之议也。

〔六五〕才不中器

　　世之论人者,率先才而后德,以为徒善无能为;苟有才,虽或不善,亦可资以成事也。此见大误。世事之所以纷纷,皆徒有才而不正者,背公营私,损人利己致之也。《三国·魏志·卢毓传》言:毓于人及选举,必先性行而后言才。李丰尝以问毓,毓曰:"才所以为善也,故大才成大善,小才成小善。今称之有才而不能为善,是才不中器也。"物必成器,然后有用;不中器,则直为无用之材矣。其言可谓深切矣。

〔六六〕访 问

《晋书·刘卞传》:"卞从县令至洛阳,入大学试经,为台四品吏。访问令写黄纸一鹿车,卞曰:刘卞非为人写黄纸者也。访问知怒,言于中正,退为尚书令史。"案《齐书·王谌传》:"明帝好围棋,置围棋州邑,以建安王休仁为围棋州都大中正,谌与太子右率沈勃、尚书水部庾珪之、彭城丞王抗四人为小中正,朝请褚思庄、傅楚之为清定访问。"访问盖中正僚属,助之采听清议者也。刘毅论九品曰:"置州都者,取州里清议,咸所归服,将以镇异同,一言议。不谓一人之身,了一州之才。"自不能无助之访问者。然其任私而行如此,九品官人之法,又何以善其后乎?

原刊一九四七年一月十三日天津《民国日报》副刊"史与地"

〔六七〕山　涛

　　《通鉴》陈武帝永定三年：周以霖雨，诏群臣上封事极谏，左光禄大夫猗氏乐逊上言四事，其三以为选曹、补拟，宜与众共之。今州郡选置，犹集乡闾，况天下铨衡，不取物望，既非机事，何足可密？案事见《周书·逊传》，今本有阙文。胡三省《注》曰："以此观之，选曹、补拟，皆密奏于上，盖自晋山涛启事始也。"案《晋书·涛传》言："涛再居选职，十有余年，每一官缺，辄启拟数人，诏旨有所向，然后显奏，随帝意所欲为先，故帝之所用，或非举首。众情不察，以涛轻重任意，或潜之于帝，故帝手诏戒涛曰：夫用人惟才，不遗疏远卑贱，天下便化矣。而涛行之自若。一年之后，众情乃寝。"涛之掌选，为世所艳称，其实上不逆人之意，而行之既久，下之人亦知用舍之皆出于上，而己不任其恩怨，乃巧于逢迎趋避之为耳。《外戚传》：王蕴，"累迁尚书吏部郎，性平和，不抑寒素，每一官缺，求者十辈，蕴无所是非。时简文帝为会稽王，辅政，蕴辄连状白之曰：某人有地，某人有才。务存进达，各随其方，故不得者无怨焉。"其所为亦涛之类也。

　　《陈书·徐陵传》：天康元年，迁吏部尚书，领大著作。陵以梁末以来，选授多失其所，于是提举纲维，综核名实。时有冒进求官，喧竞不已者，陵乃为书宣示曰："所见诸君，多逾本分，犹言大屈，未喻高怀。若问梁朝朱领军异亦为卿相，此不逾其本分邪？此是天子所拔，非关选序。梁武帝云：世间人言有目色，我特不目色范悌。宋文帝亦云：人世岂无运命，每有好官缺，辄忆羊玄保。此则清阶显职，不由选也。秦有车府令赵高直至丞相，汉有高庙令田千秋亦为丞相，此复可为例邪？"此犹张释之言：方其时上使使诛之则已，已下廷尉，则天下之平，不可倾也。专制之世，人主举措，诚有不能以法范围者，然此等要以少为佳。《晋书·王戎传》："南郡太守刘肇贿戎筒中细布五十端，为司隶所纠，以知而未纳，故得不坐，然议者尤之。帝谓朝臣曰：戎之为行，岂怀私苟得，正当不欲立异耳。帝虽以是言释之，然为清慎者所鄙，由是损名。"天子能颠倒赏罚，而不能移易清议；清议有力，则终足以纠正赏罚，使不至于大悖。此足见与众共之利，而秘密之终成雍蔽矣。

专制之世，人主之威，似可以为所欲为矣；然雍蔽既深，亦有时而不得行其意。《北史·景穆十二王传》：元脩义，"迁吏部尚书。及在铨衡，唯事货贿，授官大小，皆有定价。时中散大夫高居者，有旨先叙，上党郡缺，居遂求之；脩义私已许人，抑居不与。居大言不逊，脩义命左右牵曳之。居对大众，呼天唱贼。人问居曰：白日公庭，安得有贼？居指脩义曰：此坐上者，违天子明诏，物多者得官，京师白劫，此非大贼乎？脩义失色，居行骂而出。后欲邀车驾论脩义罪状，左仆射萧宝夤喻之，乃止。"先叙之旨不得行，邀驾论罪不得达，虽有雷霆之威，亦何所用之乎？

原刊一九四七年《东南日报》副刊"文史"

〔六八〕限年入仕

中兴二年,梁武帝请立选部表云:"且闻中间立格,甲族以二十登仕,后门以过立试吏。是则世禄之家,无意为善,布衣之士,肆心为恶。此实巨蠹,尤宜刊革。"《梁书·本纪》。其言善矣。然《梁书·文学伏挺传》云:"齐末,州举秀才,对策为当时第一。高祖义师至,挺迎谒于新林,高祖见之,甚悦,谓曰颜子,引为征东行参军,时年十八。"是高祖躬道之而躬自蹈之也。此犹可曰悾愡之际,立法未定也。天监四年正月癸卯朔诏曰:"今九流常选,年未三十,不通一经,不得解褐。若有才同甘颜,勿限年次。"而《陈书·文学·岑之敬传》:"年十六,策《春秋左氏》制旨、《孝经》义,擢为高第。御史奏曰:皇朝多士,例止明经,若颜闵之流,乃应高第。梁武帝省其策曰:何妨我复有颜闵耶?因召入面试,除童子奉车郎。"之敬岂足当甘颜之目邪?《梁书·朱异传》:"旧制,年二十五方得解褐,时异适二十一,特敕擢为扬州议曹从事史。"则解褐之年,较天监四年之诏,又早四年矣。异虽非正人,而实有才能,特敕用之,或转较伏挺、岑之敬等呫哔之士为有当也。

世胄入仕之早者。《张缅传》:起家秘书郎,出为淮南太守,时年十八。缅第三弟缵,年十一,尚高祖第四女富阳公主,起家秘书郎,时年十七。秘书郎有四员,宋齐以来,为甲族起家之选,待次入补,其居职,例数十百日便迁任。缵固求不徙,欲遍观阁内图籍。数岁方迁太子舍人。又《南史·刘虬传》:虬子之遴,年十五,举茂才明经。虬亦南阳旧族,徙居江陵者也。

《魏书·高宗纪》:和平三年十月丙辰诏曰:"三代之隆,莫不崇尚年齿。今选举之官,多不以次,令斑白处后,晚进居先,岂所谓彝伦攸叙者也!诸曹选补,宜各先尽劳旧才能。"然《肃宗纪》:熙平二年八月己亥,诏庶族子弟年未十五不听入仕。则其限年,较南朝尤早矣。《周书·裴宽传》:年十三,以选为魏孝明帝挽郎。《吕思礼传》:年十九举秀才,对策高第。又北齐杨愔,年十八,拜通直散骑侍郎,其早达亦不减南朝也。

后汉黄香,年十二,太守刘护召署门下孝子。此特用以矜式末俗,偶然之事耳。若南北朝之事,则有可异者。《陈书·虞荔传》:"年九岁,随从伯阐候太常陆倕,倕问五经凡有十事,荔随问辄应,无有遗失,倕甚异之。又尝诣征士何胤,时太守衡阳王亦造焉。胤言之于王,王欲见荔,荔辞曰:未有板刺,无容拜谒。王以荔有高尚之志,雅相钦重。还郡,即辟为主簿,荔又辞以年小,不就。"此其见辟,固未必即在九岁之时,然北齐袁聿修,则竟以九岁而州辟为主簿矣。又封孝琬及弟孝琰,皆以年十六州辟主簿。崔瞻悛子。年十五,刺史高昂召署主簿。皆见《北齐书》本传。隋文年十四,京兆尹薛善辟为功曹,见《隋书·本纪》。《北齐书·白建传》:"诸子幼稚,俱为州郡主簿,新君选补,必先召辟。"则一门又不止一人矣。

丧乱之际,地方豪右,往往据地自专,朝廷不能远驭,则即以其人治之,于是有世袭守令,此实同封建,不可以选举常格论矣。《周书·泉企传》:"曾祖景言,魏建节将军,假宜阳郡守,世袭本县令,封丹水侯。父安志,复为建节将军,宜阳郡守,领本县令,降爵为伯。企九岁丧父,服阕袭爵。年十二,乡人皇平、陈合等三百余人诣州,请企为县令,州为申上。时吏部尚书郭祚,以企年少,未堪宰民,请别选遣,终此一限,令企代之。魏宣武帝诏曰:企向成立,且为本乡所乐,何为舍此世袭,更求一限?遂依所请。"又企子仲遵,年十三,州辟主簿,十四为本县令。此等措置,盖诚有所不得已者也。隋郑善果,以父死尉迟迥之难,十四而授刺史。武人酬庸,亦非可以常格论也。

入官虽早,而致仕则迟。《晋书·庾峻传》,峻以风俗趣竞,礼让陵迟,上疏言:"自非元功国老,三司上才,可听七十致仕。其父母八十,可听终养。"然《齐书·明帝纪》:永明中,御史中丞沈渊表百官年登七十,皆令致仕,并穷困私门。建武元年十一月庚子诏曰:"日者百司耆齿,许以自陈,东西二省,犹沾微俸,辞事私庭,荣禄兼谢,兴言爱老,实有矜怀。自缙绅年及,可一遵永明七年铨叙之科。"则七十致仕之法,实有难行者矣。《魏书·肃宗纪》:正光四年七月辛亥诏曰:"今庶僚之中,或年迫悬车,循礼宜退;但少收其力,老弃其身,言念勤旧,眷然未忍。或戴白在朝,未当外任;或停私历纪,甫受考级;如此之徒,虽满七十,听其莅民,以终常限。或新辟郡县,或外佐始停,已满七十,方求更叙者,吏部可依令不奏。其有高名俊德,老成耆士,灼然显达,为时所知者,不拘斯例。若才非秀异,见在朝官,依令合辟者,可给本官半禄,以终其身。"《辛雄传》:雄"为《禄养论》,称仲尼陈五孝,自天子至庶人无致仕之文。《礼记》:八十,一子不从政;九十,家不从政。郑玄《注》云:复除之。然则止复庶民,非公卿士大夫之谓。以为宜听禄养,不约其年。书奏,肃宗纳之"。士大夫以官为家,不易脱屣,固南北皆然也。

《南史·顾协传》:"张率尝荐之于梁武帝,问协年,率言三十有五。帝曰:北方高凉,四十强仕,南方卑湿,三十已衰,如协便为已老。但其事亲孝,与友信,亦不可遗于草泽,卿便称敕唤出。于是以协为兼太学博士。"三十为老,前世罕闻,岂其时入仕皆习于早,故有斯语邪?

原刊一九四七年二月二十六日《东南日报》副刊"文史"

〔六九〕寒　素①

　　自魏晋行九品中正之制,而"上品无寒门,下品无世族",_{晋刘毅}语。直至唐代科举之制兴,而寒素之士始有进身之阶,然此固非一蹴而几,其间演变之迹,有可得言者。《晋书·庾峻传》云：是时风俗趣竞,礼让陵迟,峻上疏曰："圣王之御世也,因人之性,或出或处,故有朝廷之士,又有山林之士。朝廷之士,佐主成化,犹人之有股肱心膂,共为一体也。山林之士,被褐怀玉,太上栖于丘园,高节出于众庶；其次轻爵服,远耻辱以全志；最下就列位,唯无功而能知止；彼其清劭足以抑贪污,退让足以息鄙事,故在朝之士,闻其风而悦之；将受爵者,皆耻躬之不逮,斯山林之士,避宠之臣,所以为美也。先王嘉之,大者有玉帛之命,其次有几杖之礼,此先王之弘也。秦塞斯路,利出一官,虽有处士之名,而无爵列于朝者,时不知德,惟爵是闻,故闾阎以公乘侮其乡人,郎中以上爵傲其父兄。夫不革百王之弊,徒务救世之政,文士竞智而务入,武夫恃力而争先；官高矣而意未满,功报矣其求不已；又国无随才任官之制,俗无难进易退之耻；位一高,虽无功而不见下,已负败而复见用,故因前而升,则处士之路塞矣。又仕者黜陟无章,是以普天之下,先竞而后让,举世之士,

---

① 曾改题为《选举寒素之士》。

有进而无退,大人溺于动俗,执政挠于群言,衡石为之失平,清浊安可复分。"处士固不免虚声,然如干宝所云:"悠悠风尘,皆奔竞之士,列官千百,无让贤之举"者,所乏者非济世之才,所阙者实廉隅之士,峻之言,乃诚晨钟暮鼓也。峻又曰:"夫人之性陵上,犹水之趣下也,益而不已必决,升而不已必困,始于匹夫行义不敦,终于皇舆为之败绩。"乌乎,何其言之痛,而于后来怀、愍之祸,若烛照而数计也。

虽然,欲进处士,则亦有难焉者矣。欲以矜式一世,挽回末俗,其人必无欲而不争;声华驰骛之徒,显以为名而阴以为利,未有足称为处士者也。《李重传》:"迁尚书吏部郎,务抑华竞,不通私谒,特留以隐逸,由是群才毕举,拔用北海西郭汤、琅邪刘珩、燕国霍原、冯翊吉谋等为秘书郎及诸王文学,故海内莫不归心。时燕国中正刘沈举霍原为寒素,司徒府不从,沈又抗诣中书奏原,而中书复下司徒参论。司徒左长史荀组,以为寒素者,当谓门寒身素,无世祚之资。原为列侯,显佩金紫,先为人间流通之事,晚乃务学,少长异业,年逾始立,草野之誉未洽,德礼无闻,不应寒素之目。"此则其言实是,而重之右沈者实非也。以留心隐逸之人,而其所拔用者如是。搜求寒素,夫岂易言哉?

虽然,舍寒素而用贵富之祸则有恫焉者矣。《阎缵传》:"愍怀太子之废也,缵舆棺诣阙,上书理太子之冤,曰:每见选师傅,下至群吏,率取膏粱击钟鼎食之家,希有寒门儒素。"又曰:"非但东宫,历观诸王师友文学,皆豪族力能得者,友无亮直三益之节。官以文学为名,实不读书,但共鲜衣好马,纵酒高会,嬉游博弈。请置游谈文学,皆选寒门孤宦,以学行自立者,使严御史监护其家,绝贵戚子弟,轻薄宾客。"皇太孙立,缵复上书,言"旦夕训诲,辅导出入,动静劬劳,宜选寒苦之士。其侍臣以下,文武将吏,且勿复取盛戚豪门子弟。若吴太妃家室及贾、郭之党,如此之辈,生而富溢,无念修己,率多轻

薄浮华,相驱放纵,皆非所补益于吾少主者也"。观缵之言,得知晋
之骨肉相残,终至青衣行酒,见辱他族,非天之降才尔殊,而其父兄
自傲辱之也。乌呼,岂非百世之殷鉴哉!

原刊一九四七年五月十四日《东南日报》副刊"文史"

〔七〇〕九品官人之始

　　《三国·魏志·陈群传》："文帝在东宫,深敬器焉,待以交友之礼,常叹曰:自吾有回,门人日以亲。及即王位,封群昌武亭侯,徙为尚书。制九品官人之法,群所建也。"似其法始于文帝为王时者。然《宋书·恩幸传》言:"汉末丧乱,魏武始基,军中仓卒,权立九品。"则其法实不始于魏文,亦不必为陈群所建。群之所建者,特以权立之事,制为定法,此则其事在文帝即王位后,群徙为尚书之时耳。《晋书·卫瓘传》:瓘与太尉亮等上疏言:"魏氏承颠覆之运,起丧乱之后,人士流移,考详无地,故立九品之制,粗具一时选用之本耳。其始造也,乡邑清议,不拘爵位,褒贬所加,足为劝励,犹有乡论余风。中间渐染,遂计资定品,使天下观望,惟以居位为贵,人弃德而忽道业,争多少于锥刀之末,伤损风俗,其弊不细。"则其法初立时,未尝无益,后乃败坏,特其败坏甚速耳。

〔七一〕九品中正

马贵与论九品中正，谓其法太拘，引陈寿遭父丧，有疾，使婢丸药，客见之，乡里以为贬，坐是沈滞累年；谢惠连爱幸会稽郡吏杜德灵，及居父忧，赠以五言诗十余首，坐废，不豫荣伍；阮缵父卒，继母不慈，缵恭事弥谨，而母疾之愈甚，乃诬缵盗父时金宝，讼于有司，遂被清议十余年：三事为证。案当时中正之拘，其事尚不仅此。《晋书·张辅传》：梁州刺史杨欣有姊丧，未经旬，车骑长史韩预强聘其女为妻，辅为中正，贬预以清风俗，论者称之。《卞壶传》：父粹，以清辩鉴察称；兄弟六人，并登宰府，世称卞氏六龙，玄仁无双。玄仁，粹字。弟袤，尝忤其郡将，郡将怒，讦其门内之私，粹遂以不训见讥议，陵迟积年。《南史·齐本纪》：高祖建元三年九月，乌程令吴郡顾昌玄，坐父法秀宋泰始中北征死亡，尸骸不反，而昌玄燕乐嬉游，与常人无异，有司请加以清议。又明帝建武元年十二月，宣德右仆射刘朗之，坐不赡给兄子，致使随母他嫁，免官禁锢终身，付之乡论。皆其时清议特重礼教之证。《卞壶传》又云：壶转御史中丞。时淮南小中正王式继母，前夫终，更适式父，式父终，丧服讫，议还前夫家，前夫家亦有继子，奉养至终，遂合葬于前夫。式自云父临终，母求去，父许诺，于是制出母齐衰期。壶奏其亏损世教，不可居人伦诠正之任。案侍中、司徒、临颍公组，敷宣五教，实在任人，而含容违礼,曾不贬黜;扬州大中正、侍中、平望亭侯晔,淮南大中正、散骑侍郎弘,显执邦论,朝野取信,曾不能率礼正违,崇孝敬之教,并为不胜其任;请以见事免组、晔、弘官,大鸿胪削爵士,廷尉结罪。疏奏,诏特原组等,式付乡邑清议,废弃终身。

《北齐书·羊烈传》:"烈家传素业,闺门修饰,为世所称,一门女不再醮。魏太和中,于兖州造一尼寺,女寡居无子者,并出家为尼,咸存戒行。烈天统中与尚书毕义云争兖州大中正。义云盛称门阀,云我累世本州刺史,卿世为我家故吏。烈答云:卿自毕轨被诛已还,寂无人物,近日刺史,皆是疆场之上彼此而得,何足为言?岂若我汉之河南尹,晋之太傅,名德学行,百代传美;且男清女贞,足以相冠,自外多可称也。盖讥义云之帷薄焉。"是身居中正之职者,其受责备当尤重也。刘毅论九品之弊曰:"孝弟之行,不施朝廷,门外之事,以义断恩。"于此拘泥之失,可谓一语破之;然论事当原其朔,不应概以末流之弊。九品立法之初,原不过借考所用之人无大僄规越矩之行,本不谓足尽人伦;其后行之诚失初意,然即如立法之意行之,亦不过能维持风纪,立当时所谓名教之防,本不能期其有他效也。东汉之季,俗重清议,尤贵乡平,然所褒美,率多虚名无实,甚者德行亦出矫伪,是以魏武下令,欲求盗嫂受金之士;然此乃一时愤激之为,抑亦乱世权宜之法,岂可概诸平世?平世用人,必本行实;欲考行实,必不能舍弃乡平;是以何夔建议,谓:"自军兴以来,制度草创,用人未详其本,是以各引其类,时忘道德。夔闻以贤制爵,则民慎德;以庸制禄,则民兴功。以为自今所用,必先核之乡间,使长幼顺叙,无相逾越。显忠直之赏,明公实之报,则贤不肖之分,居然别矣。"毛玠与崔琰并典选举,史称"其所举用,皆清正之士,虽于时有盛名而行不由本者,终莫得进",盖即斯意。陈群之制,不过更立为定法而已。夏侯玄议九品,谓当铨衡专于台阁,优劣任之乡人,明其分叙,不使相涉;中正但当考行伦辈,考功校否,仍当据官长之第;皆与何夔之论相合,可见立法初意。刘毅言:"前九品诏书,善恶必书,以为褒贬,当时天下,少有所忌。今之九品,所下不彰其罪,所上不列其善;任爱憎之断,清浊同流,以植其私;故反违前品,大其形势,以驱动众人,使必归己,天下焉得不解德行而锐人事?"卫瓘亦云:"其始造也,乡邑清议,不拘爵位,褒贬所加,足为劝励,犹有乡论余风,中间渐染,遂计资定品,使天下观望,惟以居位为贵人。"然则法行之初,亦有微效,后乃陵夷,终至大败耳。《晋书·孔愉传》:"初,愉为司徒长史,以平南将军温峤母亡遭乱不葬,乃不过其品。至是苏峻平,而峤有重功。愉往石头诣峤,峤执愉手而流涕曰:天下丧乱,忠孝道废,能持古人之节,岁寒不凋者,惟君一人耳。时人咸称峤居公,而重愉之守正。"愉之执持,曷尝有妨峤之宣力?以是立名教之坊,使知名勇功之士,不敢荡检逾闲,固亦未为无用。若云其所谓坊者,本不足立,此则别是一义,不能以是为中正之咎也。

《后汉书·酷吏传》谓,王吉为沛相,"课使郡内各举奸吏豪人诸常有微过、酒肉为臧者,虽数十年犹加贬弃,注其名籍。"是则善恶所为,皆有记注,本前世之成法,特其掌之者乃郡县而非中正耳。《许劭传》言:劭与从兄靖俱有高名,"好共核论乡党人物,每月辄更其品题,故汝南俗有月旦评。"此虽非官法,而以中正操核论之权,实自此始。然无论官司记注,私家核论,必皆本诸行实,则理之无可疑者也。所下不彰其罪,所上不列其善,果何自来哉?刘毅又云:"人心多故,清平者寡,故怨讼者众。听之则告讦无已,禁绝则侵枉无极。"可见当时核论之不平。此讼也,不徒不可胜听,亦且是非终不可明,乃不得不一切禁之,而有如毅所谓"杜一国之口,培一人之势,使得纵横,无所顾惮"者矣。然公家不为申理,不能禁民之不私相仇,毅又言其弊曰:"恨结于亲亲,猜生于骨肉,当身困于敌仇,子孙罹其殃咎。"其为祸不亦博乎？

　　所下不彰其罪，所上不列其善，不过欲驱动众人，使必归己而已。惟如是，故所臧否，必也时变。《晋书·祖逖传》载王隐与梅陶论月旦评曰："《尚书》称三载考绩，三考黜陟幽明，何得一月便行褒贬？陶曰：此官法也；月旦，私法也。隐曰：《易》称积善之家，必有余庆，积不善之家，必有余殃。称家者岂不是官？必须积久，善恶乃著，公私何异？若必月旦，则颜回食埃，不免贪污；盗跖引少，则为清廉。朝种暮获，善恶未定矣。"《傅咸传》："迁司徒左长史，在位多所执正。豫州大中正夏侯骏上言：鲁国小中正、司空司马孔毓，四移病所，不能接宾，求以尚书曹馥代毓，旬日复上毓为中正。司徒三却，骏故据正。咸以骏与夺惟意，乃奏免骏大中正。司徒魏舒，骏之姻属，屡却不署，咸据正甚苦。舒终不从，咸遂独上。舒奏咸激讪不直，诏转咸为车骑司马。"每月辄更，亦何以异于旬日即变！是故知驱动之为，公私无异也。

　　原刊一九四七年一月十三日天津《民国日报》副刊"史与地"

〔七二〕中正非官

　　《十七史商榷》云："魏陈群始立九品官人之法。《三国志》、《晋书》及《南史》诸列传中，多有为州郡大中正者，盖以他官或老于乡里者充之。掌乡党平论，人才臧否，清议系焉。乃《晋·职官志》中绝不一见，何也?"案《魏书·刑罚志》云："旧制：直阁、直后、直斋，武官队主、队副等，以比视官，至于犯谴，不得除罪。尚书令任城王澄奏：案诸州中正，亦非品令所载，又无禄恤，先朝已来，皆得当刑。直阁等禁直上下，有宿卫之勤，理不应异。灵太后令准中正。"品令不载，又无禄恤，则中正非官也。刘毅云："置州都者，取州里清议，咸所归服，将以镇异同，一言议。"《晋书·刘毅传》。盖于清议之中，择一人为之平骘，乃士大夫之魁首，而非设官分职之一也。

〔七三〕屯田之弊

　　屯田之效，莫著于后汉之末。以是时海内凋敝已甚，野无可掠，即拥兵者亦多“无敌自破”，《魏书》语。见《三国·魏志·武帝纪》建安元年《注》引。故群思致力于此；而又有严明之上以督之，故其效易也。然《三国·魏志·袁涣传》言："拜为沛南部都尉。是时新募民开屯田，民不乐，多逃亡。涣白太祖曰：夫民安土重迁，不可卒变，易以顺行，难以逆动，宜顺其意，乐之者乃取，不欲者勿强。太祖从之，百姓大说。"然则是时之屯田，有强民移徙者矣。安知其非故有业之民哉？盖欲见屯田之功，即不恤废其旧有之业也。苏轼曰："今有人为其主牧牛羊者，不告其主而以一牛易五羊。一牛之失，则隐而不言，五羊之获，则指为劳绩。"盖官之所谓功，如是者多矣。此政事之所以难言，亦考绩之所以不易也。

　　天下之弊，莫大于名实之不副。《吴志·孙权传》黄武五年："陆逊以所在少谷，表令诸将增广农亩。权报曰：甚善。今孤父子亲自受田，车中八牛以为四耦，虽未及古人，亦欲与众均等其劳也。"其重视屯垦，亦可谓至矣。而孙休永安二年诏言："自顷年已来，州郡吏民及诸营兵，多违此业，皆浮船长江，贾作上下，良田渐废，见谷日少。"然则上有务农之诏，下惟商贩之务也。然此犹可言也。乃若魏者,特开屯田之官,专以农桑为业,而诸典农亦各部吏民,末作治生,以要利入,见《魏志·司马芝传》。又何以自解与? 然而末作之利,优于本业旧矣。

〔七四〕晋度田收租之制

《晋书·食货志》：咸和五年，成帝始度百姓田，取十分之一，率亩税米三升。哀帝即位，乃减田租，亩收二升。孝武大元二年，除度田收租之制，王公以下，口税三斛，惟蠲在役之身。八年，又增税米口五石。《文献通考》云：晋制：男子一人授田七十亩。以亩收三升计之，当口税二斛一斗。以亩收二升计之，当口税一斛四斗。今除度田收租之制，而口税二斛增至五石，则赋颇重矣。岂所谓王公以下云者，又非泛泛授田之百姓欤？当考。

案马氏所疑是也。《隋书·食货志》：北齐河清三年定令：京城四面，诸坊之外，三十里内为公田。受公田者，三县代迁内，《通典》作户。执事官一品以下逮于羽林、武贲各有差。其外畿郡，华人官第一品以下羽林、武贲已上各有差。职事及百姓请垦田者，名为受田。《通典》作永业田。奴婢受田者，亲王止三百人，嗣王止二百人，第二品嗣王已下及庶姓王止一百五十人，正三品以上及王宗止一百人，七品已上限止八十人，八品以下至庶人限止六十人。其方百里外及州人：一夫受露田八十亩，妇人四十亩。奴婢依良人，限数与在京百官同。丁牛一头受田六十亩，限止四牛。又每丁给永业二十亩为桑田，其中种桑五十根、榆三根、枣五根，不在还受之限。非此田者，悉入还受之分。土不宜桑者，给麻田如桑田法。然则王畿百里以

内,任土之法,与其外不同。其外有桑田,有露田;其内则皆为永业
也。此制盖沿自后魏。《魏书·食货志》:肃宗孝昌二年税京师田
亩五升,借赁公田者亩一斗。即指此项田亩言之。税五升者,盖其
所谓代来之户;税一斗者,则华人之借赁者也。北朝立法,多规放南
朝。晋世之度田为税,自亦指王公之田言之:云躬在役之身,明其
人本来无役;又云度百姓田者,则其田不能尽为王公所有,平民亦有
借赁者耳。

原刊《中华文史论丛》第一辑,一九八三年二月出版

〔七五〕户调之始

　　户调之式,定自晋武帝。然其事非始于武帝也。《三国·魏志·武帝纪》:建安九年注引《魏书》载公定河北后令曰:其收田租亩四升,户出绢二匹,绵二斤而已,他不得擅兴发。《赵俨传》:俨为朗陵长。时袁绍举兵南侵,遣使招诱豫州诸郡,诸郡多受其命,惟阳安郡不动,而都尉李通急录户调。俨见通曰:方今天下未集,诸郡并叛,怀附者复收其绵绢,小人乐乱,能无遗恨。则户调绵绢之制,魏武帝时久行之矣。

　　案《续汉书·百官志》云:乡置有秩,郡所署。小者,县置啬夫,皆主知民善恶,为役先后;知民贫富,为赋多少;平其差品。《后汉书·明帝纪》:中元二年诏曰:郡县每因征发,轻为奸利,诡责羸弱,先急下贫,其务在均平,无令枉刻。《魏志·曹洪传》注引《魏略》曰:太祖为司空时,以己率下。每岁发调,使本县平资。则民之以訾产定赋久矣。

　　《后汉书·顺帝纪》:永和六年七月,诏假民有资者,户钱一千。《汉书·景帝纪》:后二年,以訾算十以上乃得官,诏减为四。则汉时人民訾产之有无多少,在官皆有记注。《王莽传》:冯茂击句町,赋敛民财,什取五,更遣廉丹等复訾民,取其十四。又天凤六年,一切税天下吏民,訾三十取一。亦见《食货志》。其取之之率,盖即以其记注为据。伍被言秦收大半之赋，《汉书·食货志》亦云，亦谓其取之过于什五耳。汉田租仅三十取一；人民所见为重者，实在口钱及赋役。故贡禹以口钱之重为言；而史称桑弘羊之功，乃在于民不加赋。《汉书·萧望之传》：西羌反，汉遣后将军征之。张敞上书请令诸有罪、非盗受财、杀人及犯法不得赦者入谷八郡赎罪。望之及少府李强难之。敞曰：少府、左冯翊所言，常人之所守耳。昔先帝征四夷，兵行三十余年，百姓犹不加赋，而军用给。今羌虏一隅小夷，跳梁于山谷间，汉但令罪人出财减罪以诛之，其名贤于烦扰良民，横兴赋敛也。足见加赋为害之烈。武帝以民不益赋而天下用饶，赐弘羊爵左庶长，黄金再百斤，其赏诚不虚也。世徒訾弘羊之聚敛；不知若无弘羊，则明季加派之祸，早见于天汉之年，非复绣衣杖斧之所得而平矣。赋之恶在于其取之无艺、无定物、无定数、无定时。明季加派之祸，即如此。"户调绵绢，他不得擅兴发"，则此弊免矣。然则以户调拯横敛之弊，犹以一条鞭济加派之穷也。此亦魏武帝之所以克戡大难矣。

《后汉书·刘平传》云：拜全椒长，政有恩惠，百姓怀感。人或增资就赋，或减年从役。增资就赋说与《续书》"知民贫富，为赋多少"合。云减年从役，则役亦以年为准，与《续书》"知民善恶，为役先后"之说不符。岂汉世于论年以外，又有以善恶定役之法欤？然此法大易上下其手，非良法也。

原刊《中华文史论丛》第一辑，一九八三年二月出版

〔七六〕滂

《南齐书·周颙传》云：建元初，为山阴令。县旧订滂民，以供杂使。颙言于太守闻喜公子良曰：窃见滂民之困，困实极矣。役命有常，只应转竭。蹙迫驱催，莫安其所。险者或窜避山湖，困者自经沟渎，亦有摧臂斫手，苟自残落，贩佣贴子，权赴急难。每至滂使发动，遵赴常促，辄有粗杖被录，稽颡阶垂，泣涕告哀，不知所振。下官未尝不临食罢箸，当书偃笔，为之久之，怆不能已。交事不济，不得不就加捶罚。见此辛酸，时不可过。山阴邦治，事倍余城。然略闻诸县，亦处处皆颙。惟上虞以百户一滂，大为优足。过此列城，不无彫罄。宜应有以普救倒悬，设流开便，则转患为功，得之何远。此滂字似即今之帮字，盖民自合若干人为一帮以应役也。

原刊《中华文史论丛》第一辑，一九八三年二月出版

〔七七〕募兵之利弊

前汉时国威极盛,东京以后,稍以衰替,实由于民兵之废。规复民兵,固为久长之计,然设行之不善,则又有转致骚扰者。杜畿谳卫固曰:"今大发兵,众必扰,不如徐以赀募兵。"是也。《三国·魏志》本传。太祖建安十五年十二月己亥令曰:"遭值董卓之难,兴举义兵。是时合兵能多得耳。"《吴志·孙策传》:"策说(袁)术乞助(吴)景等平定江东。术表策为折冲校尉,行殄寇将军,兵财千余,骑数十匹,宾客愿从者数百人。比至历阳,众五六千。"此募兵易得之效。《袁绍传注》引《九州春秋》言:袁谭在青州,"别使两将募兵下县,有赂者见免,无者见取,贫弱者多,乃至窜伏丘野之中,放兵捕索,如猎鸟兽。邑有万户者,著籍不盈数百。"此名为召募,实同征发,非召募之罪也。《吴志·陆逊传》:嘉禾六年,"中郎将周只乞于鄱阳召募。事下问逊。逊以为此郡民易动难安,不可与召,恐致贼寇。而只固陈取之,郡民吴遽等果作贼杀只,攻没诸县。豫章、庐陵宿恶民,并应遽为寇。"丧乱之世,只虑民之易动耳,不虞其不可得也。募民固非经久之计,然犷悍之民,亦宜有以教之。而其性既习于犷悍,欲化之以善甚难,不得不束之以严。欲束之以严,则莫若束之行伍之中矣。计民之为兵,必二三十年而休之,则年稍长而气稍衰;使在行伍之中,果能束之以纪律,则其性已稍习于良善,固不虑其遣散之后,复为恣睢也。此则行教化于行伍之中,亦非不知礼义之将所能为矣。

招兵固易得矣,然抚之不善,则逃亡亦多。《魏志·卢毓传》言:"时天下草创,多逋逃,故重士亡法,罪及妻子。亡士妻白等,始适夫家数日,未与夫相见,大理奏弃市。"《高柔传》云:"鼓吹宋金等在合肥亡逃。旧法,军征士亡,考竟其妻子。太祖患犹不息,更重其刑。金有母妻及二弟皆给官,主者奏尽杀之。"其酷如此。柔言:"宜贷其妻子,一可使贼中不信,二可使诱其还心。"此理易明,人所共晓,然以魏武帝之明,犹为此法。卢毓诤大理之失,亦不过曰"刑之为可,杀之为重"而已。又柔言:"正如前科,固已绝其意望,而猥复重之,柔恐自今在军之士,见一人亡逃,诛将及己,亦且相随而走,不可复得杀也。"然则不徒亡士诛及妻子,亦且军中又有什伍之诛也;然卒不能止士之逃亡,严刑峻法何益哉?

《高柔传》又云:"护军营士窦礼近出不还。营以为亡,表言逐捕,没其妻盈及男女为官奴婢。盈连至州府,称冤自讼,莫有省者。乃辞诣廷尉。柔问曰:汝何以知夫不亡?盈垂泣对曰:夫少单特,养一老妪为母,事甚恭谨,又哀儿女,抚视不离,非是轻狡不顾室家者也。柔重问曰:汝夫不与人有怨仇乎?对曰:夫良善,与人无仇。又曰:汝夫不与人交钱财乎?对曰:尝出钱与同营士焦子文,求不得。时子文适坐小事系狱,柔乃见子文,问所坐。言次,曰:汝颇曾举人钱不?子文曰:自以单贫,初不敢举人钱物也。柔察子文色动,遂曰:汝昔举窦礼钱,何言不邪?子文怪知事露,应对不次。柔曰:汝已杀礼,便宜早服。子文于是叩头,具首杀礼本末,埋藏处所。柔便遣吏卒,承子文辞往掘礼,即得其尸。"夫恭谨养母,哀抚儿女,良善与人无仇,而斤斤于所出之钱,至于见杀,是则田舍翁耳,此岂为士伍者?而亦隶名护军,则以迫于单特故也。田舍郎犹以迫于处境而为兵,此募兵之所以易;抑兵中亦多此等人,此干戈之所以卒戢欤?

〔七八〕 魏时将帅之骄

　　《三国·魏志·董昭传》：文帝三年，"征东大将军曹休临江在洞浦口，自表：愿将锐卒虎步江南，因敌取资，事必克捷；若其无臣，不须为念。帝恐休便渡江，驿马诏止。时昭侍侧，因曰：今者渡江，人情所难，就休有此志，势不独行，当须诸将。臧霸等既富且贵，无复他望，但欲终其天年，保守禄祚而已，何肯乘危自投死地，以求徼幸？苟霸等不进，休意自沮。臣恐陛下虽有敕渡之诏，犹必沉吟，未便从命也。是后无几，暴风吹贼船，悉诣休等营下，斩首获生，贼遂进散。诏敕诸军促渡。军未时进，贼救船遂至。"案《贾逵传注》引《魏略》言太祖之崩，"太子在邺，鄢陵侯未到，士民颇苦劳役，又有疾病，于是军中骚动。群寮恐天下有变，欲不发丧。逵建议以为不可秘，乃发哀，令内外皆入临，临讫，各安叙不得动。而青州军擅击鼓相引去。众人以为宜禁止之，不从者讨之。逵以为方大丧在殡，嗣王未立，宜因而抚之。乃为作长檄，告所在给其饮食。"《臧霸传》："（孙）权乞降，太祖还，留霸与夏侯惇等屯居巢。文帝即王位，迁镇东将军，进爵武安乡侯，都督青州诸军事。及践阼，进封开阳侯，徙封良成侯。与曹休讨吴贼，征为执金吾，位特进。"《注》引《魏略》曰："建安二十四年，霸遣别军在洛。会太祖崩，霸所部及青州兵，以为天下将乱，皆鸣鼓擅去。文帝即位，以曹休都督青、徐，霸谓休曰：

国家未肯听霸耳！若假霸步骑万人，必能横行江表。休言之于帝，帝疑霸军前擅去，今意壮乃尔，遂东巡，因霸来朝而夺其兵。"然则当时所虑者，曹休之不能制霸，非休之欲渡江也。《魏略》谓休表言霸意，而董昭谓休自欲渡江，失其实矣。《王基传》：明帝时，基上疏曰："昔汉有天下，至孝文时，惟有同姓诸侯，而贾谊忧之曰：置火积薪之下而寝其上，因谓之安也。今寇贼未殄，猛将拥兵，检之则无以应敌，久之则难以遗后，当盛明之世，不务以除患，若子孙不竞，社稷之忧也。使贾谊复起，必深切于曩时矣。"读此知魏时将帅之骄，统一之业之不克早成，良有以也。

将帅之骄也，由于法之不行。诸葛亮所谓"宠之以位，位极则贱，顺之以恩，恩竭则慢"也。《三国志》本传《注》引《蜀记》。《武帝纪》建安八年五月己酉令曰："《司马法》：将军死绥。故赵括之母，乞不坐括。是古之将者，军破于外，而家受罪于内也。自命将征行，但赏功而不罚罪，非国典也。其令诸将出征，败军者抵罪，失利者免官爵。"案《史记·项羽本纪》言：章邯降，"项羽乃立章邯为雍王，置楚军中；使长史欣为上将军，将秦军为前行。秦吏卒多窃言曰：章将军等诈吾属降诸侯，今能入关破秦，大善；即不能，诸侯虏吾属而东，秦必尽诛吾父母妻子。"然则战败受诛者，不独将军也。而将军战败受罪，直至建安八年始行，何其慢哉？岂以所将者多群盗若臧霸之流，不容操之过急欤？

又《武帝纪》："建安七年正月，公军谯，令曰：吾起义兵，为天下除暴乱。旧土人民，死丧略尽，国中终日行，不见所识，使吾凄怆伤怀。其举义兵已来，将士绝无后者，求其亲戚以后之，授土田，官给耕牛，置学师以教之。为存者立庙，使祀其先人，魂而有灵，吾百年之后何恨哉！"十二年二月，"丁酉，令曰：吾起义兵诛暴乱，于今十九年，所征必克，岂吾功哉？乃贤士大夫之力也。天下虽未悉定，吾当要与贤士大夫共定之；而专飨其劳，吾何以安焉！其促定功行封。于是大封功臣二十余人，皆为列侯，其余各以次受封，及复死事之孤，轻重各有差。"《注》引《魏书》载公令曰："昔赵奢、窦婴之为将也，受赐千金，一朝散之，故能济成大功，永世流声。吾读其文，未尝不慕其为人也。与诸将士大夫共从戎事，幸赖贤人不爱其谋，群士不遗其力，是以夷险平乱，而吾得窃大赏，户邑三万。追思窦婴散金之义，今分所受租与诸将掾属及故戍于陈、蔡者，庶以畴答众劳，不擅大惠也。宜差死事之孤，以租谷及之。若年殷用足，租奉毕入，将大与众人悉共飨之。"十四年七月，"辛未，令曰：自顷已来，军数征行，或遇疫气，吏士死亡不归，家室怨旷，百姓流离，而仁者岂乐之哉？不得已也。其令死者家无基业不能自存者，县官勿绝廪，长吏存恤抚循，以称吾意。"夫此三令，可谓至诚恻怛，其于将士之恩，亦不为不厚矣。文帝即王位后，延康元年十月癸卯，下令曰："诸将征伐，士卒死亡者或未收敛，吾甚哀之；其告郡国给櫝椟殡敛，送致其家，官为设祭。"《文帝纪》。亦可谓能肯堂肯构者。《汉书·高帝纪》：四年八月，"汉王下令：军士不幸死者，吏为衣衾棺敛，转送其家，四方归心焉。"则知魏氏之于将士，不为不厚；而将帅之骄如此，治军者贵威克厥爱，信哉！

〔七九〕魏太祖征乌丸

魏武帝之征乌丸也,堑山堙谷五百余里。《本纪》《注》引《曹瞒传》曰:"时寒且旱,二百里无复水,军又乏食,杀马数千匹以为粮,凿地入三十余丈乃得水。"亦可谓危矣。"既还,科问前谏者,皆厚赏之,曰:孤前行,乘危以徼幸,虽得之,天所佐也,故不可以为常。诸君之谏,万安之计,是以相赏,后勿难言之。"是公亦自知其危也。然而必征之者,《夏侯惇传》《注》引《魏书》言:"韩浩迁护军。太祖欲讨柳城,领军史涣以为道远深入,非完计也,欲与浩共谏。浩曰:今兵势强盛,威加四海,战胜攻取,无不如志,不以此时遂除天下之患,将为后忧。"善夫,夷狄最虑令其养成气,毫毛勿拔,将寻斧柯,□□□□①之死,清太祖曾何能为,明不以此特除恶务尽,至其戡尼堪外兰、灭哈达、犯叶赫,而势不易除矣。□□□□□②而乘兵威以"除天下之患",此太祖君臣之志,夫亦可谓神武矣!

---

① 原稿缺字。
② 原稿缺字。

〔八〇〕文臣轻视军人

　　《三国·蜀志·刘巴传注》引《零陵先贤传》曰："张飞尝就巴宿，巴不与语，飞遂忿恚。诸葛亮谓巴曰：张飞虽实武人，敬慕足下。主公今方收合文武，以定大事；足下虽天素高亮，宜少降意也。巴曰：大丈夫处世，当交四海英雄，如何与兵子共语乎？备闻之，怒曰：孤欲定天下，而子初专乱之。其欲还北，假道于此，岂欲成孤事邪？"案《彭羕传》言：羕左迁为江阳太守。"闻当远出，私情不悦，往诣马超。超问羕曰：卿才具秀拔，主公相待至重，谓卿当与孔明、孝直诸人齐足并驱，宁当外授小郡，失人本望乎？羕曰：老革荒悖，何复道邪！"《注》曰："古者以革为兵，故语称兵革，革犹兵也。羕骂备为老革，犹言老兵也。"然则当时士夫视备，亦不足齿数，无怪备谓刘巴特欲假道还北矣。《费诗传》："先主为汉中王，遣诗拜关羽为前将军。羽闻黄忠为后将军，怒曰：大丈夫终不与老兵同列！"是不惟士夫轻军人，即军人亦自相轻也。《吴志·孙坚传注》引《吴录》言：王叡"与坚共击零、桂贼，以坚武官，言颇轻之"。知文臣之轻视武人，由来已久。

〔八一〕追贵人家属胁之出战

《通鉴》：陈宣帝大建八年，周武帝破晋阳，齐主还邺，引诸贵臣，问以御周之策，人人异议，齐主不知所从。是时人情汹惧，莫有斗心，朝士出降，昼夜相属。高励曰："今之叛者，多是贵人，至于卒伍，犹未离心，请追五品已上家属，置之三台，因胁之以战，若不捷，则焚台，此曹顾惜妻子，必当力战，且王师频北，贼徒轻我，今背城一决，理必破之。"齐主不能用。案周、齐兵力本相若，齐之所以亡，特因人心崩溃，不能自固耳。以此胁之，理可一战，惜乎齐主之不能用也。凡兵力本可用，而人心不固者，皆可用此策。

〔八二〕兵无铠甲

　　《三国·吴志·孙和传注》引《吴历》言：吴兴施但聚众万余人，劫和子谦，将至秣陵，欲立之。至九里，为丁固、诸葛靓所破。但兵裸身无铠甲，临陈皆披散。似民间仓卒起兵者，不能备铠甲也。然《诸葛恪传》言东兴之役，留赞等亦解置铠甲，不持矛戟，但兜鍪刀楯，倮身缘遏。时天寒雪，尚且如此。则吴人固有倮身而斗之习。盖吴、越古本倮，汉世虽袭衣冠，战时犹沿旧习也。

〔八三〕魏晋法术之学上

　　汉治自永初而后,纵弛极矣。外戚专权,宦竖窃柄,官方不肃,处士横议,盖自朝宁宫禁学校之中,无一以国事为念者。汉之亡,非降羌黄巾之亡之,实其纲纪不肃,有以自召之也。一时通达治体之士,若王符、仲长统、崔寔等,咸欲以综核名实之治救之,当时莫能行,然三国开创之君臣,实皆用此以致治。

　　《魏志》载建安八年五月己酉太祖令曰:"《司马法》:将军死绥。故赵括之母,乞不坐括。是古之将者,军破于外,而家受罪于内也。自命将征行,但赏功而不罚罪,非国典也。其令诸将出征,败军者抵罪,失利者免官爵。"《注》引《魏书》载庚申令曰:"议者或以军吏虽有功能,德行不足堪任郡国之选,所谓可与适道,未可与权。管仲曰:使贤者食于能则上尊,斗士食于功则卒轻于死,二者设于国则天下治。未闻无能之人,不斗之士,并受禄赏,而可以立功兴国者也。故明君不官无功之臣,不赏不战之士;治平尚德行,有事赏功能。论者之言,一似管窥虎欤!"皆法家之精义也。《荀彧传》载彧论袁、曹成败,及《郭嘉传注》引《傅子》述嘉"绍有十败,公有十胜"之论,大同小异,疑即一说之误传。二者皆谓绍御军宽缓,法令不立,操法令明而赏罚必行。绍任亲戚子弟而好名誉,故多得好言饰外之人;操用人不问远近,赏功无所吝惜,故能得忠正效实之士。绍大臣争权,谗言惑乱；操御下以道，浸润不行。比而观之，亦可见曹公之能任法术矣。

建安十五年令曰："若必廉士而后可用，则齐桓其何以霸世？今天下得无有被褐怀玉而钓于渭滨者乎？又得无盗嫂受金而未遇无知者乎？"十九年令曰："夫有行之士未必能进取，进取之士未必能有行也。陈平岂笃行，苏秦岂守信邪？"二十二年令曰："韩信、陈平负污辱之名，有见笑之耻，卒能成就王业，声著千载。吴起贪将，杀妻自信，散金求官，母死不归，然在魏，秦人不敢东向，在楚则三晋不敢南谋。今天下得无有至德之人放在民间，及果勇不顾，临敌力战；若文俗之吏，高才异质，或堪为将守；负污辱之名，见笑之行，或不仁不孝而有治国用兵之术：其各举所知，勿有所遗。"《三国志注》引《魏书》。顾亭林深加贬斥，谓"经术之治，节义之防，光武、明、章数世为之而未足；毁方败常之俗，孟德一人变之而有余"。实则后汉之世，士好立名，凡争名者必假饰于外，其才固未可用，其德亦不足称。董昭太和之疏，乃东京末世之俗，不徒非魏武所造，并非文帝所为也。《荀彧传注》引《彧别传》，谓其"取士不以一揆，戏志才、郭嘉有负俗之讥，杜畿简傲少文，皆以智策举之"。有负俗之讥无论矣，即简傲少文，亦不利于合徒党，要乡曲之誉。可见魏武君臣，取才皆不尚虚声也。

陈寿评魏祖，谓其"擥申、商之法术，该韩、白之奇策，官方授材，各因其器，矫情任算，不念旧恶"。《注》引《魏书》，亦称其"知人善察，难眩以伪"。可见其诛赏皆守法而不任情。乃又引《曹瞒传》：谓其"持法峻刻，诸将有计画胜出己者，随以法诛之，及故人旧怨，亦皆无余"。此可谓能守法欤？《曹瞒传》又谓"其所刑杀，辄对之垂涕嗟痛之，终无所活"。可见其持法之严。此岂任情诛杀者哉？又曰："尝出军，行经麦中，令士卒无败麦，犯者死。而太祖马腾入麦中，敕主簿议罪；主簿对以《春秋》之义，罚不加于尊，太祖曰：制法而自犯之，何以帅下？然孤为军帅，不可自杀，请自刑。因援剑割发以置地。又有幸姬，尝从昼寝，枕之卧，告之曰：须臾觉我。姬见太祖卧安，未即寤。及自觉，棒杀之。尝讨贼，廪谷不足，私谓主者曰：如何？主者曰：可行小斛以足之。太祖曰：善。后军中言太祖欺众，太祖谓主者曰：特当借君死以厌众，不然，事不解。乃斩之，取首题徇曰：行小斛，盗官谷，斩之军门。其酷虐变诈，皆此类也。"夫罚不加于尊，《春秋》之义，非主簿所能伪造也；军帅不可自杀，亦理势之宜，此而可谓之变诈欤？幸姬不受令，或当诛责，何至棒杀？酷虐如此，岂似持法之人？法贵平，不贵酷也。主廪谷者岂一人，而可先许之而后杀之欤？故知野史之言，失实者多矣。

《马谡传》谓谡下狱物故，诸葛亮为之流涕。《注》引《襄阳记》曰："于时十万之众为之垂涕。亮自临祭，待其遗孤若平生。蒋琬后诣汉中，谓亮曰：昔楚杀得臣，然后文公喜可知也。天下未定，而戮智计之士，岂不惜乎？亮流涕曰：孙武所以能制胜于天下者，用法明也。四海分裂，兵交方始，若复废法，何以讨贼？"此与魏武之垂涕嗟痛，终无所活，可以参观。《亮传》谓亮"庶事精练，物理其本"，《上诸葛氏集表》曰："工械技巧，物究其极。"而《魏志注》引《魏书》，亦谓太祖"造作宫室，缮治器械，无不为之法则，皆尽其意"，又可见其殊方而一揆。《诸葛氏集》，有《计算》、《综核》两篇，《表》曰："其声教遗言，皆经事综物，公诚之心，形于文墨，足以知其人之意理，而有补于当世。"《注》引《袁子》，谓"亮之治蜀，田畴辟，仓廪实，器械利，蓄积饶"。凡能成大业者，未有不勤于细物者也。岂有从容暇豫，而自以为知体者哉？

《季汉辅臣赞注》引《襄阳记》曰："亮尝自校簿书。杨颙谏曰：为治有体，上下不可相侵。今明公躬校簿书，流汗竟日，不亦劳乎？亮谢之。"夫此位分之体，岂亮之所不知？而如是者，危邦之政，固不可以平世之事为例也。

《费诗传》：降人李鸿诣亮曰："间过孟达许，适见王冲从南来，言往者达之去就，明公切齿，欲诛达妻子，赖先主不听耳。达曰：诸葛亮见顾有本末，终不尔也。尽不信冲言。"故知持法平者，虽背遁之人犹信之，岂有释法而任情者乎？《魏志》曰：太祖讨袁谭时，"民亡椎冰，令不得降。顷之，亡民有诣门首者，公谓曰：听汝则违令，杀汝则诛首，归深自藏，毋为吏所获。"则执法自有其人，非废法也。

廖立垂泣，李平致死，何施而得斯于人哉？习凿齿曰："夫水至平而邪者取法，镜至明而丑者亡怒，水镜之所以能穷物而无怨者，以其无私也。水镜无私，犹以免谤，况大人君子怀乐生之心，流矜恕之德，法行于不可不用，刑加乎自犯之罪，爵之而非私，诛之而不怒，天下有不服者乎？诸葛亮于是可谓能用刑矣。自秦、汉以来，未之有也。"《李严传注》引。今案陈寿《上诸葛氏集表》，言"至今梁、益之民，咨述亮者，言犹在耳，虽《甘棠》之咏召公，郑人之歌子产，无以远譬也"。《注》引《袁子》亦曰："行法严而国人悦服，用民尽其力而下不怨。亮死至今数十年，国人歌思，如周人之思召公也。"异口同辞，必非虚语矣。陈寿又曰："刑政虽峻而无怨者，以其用心平而劝戒明也。"夫劝戒在先，而后以刑诛其不顺者于后，则非不教而诛者矣。此习凿齿所谓"怀乐生之心，流矜恕之德"者欤？故知义以断事者，未有不以仁心为其质者也。

张裔之称诸葛曰："赏不遗远，罚不阿近，爵不可以无功取，刑不可以贵势免，此贤愚之所以佥忘其身者也。"《张裔传》。法不以远近贵贱而异，所谓平也。陈寿之称诸葛氏曰："吏不容奸，人怀自厉，道不拾遗，强不陵弱。"此又其不遗乎远之效也。袁子言亮军之能斗也，曰："蜀人轻脱，亮故坚用之。"两汉之世，民风以蜀为最弱，读司马相如《谕巴蜀檄》可知。而亮能以之为强，其道何由？则"法令明，赏罚信,士卒用命,赴险不顾"而已。谁谓治戎与理民,有二道哉?

《吴志·陆逊传》:上疏陈时事曰:"科法严峻,下犯者多。顷年以来,将吏罹罪,虽不慎可责,然天下未一,当图进取,小宜恩贷,以安下情。且世务日兴,良能为先,自非奸秽入身,难忍之过,乞复显用,展其力效。峻法严刑,非帝王之隆业;有罚无恕,非怀远之宏规也。"是吴大帝之用法,颇失之严,不如诸葛之平恕矣。《魏志》:建安九年九月令曰:"河北罹袁氏之难,其令毋出今年租赋。"重豪强兼并之法,百姓喜悦。《注》引《魏书》载曹公令曰:"有国有家者,不患寡而患不均,不患贫而患不安。袁氏之治也,使豪强擅恣,亲戚兼并;下民贫弱,代出租赋,衒鬻家财,不足应命;审配宗族,至乃藏匿罪人,为逋逃主;欲望百姓亲附,甲兵强盛,岂可得邪? 其收田租亩四升,户出绢二匹、绵二斤而已,他不得擅兴发。郡国守相明检察之。无令强民有所隐藏,而弱民兼赋也。"是魏武用法,颇能下逮于民,非徒督责官吏而已。其能国富兵强,岂不以此欤?

《蜀志·吕乂传》:"累迁广汉、蜀郡太守。蜀郡一都之会,户口众多,又亮卒之后,士伍亡命,更相重冒,奸巧非一。乂到官,为之防禁,开喻劝导,数年之中,漏脱自出者万余口。"以诸葛亮立法之备,用法之严,而身没之后,奸巧遂作。人存政举,人亡政息,岂不然哉?

原刊《光华大学半月刊》第四卷第一期,

一九三五年十月十日出版

〔八四〕魏晋法术之学中

　　三国承季汉纵恣之后，督责之术，乃时势所需，非魏武、孔明等一二人故为严峻也。故其时薄有才略之君，皆能留意于此。《魏志·明帝纪注》引《魏书》，称其"料简功能，真伪不得相贸，务绝浮华谮毁之端"，"性特强识，虽左右小臣官簿性行，名迹所履，及其父兄子弟，一经耳目，终不遗忘。案此由其留意于督察，非必天性强识也。含垢藏疾，容受直言。听受吏民士庶上书，一月之中至数十百封，虽文辞鄙陋，犹览省究竟，意无厌倦"。孙盛亦称其"政自己出，而优礼大臣，开容善直，虽犯颜极谏，无所摧戮"。此盖兼听并观之术。《魏书》又称其"特留意于法理"，其操术盖有由来矣。

　　然明帝非真能用法之人也。法家之术，如鉴空衡平，首贵绝去私意。所恶于私意者，非徒不可以治人，亦且不足以修己。抑修己治人，理无二致；不能修己，而欲袭取于莅朝行法之时，吾知其不可得矣。明帝虽隆法术，而多秕政；临终顾托，又不得其人，卒使"当涂"之运，移于"典午"，有以也哉！观其侈于宫室弋猎，而拒辛毗、杨阜、高堂隆之谏，则知其不能自克矣。《世语》曰："帝与朝士素不接，即位之后，群下想闻风采。居数日，独见侍中刘晔，语尽日。众人侧听。晔既出，问何如？晔曰：秦始皇、汉孝武之俦，才具微不及耳。"《三国·魏志·明帝纪注》引。夫秦皇、汉武固亦好任法术，而不能抑其佟欲者也。晔之言,何其婉而彰欤?

不能绝去私意,则易致昵近小人。《魏略》秦朗、孔桂,俱列佞幸。鱼豢怪武皇之慎赏,明皇之持法,而犹有此等人,《三国·魏志·明帝纪注》。抑知其不足怪也。《杨阜传》:"阜又上疏欲省宫人诸不见幸者,乃召御府吏问后宫人数。吏守旧令,对曰:禁密,不得宣露。阜怒,杖吏一百,数之曰:国家不与九卿为密,反与小吏为密乎?"令真不得宣露,阜岂得任怒杖吏?则知吏云不得宣露,非令意也。明帝使吏不得宣露,非能密,实坏法矣。夫其任秦朗,则亦犹是耳。《魏略》曰:明帝授朗内官,为骁骑将军、给事中,每车驾出入,朗常随从。时明帝喜发举,数有以轻微而致大辟者,朗终不能有所谏止,又未尝进一善人,帝亦以是亲爱,每顾问之。《三国·魏志·明帝纪注》引。夫安知明帝之所发举,非阴得之若朗辈者乎?与内官事发举,而加轻罪以重辟,岂法也哉?即谓不然,而惟顺适意旨者是爱,其可谓善治心乎?以是临下,欲其如鉴空衡平,其可得乎?不能治心,安能持法?故曰明帝非真能用法者也。

《蜀志·先主纪注》引《诸葛亮集》载先主遗诏敕后主曰:"可读《汉书》、《礼记》,闲暇历观诸子及《六韬》、《商君书》,益人意智。闻丞相为写《申》、《韩》、《管子》、《六韬》一通已毕,未送,道亡,可自更求闻达。"则先主亦尚法术矣。盖时势使然,久历艰难者,皆知之也。又可见孔明、魏武之用法,皆时势所需,非徒好尚所在矣。

《诸葛亮传注》引《蜀记》,载郭冲条亮五事。其一曰:亮刑法峻急。法正谏曰:"昔高祖入关,约法三章,秦民知德,今君假借威力,跨据一州,初有其国,未垂惠抚;且客主之义,宜相降下,愿缓刑弛禁,以慰其望。"亮答曰:"君知其一,未知其二。秦以无道,政苛民怨,匹夫大呼,天下土崩,高祖因之,可以弘济。刘璋暗弱,自焉以来有累世之恩,文法羁縻,互相承奉,德政不举,威刑不肃。蜀土人士,专权自恣,君臣之道,渐以陵替;宠之以位,位极则贱;顺之以恩,恩竭则慢;所以致弊,实由于此。吾今威之以法,法行则知恩;限之以爵,爵加则知荣;荣恩并济,上下有节。为治之要,于斯而著。"诸葛之所以任法,此其自道也。先主之专任之,殆亦以君臣同好,而又同鉴于时势,知非是不足以致治欤?裴松之难冲曰:"法正在刘主前死,今称法正谏,则刘主在也。诸葛职为股肱,事归元首;刘主之世,亮又未领益州,庆赏刑政,不出于己。寻冲所述亮答,专自有其能,有违人臣自处之宜。以亮谦顺之体,殆必不然。"夫安知先主之庆赏刑政,不皆咨于亮而后行乎?且善则归君,过则归己,人方怨咨,安得委其事于君上也?《法正传》谓成都既服,以正为蜀郡太守、扬武将军,外统都畿,内为谋主。一飧之德,睚眦之怨,无不报复。擅杀毁伤己者数人。或谓诸葛亮曰:"法正于蜀郡太纵横,将军宜启主公,抑其威福。"此治民虽由法正,而督察群僚,诸葛实参禁密之证。安得谓庆赏刑政,不由于亮乎?然亮以先主雅爱信正,卒未能启而裁之。则知先主虽好《六韬》、《商君书》,而持法有不能尽平者矣。此诸葛之所以不可及欤?

《魏志·袁涣传注》引《魏书》曰:"谷熟长吕岐善朱渊、袁津,遣使行学还,召用之,与相见,出,署渊师友祭酒,津决疑祭酒。渊等因各归家,不受署。岐大怒,将吏民收渊等,皆杖杀之,议者多非焉。涣教勿劾,主簿孙徽等以为渊等罪不足死;长吏无专杀之义;孔子称唯器与名,不可以假人,谓之师友而加大戮,刑名相伐,不可以训。涣教曰:主簿以不请为罪,此则然矣。谓渊等罪不足死,则非也。夫师友之名,古今有之。然有君之师友,有士大夫之师友。夫君置师友之官者,所以敬其臣也;有罪加于刑焉,国之法也。今不论其罪,而谓之戮师友,斯失之矣。主簿取弟子戮师之名,而加君诛臣之实,非其类也。夫圣哲之治,观时而动,故不必循常,将有权也。间者世乱，民陵其上，虽务尊君卑臣，犹或未也，而反长世之过，不亦谬乎？遂不劾。"此事与诸葛亮答法正之语，可以参观。

《吴志·张纮传》：临困，授子靖留笺曰："自古有国有家者，咸欲修德政以比隆盛世，至于其治，多不馨香。非无忠臣贤佐，闇于治体也，由主不胜其情，弗能用耳。夫人情惮难而趋易，好同而恶异，与治道相反。《传》曰：从善如登，从恶如崩。言善之难也。人君承奕世之基，据自然之势，操八柄之威，甘易同之欢，无假取于人；而忠臣挟难进之术，吐逆耳之言，其不合也，不亦宜乎？虽则有衅，巧辩缘间。眩于小忠，恋于恩爱，贤愚杂错，长幼失叙，其所由来，情乱之也。故明君悟之，求贤如饥渴，受谏而不厌，抑情损欲，以义割恩，上无偏谬之授，下无希冀之望。宜加三思，含垢藏疾，以成仁覆之大。"其言皆法家精义。又南阳谢景，善刘廙先刑后礼之论，见《陆逊传》。则江东亦不乏法术之士矣。

原刊《光华大学半月刊》第四卷第一期，
一九三五年十月十日出版

〔八五〕魏晋法术之学下

正始以后魏政之不纲，则督责之术之不行也。盖有远大之志者，必济之以综核之才；不则举措陵乱，务名而不务实，鲜不未获其利，反受其害者。《魏志·曹爽传》谓何晏、邓飏、李胜、丁谧、毕轨，咸有声名，进趣于时，明帝以其浮华，皆黜之；及爽秉政，乃复进叙，任为腹心。此爽之所以败也。所谓浮华者，《刘廙传》《注》引《廙别传》载廙戒弟伟之辞曰："世之交者，不审择人，务合党众，违先圣人交友之义，非厚己辅仁之谓也。吾观魏讽，不修德行，而专以鸠合为务，华而不实，此直撹世沽名者也。卿其慎之，勿复与通。"华而不实，即浮华之谓，仍是汉末奔竞之习耳。此等专务鸠合之徒，亦非绝无有志之士；然志大而才疏，既不能胜其沽名徼利之私，又不能革其酖毒晏安之习，以是而当大任，其不折足覆𫗧者，盖亦鲜矣。《刘劭传》：景初中，受诏作《都官考课》，成七十二条，又作《说略》一篇。劭所为《人物志》，尚存于今，论官人之法极精，明帝令作《都官考课》，可谓得人。而以帝崩，遂不施行，则景初之遗规，爽等有不克负荷者矣。嗟乎！当明帝顾命之年，司马氏权虽已起，谓其有取魏氏而代之之心，未必然也。其所以深谋秘策，必覆爽等而后快者，非徒徼利，盖亦以避祸。而其惕于及祸，则爽等之务立朋党，揽威权，有以激之使然也。乡使明帝之终，得一综核名实之相，以受顾命，崇恸愊，黜浮华，赏罚以功罪，而不以好恶，庶政既肃，人心大和，司马氏虽怀不轨之心，宁敢称兵以逞？抑亦谁与为徒哉？然则浮华之召祸诚烈矣。

司马氏虽覆曹爽而代之，然于浮华之风，则初未能革易。晋代清谈之习，实沿正始之流而扬其波者也。而正始之浮华，则又沿于东汉之奔竞。魏武、明帝，虽欲以综核之治救之，卒不能胜，是知变俗之难也。清季，曾国藩尝作《原才》之篇，慨然于风俗之厚薄，始于一二人心之所乡。其出而任事也，凛坚贞之操，任诚朴之人，亦可谓不为风气所移，而能以转移风气自任者矣。然一传而为李鸿章，已尚权数而疏综核；鸿章所激赏者，袁世凯，岑春煊，则弥任权谲，好大言，不徒不能任用敦朴之人，且颇奖进浮华之士矣。此与魏武、明帝，仅收综核之效于一时，而卒不能绝汉末倾危之俗，事颇相类，君子是以知变俗之难也。

然自泰始以降，知综核名实，为当世之急务者，亦未尝无其人，特莫之能行耳。何曾尝质阮籍曰："今忠贤执政，综核名实，若卿之曹，不可长也。"《晋书·何曾传》。曾为人不足取，然当泰始宴游之时，即能预烛永嘉丧乱之祸，其深识不可及也。"不闻经国远图，惟说平生常事"，亦何大过，而知难诒厥孙谋？正以惰气乘之，则不复能留心军国。精神之运，既有所不加；名实之间，将有所不察耳。熊远之疏曰："选官用人，不料实德，惟在白望，不求才干，乡举道废，请托交行。有德而无力者退，修望而有助者进；称职以违俗见讥，虚资以从容见贵。是故公正道亏，私涂日开；强弱相陵，冤枉不理。遂使世人削方为圆，挠直为曲。不明其黜陟，以审能否，俗未可得而变也。"《晋书·熊远传》。陈頵与王导书曰："中华所以倾弊，四海所以土崩者，正以取才失所，先白望而后实事，浮竞驱驰，互相贡荐，言重者先显，言轻者后叙，遂相波荡，乃至陵迟。"《晋书·陈頵传》。然则东晋之不纲,仍由督责之术不行,浮华之风未息耳。王衍诣羊祜陈事,辞甚俊辩,而祜谓败俗伤化必此人。陶侃诸参佐,或以谈戏废事,侃命取其酒器蒲博之具,悉投之江,吏将则加鞭扑。曰:"樗蒲者,牧猪奴戏耳。老庄浮华,非先王之法言,不可行也。君子当正其衣冠,摄其威仪,何有乱头养望,自谓宏达邪?"卞壸干实当官,以褒贬为己任。阮孚每谓之曰:"卿恒无闲泰,常如含瓦石,不亦劳乎?"壸曰:"诸君以道德恢弘,风流相尚,执鄙吝者,非壸而谁?"时贵游子弟,多慕王澄、谢鲲为达。壸厉色于朝曰:"悖礼伤教,罪莫斯甚。中朝倾覆,实由于此。"欲奏推之,王导、庾亮不从,乃止。《晋书·卞壸传》。此任职之吏,不以浮华放达为然者也。王坦之颇尚刑名学,而著《废庄论》;李充幼好刑名之学,而作《学箴》;此学问之士,不以浮华放达为然者也。夫挥麈谈玄,亦何伤于家国。所恶于清谈之士者,正以其外清高而内贪鄙,既不事事,而又恋权势不肯去,求富贵若不及耳。王徽之为桓温参军,蓬首散带,不综府事。又为桓冲骑兵参军,冲问:"卿署何曹?"对曰:"似是马曹。"又问:"管几马?"曰:"不知马,何由知数?"又问:"马比死多少?"曰:"未知生,焉知死?"《晋书·王徽之传》。此等人能见用于魏武,见容于诸葛乎? 而以桓温之枭雄犹容之;王导、庾亮皆良相,而犹尼卞壸之奏推贵游;则知俗之既成,虽贤者不易自拔矣。山涛尝荐阮咸典选,武帝以其耽酒浮虚,遂不用;卞壸为诸名士所少,而明帝深契之;又《阮孚传》,谓元帝用申韩以救世;则两晋之君,亦未尝不知法术之可任。然元帝终不能如孚之徒;阮放侍明帝东宫,常说老庄,不及军国,明帝又雅友爱之;则所谓善善而不能用,恶恶而不能去者矣,此中原所由不复欤!

原刊《光华大学半月刊》第四卷第一期,

一九三五年十月十日出版

〔八六〕江左阴阳术数之学式微

《南史·宋本纪》：明帝泰始六年，立总明观，征学士以充之，置东观祭酒访举各一人，举士二十人，分为儒、道、文、史、阴阳五部学，言阴阳者遂无其人。《刘瓛传》瓛讲月令毕，谓学生严植之曰："江左以来，阴阳律数之学废矣，吾今讲此，曾不得其仿佛。"盖自正始以后，俗尚玄谈，皆重理而轻数也。《吴明彻传》云："明彻亦微涉书史经传，就汝南周弘正学天文、孤虚、遁甲，略通其术，颇以英雄自许，武帝亦深奇之。"此则术数之家，欲借其术以应用者，非儒者明理之学也。

〔八七〕贼杀郡将、郡不得举孝廉

《晋书·孔愉传》：愉从兄子坦迁尚书郎。"时台郎初到，普加策试，(元)帝手策问曰：吴兴徐馥为贼，杀郡将，郡今应举孝廉否？坦对曰：四罪不相及，殛鲧而兴禹。徐馥为逆，何妨一郡之贤？又问：奸臣贼子弑君，污宫潴宅，莫大之恶也。乡旧废四科之选，今何所依？坦曰：季平子逐鲁昭公，岂可废仲尼也？竟不能屈。"此言"乡旧废四科之选"，则其所由来者旧矣。此自今日观之为不可解。古者一统未及，则叛者非以其身而以其群，民情如是，故国法亦随之而不同也。《魏书·张白泽传》：太和初，怀州民伊祁苟初三十余人谋反，将杀刺史，文明太后欲尽诛一城之民。亦是此等见解。

章太炎《五朝法律索隐》曰："《通典·刑制》中，刘秀之为尚书右仆射，请改定制令，疑部人杀长吏科，议者谓直赦宜加徙送。秀之以为：律文虽不明部人杀长官之旨，若直赦但止徙送，便与悠悠杀人曾无一异。人敬官长，比之父母，行害之身，虽遇赦，宜付尚方，穷其天命，家口令补兵。从之。据此，是魏、晋相承之律，部民杀长吏者，亦同凡论。盖法律者，左以庇民，右以持国。国之所以立者，在其秩分；秩分在其官府，不在其任持官府者。故谋反与攻盗库兵，自昔皆深其罪。及夫私人相杀，虽部民长吏何择焉？秀之以官长比父母，荐绅自卫者为此言，无所依据。汉世孝廉曹吏，为其州郡将持服，率

比父母三年，是由近承封建，民心隆于感恩，顾法律未尝制是。其部
民杀长吏者，汉律亦不见有殊科也。"然则贼杀郡将而废四科之选，
当亦谓叛乱，非止贼其身也。

原刊一九四七年天津《民国日报》副刊"史与地"

〔八八〕古今所无何八议之有①

刑贵乎平。有八议,已非荡荡平平之道矣。乃有明知其为八议所不如而犹曲法宥之者。《晋书·羊曼传》:弟聃,迁庐陵太守,刚克粗暴,恃国戚,纵恣尤甚,睚眦之嫌,辄加刑杀。疑郡人简良等为贼,杀二百余人,诛及婴孩,所髡锁复百余。庾亮执之,归于京都。有司奏聃罪当死,以景献皇后是其祖姑,应八议。成帝诏曰:"此事古今所无,何八议之有?"然琅邪太妃,聃之甥,入殿叩头请命;王导又以为言,卒仅除名而已。可谓曲法失刑矣。

隋秦王俊镇并州,以奢纵免。杨素进谏,文帝曰:"我是五儿之父,若如公意,何不别制天子儿律?"后蜀王秀镇蜀,有罪征还,帝曰:"顷者秦王糜费财物,我以父道训之;今秀蠹害生民,当以君道绳之。"于是付执法者。何其言之廓然大公也! 人之度量相越,岂不远哉!

原刊一九四七年上海《益世报》副刊"史苑"第三十四期

---

① 曾改题为《曲法失刑》。

〔八九〕父母杀子同凡论

　　章太炎作《五朝法律索隐》,深美魏、晋、宋、齐、梁之法恢卓乐易,其所举者有四端:一曰重生命,二曰恤无告,三曰平吏民,四曰抑富人。重生命之法有二,其一曰父母杀子同凡论。说曰:"《南史·徐羡之传》:义熙十四年,军人朱兴妻周生子道扶,年三岁,先得痫病。周因其病发,掘地生埋之,为道扶姑双女所告,周弃市。羡之议曰:自然之爱,豺狼犹仁,周之凶忍,宜加显戮。臣以为法律之外,尚弘通理。母之即刑,由子明法,为子之道,焉有自容之地? 愚谓可特申之遐裔。从之。据此,是晋律父母杀子,并附死刑。上观汉法,《白虎通德论》亦同斯说。羡之不学,特议宥恕。夫子既生埋,长冥不视,而云焉有自容之地,宁当与朽骨论孝慈邪? 借如其议,翁奸子妇者,律亦殊死,复甚为其子求自容之地乎? 然羡之议虽暂行一时,不著为令。近世父母杀子者,皆从轻比,南朝固无此律。后魏法:诸祖父父母忿怒以兵刃杀子孙者五岁刑,殴杀及爱憎而故杀者减一等。是知鲜卑乱制,至今为梗,甚乎始造桐人以葬者!"

　　案《宋书·宗室传》:临川王义庆为丹阳尹。民黄初妻赵杀子妇遇赦,应徙送避孙仇,义庆议以为"亲戚为戮,骨肉相残,故道乖常,宪纪无定。当求之法外,裁以人情,且礼有过失之宥,律无仇祖之文。况赵之纵暴,本由于酒,论心即实,事尽荒耄。岂得以荒耄之王母，等行路之深仇？臣谓此孙，忍愧衔悲，不违子义，共天同域，无亏孝道"。兼采《南史》之文。如所言，是母为王母所杀者，当时律家，固谓孙得剚刀于王母也。王母者一家之私尊，禁杀者阖群之公义；阖群之公义，固不以一家之私尊废矣。既曰宪纪无定，当求之法外，而又曰律无仇祖之文，然则律有许杀子之文乎？

又案《宋书·孔季恭传》：季恭弟子渊之，"大明中为尚书比部郎。时安陆应城县民张江陵，与妻吴共骂母黄令死，黄忿恨自经死，值赦。律文：子贼杀伤殴父母，枭首；骂詈，弃市；谋杀夫之父母，亦弃市。值赦，免刑补冶。江陵骂母，母以之自裁，重于伤殴。若同杀科，则疑重，用殴伤及骂科，则疑轻。制惟有打母遇赦犹枭首，无骂母致死值赦之科。渊之议曰：夫题里逆心，而仁者不入，名且恶之，况于人事？故殴伤咒诅，法所不原，詈之致尽，则理无可宥。江陵虽值赦恩，故合枭首。妇本以义，爱非天属，黄之所恨，情不在吴，原死补冶，有允正法。诏如渊之议，吴免弃市。"是则妇之于姑，其恩本杀于子之于母，即谓父母杀子可从轻者，杀子妇亦不得援以为例也。斯义明，恶姑之杀妇者，庶可知所戒矣。

又案《宋书·何承天传》："有尹嘉者，家贫，母熊，自以身贴钱，为嘉偿责。坐不孝当死。承天议曰：被府宣令，普议尹嘉大辟事，称法吏葛滕签：母告子不孝，欲杀者许之；法云谓违犯教令，敬恭有亏，父母欲杀，皆许之。嘉虽亏犯教义，而熊无请杀之辞。熊求所以生之而今杀之，非随所求之谓。滕签法文，为非其条。"案父母欲杀则许，非谓顺其爱憎，必其本有可杀之罪者。然此究非重人命之道。《汉书·田儋传》："儋阳为缚其奴，从少年之廷，欲谒杀奴。"《注》引服虔曰："古杀奴婢皆当告官。"盖始也专杀自由，后则当告之官而得其许可耳。古者臣子一例，是以父母亦得告之官而杀其子也。既告之官，必不致不论有罪无罪而皆许之矣。然此究非重人命之道也。

　　弑父弑君，固为大恶，然诛亦当止其身。《魏书·邢峦传》："雁门人有害母者，八坐奏镮之而潴其室，宥其二子。虬_{峦叔祖祐之从子。}驳奏云：君亲无将，将而必诛。今谋逆者戮及期亲，害亲者今不及子。既逆甚枭镜，禽兽之不若，而使禋祀不绝，遗育永传，非所以劝忠孝之道，存三纲之义。若圣教含容，不加孥戮，使父子罪不相及，恶止于其身，不则宜投之四裔，敕所在不听妃匹。《盘庚》言无令易种于新邑，汉法五月食枭羹，皆欲绝其类也。奏入，世宗从之。"此则淫刑也已矣。

　　原刊一九四七年天津《民国日报》副刊"史与地"第二十一期

〔九〇〕诸署共咒诅

少时闻父老言,清高宗问其相曰:"卿早朝何食而来?"对曰:"臣食少,食鸡卵两枚耳。"高宗怫然曰:"鸡卵一枚,直银二两。卿自言清贫,何乃日朝食能费银四两也?"对曰:"人间物价,不如天上之贵;鸡卵一枚,乃钱二文耳。"高宗太息曰:"然则朕之一食,乃平民千人之食矣。"此自齐东野人之言,然清世内务府之臧秽,则亦人之所知也。《南史·王悦之传》:悦之以宋明帝泰始中,掌检校御府太官太医诸署。"时承奢忕之后,奸窃者众,悦之按覆无所避,得奸巧甚多。于是众署共咒诅。悦之病甚,恒见两乌衣人捶之。及卒,上乃收典掌者十许人,桎梏之,送淮阴,密令渡瓜步江,投之中流。"此说不知信否。如其信,宋明为淫刑矣。然咒诅虽不足以杀人,因奸巧见发而咒诅人,则亦有取死之道也。

原刊天津《民国日报》副刊"史与地"第三十五期

〔九一〕吉翰杀典签①

《宋书·吉翰传》：为徐州刺史，"时有死罪囚，典签意欲活之，因翰八关斋呈其事。翰省讫，语今且去，明可便呈。明旦，典签不敢复入，呼之乃来。取昨所呈事视讫，谓之曰：卿意当欲宥此囚死命，昨于斋坐见其事，亦有心活之，但此囚罪重，不可全贷，既欲加恩，卿便当代任其罪。因命左右收典签，付狱杀之，原此囚生命。"此囚盖本有可原，典签盖本有当杀之罪，翰特借此收之耳。曰"不可全贷"，则业已贷其死。是当翰收典签时，尚未云欲杀之，既付狱之后，乃发其他罪，附之死比耳。当时典签，原多非佳士也。史家辞不明白，一若意存乞请，便可致之死地者，则为淫刑以逞矣，曾是循吏而如是乎？《南史》翰入《循吏传》。

原刊天津《民国日报》副刊"史与地"第三十五期

---

① 原题《吉翰》。

〔九二〕 为法急于黎庶缓于权贵①

　　吾尝言专制之世，政治之术，两言而已：曰严以察吏，宽以驭民。以梁武帝之学问，超越古今，又能勤于治理，而卒之身死贼手，为天下笑，岂有他哉？违此两言而已。《隋书·刑法志》云："（梁）武帝敦睦九族，优借朝士，有犯罪者，皆讽群下屈法申之。百姓有罪，皆案之以法，其缘坐则老幼不免，一人亡逃，则举家质作。人既穷急，奸宄益深。后帝亲谒南郊，秣陵老人遮帝曰：陛下为法，急于黎庶，缓于权贵，非长久之术；诚能反是，天下幸甚。帝于是思有以宽之。旧狱法：夫有罪，逮妻子，子有罪，逮父母。十一年_{天监}正月壬辰，乃下诏曰：自今捕谪之家，及罪应质作，若年有老小者，可停将送。十四年，又除黥面之刑。"此其所更者法而已，徒法不能以自行。《志》又云："帝锐意儒雅，疏简刑法，自公卿大臣，咸不以鞫狱留意。奸吏招权，巧文弄法，货贿成市，多致枉滥，大率二岁刑已上，岁至五千人。"又云："是时王侯子弟皆长，而骄蹇不法。武帝年老，厌于万机，又专精佛戒，每断重罪，则终日弗怿。尝游南苑，临川王宏伏人于桥下，将欲为逆。事觉，有司请诛之。帝但泣而让曰：我人才十倍于尔，处此恒怀战惧，尔何为者？我岂不能行周公之事，念汝

---

　　① 曾改题为《梁武帝宽刑法》。

愚故也。免所居官，顷之，还复本职。由是王侯骄横转甚，或白日杀人于都街。劫贼亡命，咸于王家自匿，薄暮尘起，则剥掠行路，谓之打稽。武帝深知其弊，而难于诛讨。"然则帝之所谓宽之者，竟何益也？与其思宽于黎庶，不如加严于权贵矣。

原刊一九四七年上海《益世报》副刊"史苑"第三十三期

〔九三〕流罪敕赐外国^①

《礼记》说流放之刑曰："屏诸四夷，不与同中国。"此古国小故
然。若后世则方制万里，虽在国内亦且必有道里矣。《南史·周弘
正传》："为平西邵陵王府谘议参军，有罪应流徙，敕以赐干陁利国。
未去，寄系尚方。于狱上武帝《讲武诗》，降敕原罪，仍复本位。"一怒
而弃诸绝域，又以一言而原之，可见梁武政刑之缪。

---

① 曾改题为《梁武帝政刑之缪》。

〔九四〕梁元帝杀刘之遴

《南史·梁元帝纪》云:"性好矫饰,多猜忌,于名无所假人,微有胜己者,必加毁害。帝姑义兴昭长公主子王铨,兄弟八、九人,有盛名,帝妒害其美,遂改宠姬王氏兄珩名琳,以同其父名。忌刘之遴学,使人鸩之,如此者甚众,虽骨肉亦遍被其祸。"《之遴传》言:"之遴避难还乡,湘东王绎尝疾其才学,闻其西上至夏口,乃密送药杀之,不欲使人知之,乃自制志铭,厚其赗赠。"元帝之猜忌固矣,然谓之遴为其所杀,恐或所谓语增,何者?之遴乃一学人,颇好佛法,与世无争,不容为元帝所忌,若谓忌其才名学问,则世之有才名学问者多矣,可得而尽杀乎?虽甚猜忌,无是理也。盖世自有一种议论,谓人以争名而相杀,之遴死因暧昧,遂以是附会之,此正如谓隋炀帝杀薛道衡耳。之遴即果为元帝所杀,其故亦不可知也。至谓忌姑子盛名,而改宠姬兄名,以同其父名,则更可笑矣,此岂足以败其名邪?

〔九五〕御史不宜司审理

朝廷设纠察之官,宜也。然事权各有攸归,既司纠察,即不宜再令其审理,此司法独立之宗旨也。《魏书·高崇传》:子道穆,庄帝时为御史中尉,上疏曰:"高祖太和之初,置廷尉司直,论刑辟是非,虽事非古始,交济时要。窃见御史出使,悉受风闻,虽时获罪人,亦不无枉滥。何者?得尧之罚,不能不怨。守令为政,容有爱憎,奸猾之徒,恒思报恶,多有妄造无名,共相诬谤。御史一经检究,耻于不成,杖木之下,以虚为实,无罪不能自雪者,岂可胜道哉!如臣鄙见,请依太和故事,还置司直十人,名隶廷尉,秩以五品;选历官有称、心平性正者为之。御史若出纠劾,即移廷尉,令知人数。廷尉遣司直与御史俱发,所到州郡,分居别馆。御史检了,移付司直覆问,事讫与御史俱还。中尉弹闻,廷尉科按,一如旧式。庶使狱成罪定,无复稽宽;为恶取败,不得称枉。若御史、司直纠劾失实,悉依所断狱罪之,听以所检,迭相纠发。如二使阿曲,有不尽理,听罪家诣门下通诉,别加按检。"诏从之,复置司直。此疏所论,可谓深切著明。其所规画,亦颇周密。而自唐以后,乃竟于台中置狱,听受辞讼,后遂日侵审理之权,何哉?

原刊一九四七年上海《益世报》副刊"史苑"第三十四期

〔九六〕治都邑之道

　　《南史·王俭传》：齐太祖以都下舛杂，且多奸盗，欲立符伍，以相检括，俭谏曰："京师翼翼，四方是凑，必也持符，于事既烦，理成不旷，谢安所谓不尔何以为京师。"乃止。以不检括示广大，实非为治之道。俭所以不欲为符伍者，盖亦虑奉行之吏借此扰民耳。

　　治都邑之道，能改变社会之组织，以立治化之基，上也。此义也，汉之翼奉等尚能言之。魏晋而后，无敢言之，亦无能言之者矣。任明察之吏，以诛锄强梗而安细民，其次也；坐视强梗而莫之惩，斯为下矣；妄纵逻辑以扰下民，则尤不足齿数矣。《魏书·刑罚志》：高宗太安四年，始设酒禁。是时年谷屡登，士民多因酒致酗讼，或议主政，帝恶其若此，故一切禁之。酿、酤、饮皆斩之，吉凶宾亲则开禁，有日程，增置内外候官，伺察诸曹，外部州镇，至有微服杂乱于府寺间，以求百官疵失，其所穷治，有司苦加讯测，而多相诬逮，辄劾以不敬，诸司官赃二丈皆斩。《官氏志》谓太祖制定官号，以伺察为候官，谓之白鹭，取其延颈远望，则其所由来已久，此时特加厉焉耳，百官为所困扰，何况细民。此明代厂、卫之伦，又非孙、刘校事之比矣。高祖太和三年，下诏曰："治因政宽，弊由网密，今候职千数，奸巧弄威，重罪受赇不列，细过吹毛而举，其一切罢之。"于是更置谨直者数百人，以防喧斗于街衢，吏民安其职业。此则今警察之职而已。

　　警察之职,所重者亦在摧锄豪桀,防喧斗于街衢,抑其小焉者也。《魏书·甄琛传》:琛迁河南尹,表曰:"国家居代,患多盗窃,世祖太武皇帝,亲自发愤,广置主司里宰,皆以下代令长及五等散男有经略者为之,又多置吏士,为其羽翼,崇而重之,始得禁止。迁都已来,天下转广,四远赴会,事过代都,方代杂沓,难可备简,寇盗公行,劫害不绝,此由诸坊浑杂,厘比不精,主司暗弱,不堪检察故也。凡使人攻坚木者,必为之择良器,今河南郡是陛下天山之坚木,盘根错节,乱植其中,六部里尉,即攻坚之利器,非贞刚精锐,无以治之。今择尹既非南金,里尉铅刀而割,欲望清肃都邑,不可得也。里正乃流外四品,职轻任碎,多是下才,人怀苟且,不能督察,故使盗得容奸,百赋失理,边外小县,所领不过百户,而令长皆以将军居之,京邑诸坊,大者或千户五百户,其中皆王公卿尹,贵势姻戚,豪猾仆隶,荫养奸徒,高门邃宇,不可干问。又有州郡侠客,荫结贵游,附党连群,阴为市劫,比之边县,难易不同。请取武官八品将军已下干用贞济者,以本官俸恤领里尉之任,各食其禄,高者领六部尉,中者领经途尉,下者领里正;不尔,请少高里尉之品,选下品中应迁之者,进而为之,则督责有所,辇毂可清。"诏曰:"里正当进至勋品,经途从九品,六部尉正九品,诸职中简取,何必须武人也。"琛又奏以羽林为游军,于诸坊巷司察盗贼,于是京邑清静,至今踵焉。《高谦之传》:除河阴令,旧制:二县令得面陈得失。时佞幸之辈,恶其有所发闻,遂共奏罢,谦之乃上疏曰:"豪家支属,戚里亲媾,缧绁所及,举目多是,皆有盗憎之色,咸起怨上之心,县令轻弱,何能克济。先帝昔发明诏,得使面陈所怀。臣亡父先臣崇之为洛阳令,常得入奏是非,所以朝贵敛手,无敢干政,近日以来,此制遂寝,致使神宰威轻,下情不达,乞新旧典,更明往制,庶奸豪知禁,颇自屏心。"此二疏,可见都邑为治之概也。

原刊一九四七年二月十日天津《民国日报》副刊"史与地"

〔九七〕赦前侵盗仍究①

古者吏之恶不仅臧私,然虐民之事,究以由贪取而起者为多,故绝臧私,实饬吏治之大端也。惩臧私之道甚多,严法初非治本之计,然急则治标,严法亦不容缓。《周书·明帝纪》,武成元年,五月乙卯诏曰:"比屡有纠发官司赦前事。此虽意在疾恶,但先王制肆眚之道,令天下自新;若又推问,自新何由哉!如此之徒,有司勿为推究。惟库厩仓廪,与海内所共,汉帝有云:朕为天下守财耳。若有侵盗公家财畜钱粟者,魏朝之事,年月既远,一不须问;自周有天下以来,虽经赦宥,而事迹可知者,有司宜即推穷。得实之日,但免其罪,征备如法。"贪夫徇财,固有甘丧失官爵,而珍视其臧贿者。此令能行,贪风庶少戢乎?

原刊一九四七年上海《益世报》副刊"史苑"第三十四期

---

① 曾改题为《惩臧私之道》。

〔九八〕无赦之论[①]

无赦之论,汉人常言之,后世则罕有矣,晋世犹间有之。《晋书·武帝纪》:泰始三年,立太子,诏曰:"近世每建太子,宽宥施惠之事,间不获已,顺从王公卿士之议耳。方今世运垂平,将陈之以德义,示之以好恶,使百姓蠲多幸之虑,笃终始之行;曲惠小仁,故无取焉。咸使知闻。"《王彪之传》:"时当南郊,简文帝为抚军,执政,访彪之:应有赦否? 答曰:中兴以来,郊祀往往有赦,愚意尝谓非宜。何者? 黎庶不达其意,将谓郊祀必赦,至此时,凶愚之辈,复生心于侥幸矣。"此等议论,在后世愈罕闻矣。夫国不能无法;既有法,自不可以不行;赦是使法不行也。然法之用,孰能保其皆得当乎? 疆理愈广,氓庶愈繁,情伪愈滋,官吏之奉法与否,亦益不可知;固执不赦,岂不背哀矜庶戮之意? 此所以愈至后世,而无赦之论愈少也。然狱不能皆得当,亦不能皆不当,举其罪状确实无疑者而亦释之,又非为治之道矣。《周书·乐运传》,乐运告周宣帝曰:"《尚书》曰:眚灾肆赦。此谓过误为害,罪虽大,当缓赦之。《吕刑》云:五刑之疑,有赦。此谓赦疑从罚,罚疑从免。《论语》曰:赦小过,举贤才。谨寻经典,未有罪无轻重,溥天大赦之文。"可谓知言矣。

原刊一九四七年五月九日上海《益世报》副刊"史苑"

---

① 原题《无赦》。

〔九九〕法粗术、非妙道

　　古之言断狱者必以情。事之情万殊，而法不能与之为万殊。故贵求情者必贱守法，叔向诤铸刑书，仲尼讥制刑鼎，皆是道也。然此施诸小国寡民、风气淳朴之世则可耳。若其国大民殷，情伪滋众，则有不得不为一切之法者矣。凡执禁以齐众，不赦过，则是道也。斯理也，《晋书·刑法志》载刘颂、熊远之说，论之最精。《志》云：惠帝之世，政出群下，每有疑狱，各立私情，刑法不定，狱讼繁滋。尚书裴頠表陈之，曲议犹不止。时刘颂为三公尚书，又上疏曰："陛下为政，每思尽善，故事求曲当；求曲当则例不得直，思尽善故法不得全。何则？夫法者，固以尽理为法，而上求尽善，则诸下牵文就意，以赴主之所许，是以法不得全。刑书征文，征文必有乖于情听之断，而上安于曲当，故执平者因文可引，则生二端。是法多门，令不一，则吏不知所守，下不知所避。奸伪者因法之多门，以售其情，所欲浅深，苟断不一，则居上者难以检下，于是事同议异，狱犴不平，有伤于法。"《志》又云："及于江左，元帝为丞相，时朝廷草创，议断不循法律，人立异议，高下无状。主簿熊远奏曰：自军兴以来，法度陵替，至于处事不用律令，竞作属命，人立异议，曲适物情，亏伤大例。府立节度，复不奉用，临事改制，朝作夕改，至于主者不敢任法，每辄关谘，委之大官，非为政之体。按法盖粗术，非妙道也。矫割物情，以成法耳。

若每随物情，辄改法制，此为以情坏法。法之不一，是谓多门，开人事之路，广私请之端，非先王立法之本意也。"二奏所论甚精，而法粗术非妙道之语，尤为洞见本原，非谓道不足尚，符乎道，则无所用法矣。

原刊一九四七年五月九日上海《益世报》副刊"史苑"

〔一○○〕同伍犯法士庶殊科

古法不可行于后世，而为后世所误沿者，莫如比伍相坐。《宋书·王弘传》载弘与八坐丞郎共疏曰："同伍犯法，无士人不罪之科，然每至诘谪，辄有请诉，若垂恩宥，则法废不可行。依事纠责，则物以为苦怨，宜更为其制，使得忧苦之衷也。"当时议者，江奥谓："符伍虽比屋邻居，至于士庶之际，实自天隔，舍藏之罪，无以相关。奴客与符伍交接，有所藏蔽，可以得知。是以罪及奴客，自是客身犯愆，非代郎主受罪也。如其无奴，则不应坐。"王淮之谓："昔为山阴令，士人在伍，谓之押符，同伍有愆，得不及坐。士人有罪，符伍纠之，此非士庶殊科，实使即刑当罪。"盖缘"束脩之胄，与小人隔绝，防检无方"，"不逞之士，事接群细"，"故使纠之"耳。何尚之谓既许士庶缅隔，则闻察自难，不宜以难知之事，定以必知之法。此皆情实如此。弘议谓："士人坐同伍罢谪者，无处无之，多为时恩所宥，故不尽亲谪。"盖亦以罚不当罪，不得不然，非尽由恩宥也。乃弘谓"庶民不许不知，何许士人不知小民，自非超然简独，永绝尘秕者，比门接栋，终自闻知，不必须日夕来往也"。于理似正，然与社会情形不合。

王淮之又云："有奴客者，类多役使，东西分散，住家者少，其有停者，左右驱驰，动止所须，出门甚寡。典计者在家，十无其一，奴客生伍，滥刑必众。"是非独使士人亲坐其罪为不当，即罪及奴客，亦未免于枉也。然此犹以奴客不住家言之耳。其实犯法之士,亦视其所犯者如何,不必皆事接群细,事不接而责其相检,亦理有所不可,势有所不能也。故古今情势悬殊,法必不可不变。什伍相司,商君行之,已为暴政,而后世无论矣。

《宋书·谢方明传》:永初三年,出为丹阳尹,有能名。转会稽太守。江东民户殷盛,风俗峻刻,强弱相陵,奸吏蜂起,符书一下,文摄相续。又罪及比伍,动相连坐,一人犯吏,则一村废业,邑里惊扰,狗吠达旦。方明深达治体,不拘文法,阔略苛细,务存纲领。州台符摄,即时宣下,缓民期会,展其办举;郡县监司,不得妄出,贵族豪士,莫敢犯禁,除比伍之坐,判久系之狱。①

---

①　此为札记撰写之后,先生于文末抄的一则史料。

〔一〇一〕后有犯罪宥而勿坐

盟免三死,始于卫之浑良夫;然三而已,三以后则杀之矣。《魏书·宿石传》:"尝从猎,高宗亲欲射虎,石叩马而谏,引高宗至高原上。后虎腾跃杀人。诏曰:石为忠臣,鞚马切谏,免虎之害,后有犯罪,宥而勿坐。"凡犯罪皆免之,妄矣。《于烈传》:"高祖幼冲,文明太后称制,烈与元丕、陆叡、李冲等各赐金策,许以有罪不死。"亦不过免死而已,无凡犯勿坐之文也。

〔一○二〕著魏律者

　　《晋书·刑法志》曰："(魏明帝)命司空陈群、散骑常侍刘劭、给事黄门侍郎韩逊、议郎庾嶷、中郎黄休、荀诜等删约旧科，旁采汉律，定为魏法，制《新律》十八篇，《州郡令》四十五篇，《尚书官令》、《军中令》合百八十余篇，其《序略》曰"云云。《三国志·魏志·卢毓传》云："青龙二年，入为侍中。先是，散骑常侍刘劭受诏定律，未就。毓上论古今科律之意，以为法宜一正，不宜有两端，使奸吏得容情。"而《魏志·刘劭传》言："明帝即位，出为陈留太守。征拜骑都尉，与议郎庾嶷、荀诜等定科令，作《新律》十八篇，著《律略论》。迁散骑常侍。"则劭当定律之初，尚未为散骑常侍。《毓传》及《晋志》皆从其后来所迁之官言之。荀诜为中郎，则《国志》又未分别。《晋志》所谓《序略》，当即《劭传》所谓《略论》也。

〔一〇三〕 追戮已出之女

《晋书·刑法志》曰："景帝（司马师）辅政，是时魏法，犯大逆者诛及已出之女。毌丘俭之诛，其子甸妻荀氏应坐死，其族兄颙与景帝姻通，表魏帝以乞其命。诏听离婚。荀氏所生女芝，为颍川太守刘子元妻，亦坐死，以怀妊系狱。荀氏辞诣司隶校尉何曾乞恩，求没为官婢，以赎芝命。案此事亦见《三国志·何夔传注》。《注》引干宝《晋纪》云："辞诣廷尉，乞为官婢，以赎女命。"曾哀之，使主簿程咸上议曰：夫司寇作典，建三等之制；甫侯修刑，通轻重之法。叔世多变，秦立重辟，汉又修之。大魏承秦汉之弊，未及革制，所以追戮已出之女，诚欲珍丑类之族也。"据议，其法沿自秦汉，而《志》又言魏法者，盖秦汉有此法而未必行，及是时乃行之耳。魏文帝诛丁仪、丁廙并其男口，《三国志·陈思王传》。则虽非已出之女，亦有不并戮者。

《三国志·郭淮传注》引《世语》曰："淮妻，王凌之妹。凌诛，妹当从坐，御史往收。督将及羌、胡渠帅数千人叩头请淮表留妻，淮不从。妻上道，莫不流涕，人人扼腕，欲劫留之。淮五子叩头流血请淮，淮不忍视，乃命左右追妻。于是追者数千骑，数日而还。淮以书白司马宣王曰：五子哀母，不惜其身；若无其母，是无五子；无五子，亦无淮也。今辄追还，若于法未通，当受罪于主者，觊展在近。书至，宣王亦宥之。"案此书乃追胁之辞。上文叙事之语，亦淮之

托辞，非必其实也。此事之去激变亦仅矣。夫族诛之酷，不过虑
报复耳；安知不有因此而引起自危之念，益坚其报复之心，而终不
得戢者邪？

〔一〇四〕秦　韩

　　《三国·魏志·辰韩传》云："其耆老传世,自言古之亡人避秦役来适韩国,马韩割其东界地与之。其言语不与马韩同。名国为邦,弓为弧,贼为寇,行酒为行觞。相呼皆为徒,有似秦人,非但燕、齐之名物也。"又云："今有名之为秦韩者。"《后汉书》云:"有似秦语,故或名之为秦韩。"无"非但燕、齐之名物"句,远不如《三国志》之精。盖自燕至朝鲜,言语本大同,辰韩距朝鲜近,非明著其似秦而非但燕、齐,无以见耆老传言之可信也。

　　《宋书·百济传》云:"百济国本与高骊俱在辽东之东千余里。其后高骊略有辽东,百济略有辽西。百济所治,谓之晋平郡晋平县。"晋平郡晋平县疑慕容氏或北燕冯氏所置。知非百济自置者。《梁书》云:"百济亦据有辽西、晋平二郡地,自置百济郡。"明晋平、辽西,同为旧郡也。晋平所在无考,疑在今辽宁沿海。当时高句骊之西侵自陆,百济之西侵盖自海。《梁书》云:天监时,百济"为高句骊所破,衰弱者累年,迁居南韩地"。百济之失辽西专据半岛,盖在此时。其民犹有秦韩之遗焉。《梁书》谓其"呼帽曰冠,襦曰复衫,袴曰裈,其言参诸夏,亦秦韩之遗俗"是也。又曰:"今言语服章,略与高骊同。"此由百济之王,本与高句骊同种,非其民皆如是。又曰"行不张拱,拜不申足则异",则亦未尽变三韩之俗矣。拜申足者,《梁书·

高句骊传》云"跪拜申一脚";《魏书》云"曳一脚",盖两足一信一屈,
颇类武坐之致右宪左。《隋书》言其"以两手据地为敬",亦与中国之
拜,大同小异也。秦取辽东,在始皇二十五年,下距梁之天监,七百
二十三年矣,而避役之亡人,旧俗犹未尽变,亦可谓之贞固矣哉!

　　秦韩、辰韩,二者似不可溷。辰韩者,三韩之一,秦韩则避役之
亡人也。当时所谓秦韩者,疑专指此亡人言之,而与马韩、弁韩同称
三韩之辰韩初不在内。《三国志》、《后汉书》皆云辰韩为古之亡人,
或名之为秦韩,疑实误也。《梁书》云辰韩始有六国,后稍分为十二,
新罗其一,而其称冠曰遗子礼,襦曰尉解,袴曰柯半,反与中国大相
径庭;其拜及行,与高骊相类。语言待百济而后通;皆新罗与中国
远,百济与中国近之证。盖亡人与辰韩杂居,乃秦汉时事,梁时转属
百济,与出自辰韩之新罗,顾无涉矣。自来论者,皆谓新罗出自华
夏,实未深考之过也。

　　《周书》云百济昏取之礼,略同华俗;父母及夫死,三年治服,余
亲则葬讫除之;其王以四仲之月,祭天及五帝之神;亦殊与中国类。

〔一〇五〕晋初东夷种落之多

《晋书·武帝纪》：咸宁二年二月，东夷八国归化。七月，东夷十七国内附。三年，东夷三国内附。四年三月，东夷六国来献。是岁，东夷九国内附。太康元年六月甲申，东夷十国归化。七月，东夷二十国朝献。二年三月，东夷五国朝献。六月，东夷五国内附。三年九月，东夷二十九国归化，献其方物。七年八月，东夷十一国内附。八年八月，东夷二国内附。九年九月，东夷七国诣校尉内附。十年五月，东夷十一国内附。是岁，东夷绝远三十余国来献。太熙元年二月辛丑，东夷七国朝贡。《惠帝纪》：永平元年，东夷十七国诣校尉内附。盖十六年之间，东夷之来者十有七，国数逾二百。其中固多前后屡至之国，然东夷国数之多，可想见矣。自是之后，惟孝武帝太元七年九月，东夷五国遣使来贡方物。此外不复见于史。盖鲜卑渐强，艮维失驭；继以中原丧乱，东渡以后，声威益不逮远使然。然窃疑亦有史失其事者。肃慎之在东北，距校尉颇远，然成帝时曾遣使来贡，又入贡于石虎、苻坚时，皆曾贡其楛矢，则当时东北与中原形势，实不甚隔绝；以晋初东夷来者之盛，而谓至惠帝以后，便尔阒然，似于事情不近。若谓诸国皆小弱，远隔则不能自通，则《苻坚载记》载：太元六年，康居、于阗及海东诸国凡六十有二王，皆遣使献其方物。此六十二王，不知但指海东诸国言，抑并计康居、于阗，或西域尚有他国,然其中必以海东诸国为多,则无疑义。七年,海东诸国又遣使献其方物。然则当东晋中叶,东夷国数,仍不减于西晋之初。国数如是之多,而谓自惠帝初元以降,仅太元初年五国一至,似终难于相信。即谓如是,亦其至者之少,其国数之未曾大减,似犹可推想而得也。然则东夷当慕容氏初亡时,仍是部落分立。句骊、百济之强大,盖尚积渐而致也。中国之于四夷,利其分不利其合,句丽、百济兼并之难如此,而竟予以坐大之机,致隋炀帝、唐太宗再兴大役而不能克,内乱诒祸之烈,亦可见矣。

《晋书·张华传》:"乃出华为持节、都督幽州诸军事,领护乌桓校尉,安北将军。抚纳新旧,戎夏怀之。东夷马韩新弥诸国,依山带海,去州四千余里,历世未附者二十余国,并遣使朝献。"华之出,据《本纪》,事在太康三年,则《传》所谓二十余国者,必即《纪》所谓二十九国者也。《东夷传》云:裨离国在肃慎西北,马行可二百日。养云国去裨离马行又五十日。寇莫汗国去养云国又百日行。一群国去莫汗又百五十日,计去肃慎五万余里,其风俗土壤并未详。泰始三年,各遣小部献其方物。此诸国当在今黑龙江省北垂至西伯利亚,盖绝远之国,偶尔一至。又云:"至太熙初,复有牟奴国帅逸芝、惟离模卢国帅沙支臣芝、于离末利国帅加牟臣芝、蒲都国帅因末、绳余国帅马路、沙楼国帅钤加,各遣正副使诣东夷校尉何龛归化。"诸国之名,颇与《三国志》所记三韩诸国之名相似,当去校尉治所较近;魏置东夷校尉,居襄平,而分辽东、昌黎、玄菟、带方、乐浪五郡为平州。后还合为幽州,及文懿灭后,有护东夷校尉居襄平。见《晋书·地理志》。《纪》所记东夷诸国,大约皆此等部落也。此十国之至,《纪》皆不载,可见当时四夷朝贡者,《本纪》不能尽记其事。余谓惠帝而后,东夷未必遂绝,似可信矣。

《地理志》云:"后汉末,公孙度自号平州牧,及其子康,康子文懿，并擅据辽东；东夷九种，皆服事焉。"此所谓九种者，似袭古九夷之文，非真当时种落有九。魏晋时之东夷校尉，其威棱之远，实不逮公孙氏，而诸国来者犹盛。谓公孙氏时服事者，乃止九种，其非事实可知。南北朝、隋、唐间修史者，好饰文辞，致失史实，往往如此。《三国·魏志·齐王芳纪》：正始七年春二月，幽州刺史毌丘俭讨高句骊，夏五月，讨濊貊，皆破之。韩那奚等数十国各率种落降。又《晋书·文帝纪》：景元四年，天子申晋公九锡之命，司空郑冲率群官劝进，有云"时俗畏怀，东夷献舞"。《乐志》：食举乐东西厢歌"亹亹文皇"、"韩濊进乐"，所述即一事。此皆魏时事也，可见东夷当魏时来者亦盛。

〔一〇六〕 四裔酋长虽降为编户其种人仍君事之

《三国·魏志·四裔传》注引《魏略·西戎传》曰：氐"虽都统于郡国，然故自有王侯，在其虚落间"。案《晋书·石勒载记》曰："其先匈奴别部羌渠之胄。祖耶奕于，父周曷朱，一名乞翼加，并为部落小率……曷朱性凶粗，不为群胡所附，每使勒代已督摄，部胡爱信之。"然又云："勒年十四，随邑人行贩洛阳……所居武乡北原山下，草木皆有铁骑之象，家园中生人参，花叶甚茂，悉成人状。父老及相者皆曰：'此胡状貌奇异，志度非常，其终不可量也。'劝邑人厚遇之，时多嗤笑。唯邬人郭敬，阳曲甯驱，以为信然，并加资赡。勒亦感其恩，为之力耕。每闻鞭铎之音，以归告母，母曰：'作劳耳鸣，非不祥也。'"则勒当为司马腾所执卖之先，久沦为佣耕负贩之俦矣。盖古之亡国败家者皆如此，此诸侯不臣寓公，所以称为盛德欤？然于其种人，有督摄之权如故。此则败亡之族，所以时足为患也。

《载记》又云："太安中，并州饥乱，勒与诸小胡亡散，乃自雁门还依甯驱。北泽都尉刘监欲缚卖之，驱匿之获免。勒于是潜诣纳降都尉李川，路逢郭敬，泣拜言饥寒。敬对之流涕，以带货鬻食之，并给以衣服。勒谓敬曰：'今者大饿，不可守穷。诸胡饥甚，宜诱将冀州就谷，因执卖之，可以两济。'敬深然之。会建威将军阎粹说并州刺史、东嬴公腾，执诸胡，于山东卖充军实。腾使将军郭阳、张隆虏群胡,将诣冀州,两胡一枷。勒时年二十余,亦在其中,数为隆所欧辱。敬先以勒属郭阳及兄子时,阳,敬族兄也,是以阳、时每为解请,道路饥病,赖阳、时而济。既而卖与茌平人师欢为奴。"案腾之所为酷矣。然使敬与勒之谋而克遂,其所为岂必有愈于腾。勒虽降为编氓,然群胡犹服其督摄,是犹以君事之也。乃穷饿之时,遽卖其种人以自利,并狡虐矣哉!

〔一〇七〕滑国考

考证之学，自古有之，特前人不如后人之密耳。然后人议前人之疏，亦时或出于误会，非尽前人之咎也。《梁书·西北诸戎传》云："滑国者，车师之别种也。汉永建元年，八滑从班勇击北虏有功，勇上八滑为后部亲汉侯。自魏、晋以来，不通中国。至天监十五年，其王厌带夷栗陁始遣使献方物。"又云："元魏之居桑乾也，滑犹为小国，属芮芮，后稍强大，征其旁国波斯、盘盘、罽宾、焉耆、龟兹、疏勒、姑墨、于阗、句盘等国，开地千余里。"元魏之居桑乾，事在晋初，下距天监，载祀不过二百，其时塞北、西域，使译皆有往来，既非隔绝无闻，亦非年远而事迹湮灭，傥使芮芮之一属部，骤致强大，拓地万里，安得其战胜攻取之迹，阙焉不传？且其于芮芮，何以绝不反噬，如后来突厥之所为乎？此皆衡以事理而绝不可通者也。《梁书》又有白题国云："其先盖匈奴之别种胡也。汉灌婴与匈奴战，斩白题骑一人。今在滑国东，去滑六日行。"其说之不可信，亦与其说滑国同。《裴子野传》云："西北徼外，有白题及滑国，遣使由岷山道入贡。此二国历代弗宾，莫知所出。子野曰：汉颍阴侯斩胡白题将一人。服虔《注》云：白题，胡名也。又汉定远侯击虏，八滑从之，此其后乎？时人服其博识。"然则以滑国为八滑之后，乃子野推测之辞，作《梁书》者乃以为事实，误矣。滑国即《北史》之嚈哒，明白无疑。《北史·西域传》云："嚈哒国,大月氏之种类也,亦曰高车之别种。其原出于塞北,自金山而南。"其不可信,亦与《梁书》同。《通典·边防典》云："案刘璠《梁典》:滑国姓嚈哒,后裔以姓为国号,转讹又谓之挹怛焉。"《注》云："其本原,或云车师之种,或云高车之种,或云大月氏之种。又韦节《西蕃记》云:亲问其国人,并自称挹阗。又按《汉书》:陈汤征郅支、康居副王挹阗钞其后重,此或康居之种类。然传自远国,夷语讹舛,年代绵邈,莫知根实,不可得而辨也。"以挹阗为康居副王之后,正与裴子野之智同。然韦节亲闻,说自不误。因此,可知哒、怛二字,音并同阗,於、邑双声,于、於同字,挹哒、挹怛,实于阗之异译。而通梁之厌带夷栗陁,殆亦夷栗陁其名,厌带其姓也。云后裔以姓为国号,则其初不以姓为国号可知。《唐书·地理志》:"大汗都督府,以嚈哒部落活路城置。"此即《西域记》之活国,盖嚈哒尝居于是,而以其名自通,故《梁书》谓之滑国也。《梁书·西北诸戎滑国传》云:"少女子,兄弟共妻。"又云:"女人被裘,头上刻木为角,长六尺,以金银饰之。"《北史·西域嚈哒传》云:"其俗,兄弟共一妻,夫无兄弟者,妻戴一角帽,若有兄弟者,依其多少之数,更加角焉。"多夫之俗,较多妻为少,俗同而地又相邻者,当可信为同族。《北史·吐谷浑传》云:"白兰西南二千五百里,隔大岭,又度四十里海,有女王国。以女为王,故因号焉。"《西域传》云:于阗"南去女国三千里",又云:"女国,在葱岭南,其国以女为王。"而唐世西山八国中,亦有一女国,见《旧唐书·德宗纪》贞元九年、《新唐书·韦皋传》。可见自西康至后藏,戴女王之部族颇多。以女为主,必也其行女系,女系固非即女权,然女权究易张大也。《北史》之女王国,"土著,宜桑麻,熟五谷",女国则"气候多寒,以射猎为业","丈夫惟以征伐为务",盖亦随其所处而法俗不同。射猎好征战之族,自后藏北出,于阗正当其冲。《梁书》滑国与于阗,王与妻皆并坐接客;滑"女人被裘”，于阗“妇人皆辫发，《北史》：女国人皆被发。衣裘袴”；其俗既极相类。又《梁书·滑传》云“其跪一拜而止”，此语疑有讹误。《于阗传》云：“其人恭，相见则跪，其跪则一膝至地。”此古武坐致右宪左之类，滑俗疑亦同之，此皆滑人曾据于阗之迹。又有周古柯、呵跋檀、胡蜜丹，皆滑旁小国。又云：“凡滑旁之国，衣服容貌，皆与滑同。”盖其相将俱出者也。《滑传》云“其言语待河南人译，然后通”，此其入贡所以必由岷山道。又云“著小袖长身袍”，《渴盘陁传》云：“风俗与于阗相类。著长身小袖袍，小口袴。”渴盘陁，盖即《滑传》之盘盘也。《高昌传》云：“著长身小袖袍，缦裆袴。”《武兴传》云：“著长身小袖袍，小口袴。”然则自岷山循南山而西，历天山而北，法俗多同，越北塞而化及金山，自无足异。《北史》所由指嚈哒为高车、月氏之种与？藏族缘起，史最茫昧，而一经考索，其事迹之有可见者亦如此。而前史但据译名，妄相附会，不其慎与？民族异同，大端莫如言语。《北史》明言嚈哒之语，与蠕蠕、高车及诸胡不同，而犹目为高车之种，不尤缪与？然前史所云种者，多指种姓，非谓种族，故所云“车师别种”、“高车别种”、“大月氏种类”者，皆指其君，非指其民。且如拓跋氏，孰不知为鲜卑种？然《魏书·官氏志》中有须卜氏，有丘林氏，则固匈奴种姓也。契丹为宇文氏遗落，其谁不知？而《五代史》本传谓为匈奴种，以宇文氏之先，为南单于远属也。夫其徒以其君之种姓，而忽其民之族类，则诚疏矣。然举彼考其君之种姓之辞，而谓其谈说其民之种族，则前史不任咎也。抑《通典》以嚈哒之君为康居副王之种，岂不大谬？然彼固云“夷语讹舛，年代绵邈，莫知根实”。推裴子野之意，亦当如是耳。作《梁书》者径以其推测之辞为事实则缪矣，然因此而并斥子野为武断则诬。故曰：前人之考据，不如后人之密，而后人所议前人之疏，亦或出于误会也。

沙琬《西突厥史料》，冯承钧译，商务印书馆本。引《梁书·滑国传》

之文而加按云："盘盘，南海国，不应列入西域诸国间。"案《宋书·索
虏传》后附《芮芮传》云："其东有檠檠国"，即此盘盘，非南海之盘盘
也。《梁书》又有末国云："汉世且末国也。北与丁零，东与白题，西
与波斯接。"此国亦在西方，与且末相去甚远。丁氏谦《梁书·夷貊
传考》，谓为米国之异译，盖是。以为汉世之且末，与以滑为八滑，致
误之因同也。

原刊一九四六年九月二十日上海《益世报》

〔一〇八〕柔 然

柔然,《南史》云"盖匈奴之别种",殊误。《魏书·蠕蠕传》云：
"始神元之末,掠骑有得一奴,发始齐眉。忘本姓名,其主字之曰木
骨闾。木骨闾者,首秃也。木骨闾与郁久闾声相近,故后子孙因以
为氏。木骨闾既壮,免奴为骑卒。穆帝时,坐后期当斩,亡匿广漠溪
谷间,收合逋逃,得百余人。依纯突邻部。疑当作纥突邻。木骨闾死,
子车鹿会雄健,始有部落,自号柔然。后世祖以其无知,状类于虫,
故改其号曰蠕蠕。"阿那瑰之降魏也,启魏主："臣先世源由,出于大
魏。"观此,则柔然之先,必为鲜卑。惟纯突邻部,似系高车部落。

〔一〇九〕北族辫发

　　北族除匈奴外，殆皆辫发，而其辫发之制，又小有不同。《后汉书·乌桓传》，谓其"父子男女相对踞蹲，以髡头为轻便。妇人至嫁时乃养发，分为髻"。而鲜卑则"唯婚姻先髡头"。《魏书·宇文莫槐传》："人皆剪发，而留其顶上，以为首饰。长过数寸，则截短之。"是其所留之发颇短。然木骨闾发齐眉，而拓跋氏谥之曰秃，则拓跋氏之辫发，又颇长矣。此南朝所以呼为"索虏"欤？《晋书·载记》述慕容氏得氏之由曰："时燕、代多冠步摇冠，莫护跋见而好之，乃敛发袭冠。诸部因呼之为步摇，其后音讹，遂为慕容焉。"窃疑莫护亦慕容音转，此人实名跋也。此当为北族慕化解辫之最早者。而后来之满洲人，乃以强迫汉人薙发，大肆杀戮，人之度量相越，岂不远哉？然汉族至今，犹有辫发而效忠于胡者，则亦可谓不念始矣。

　　其服饰：男子辫发，女子则否。《北史·高车传》："妇人以皮裹羊骸，戴之首上，萦屈发鬓而缀之，有似轩冕。"《南史·蠕蠕传》："辫发，衣锦小袖袍、小口袴、深雍靴。"利御寒而便骑射，亦各适于其地也。《北史·突厥传》称其"被发左衽"；《隋书·突厥传》载沙钵略表，谓"削衽解辫，革音从律，习俗已久，未能改变"，可见其由来之旧矣。

〔一一〇〕北俗不解用弹

　　北夷虽善射而不解弹。《魏书·序纪》云：神元帝四十二年"遣子文帝如魏，以国太子留洛阳。魏晋禅代，和好仍密。始祖春秋已迈，帝以父老求归，晋武帝具礼护送。四十八年，帝至自晋。五十六年，复如晋；其年冬，返国，行达并州；晋征北将军卫瓘以帝为人雄异，恐为后患，乃密启晋帝，请留不遣。晋帝难于失信，不许。瓘复请以金锦赂国之大人，令致间隙，使相危害。晋帝从之，遂留帝。五十八年，方遣帝。始祖闻帝归，大悦，使诸部大人诣阴馆迎之。酒酣，帝仰视飞鸟，谓诸大人曰：我为汝曹取之。援弹飞丸，应弦而落。时国俗无弹，众咸大惊，乃相谓曰：太子风采被服，同于南夏，兼奇术绝世，若继国统，变易旧俗，吾等必不得志，不若在国诸子，习本淳朴。咸以为然。且离间素行，乃谋危害，并先驰还。始祖问曰：我子既历他国，进德何如？皆对曰：太子才艺非常，引空弓而落飞鸟，是似得晋人异法怪术，乱国害民之兆，惟愿察之。自帝在晋之后，诸子爱宠日进。始祖年逾期颐，颇有所惑，闻诸大人之语，意乃有疑，因曰：不可容者，便当除之。于是诸大人乃驰诣塞南，矫害帝"。此说虽出附会，然北俗之不知弹，而视为神奇，则可见矣。《隋书·长孙晟传》：晟副宇文神庆送千金公主，摄图爱焉。"每共游猎，留之竟岁。尝有二雕，飞而争肉，因以两箭与晟曰：请射取之。

晟乃弯弓驰往，遇雕相攫，遂一发而双贯焉。摄图喜，命诸子弟贵人皆相亲友，冀昵近之，以学弹射。"晟之一发双贯，盖亦用弹，非用箭也。其后启民入朝，赐射于武安殿，时有鸢群飞，上曰：公善弹，为我取之。十发俱中，并应丸而落，犹欲以弹夸示外夷也。

〔一一一〕乌丸俗从妇人计

《三国·魏志·乌丸传注》引《魏书》曰："其嫁娶皆先私通，略将女去，或半岁百日，然后遣媒人送马牛羊以为聘娶之礼。《后汉书》作"以为聘币"。婿随妻归，见妻家无尊卑，旦起皆拜，而不自拜其父母。为妻家仆役二年，《后汉书》作"一二年间"。妻家乃厚遣送女，居处财物，一出妻家，故其俗从妇人计。至战斗时，乃自决之。"案此自服务婚稍入买卖婚之世，财产犹属女子，故除战斗外，一切皆女子主之也。《史记·大宛列传》言："自大宛以西至安息国，俗贵女子，女子所言而丈夫乃决正。"盖部族政治，初亦不离米盐靡密，故亦多由女子主之也。

《三国志·高句丽传》曰："其俗作婚姻，言语已定，女家作小屋于大屋后，名婿屋，婿暮至女家户外，自名跪拜，乞得就女宿，如是者再三，女父母乃听使就小屋中宿，旁顿钱帛，至生子已长大，乃将妇归家。"此亦从从妇居稍变为从夫居者。舜尚见帝，帝馆甥于贰室，与婿屋颇相类。

〔一一二〕东沃沮之葬

　　《三国·魏志·东沃沮传》云："其葬作大木椁,长十余丈,开一头作户。新死者皆假埋之,才使覆形,皮肉尽,乃取骨置椁中。举家皆共一椁。"案此象生时之居室也,野蛮人之居,固多为大室也。韩居处作草屋土室,形如冢,其户在上,举家共在中,无长幼男女之别,同书《韩传》。即其一证。

〔一一三〕历　日

　　古以干支纪日,后世则易之以数。以用干支为纪,不能与月相合,又不能与年相合,故历术渐普遍于民间,而其法遂废矣。《宋书·礼志》二:"案《周礼》女巫掌岁时祓除衅浴,如今三月上巳如水上之类也。《月令》,暮春,天子始乘舟。禊于名川也。《论语》,暮春浴乎沂。自上及下,古有此礼。今三月上巳祓于水滨,盖出此也。自魏以后,但用三日,不以巳也。"盖至魏世,用干支纪日者已希矣。

　　历术何以普遍于民间,则必恃历本之普遍。《梁书·傅昭传》:昭随外祖于朱雀航卖历日。所谓历日,即今历本也。昔人诗:"偶来松树下,高枕石头眠,山中无历日,寒尽不知年。"谓山中无历本可得也。

原刊一九四七年四月二十五日上海《益世报》副刊"史苑"

〔一一四〕减食致寿

梁武帝在历代帝王中,可谓最能勤劳且寡嗜欲者。以从来学人,居于帝王之位者极少,而帝则确为学人也。《梁书·贺琛传》:琛启陈事条,言甚切直。武帝怒,召主书于前,口授敕责琛,有曰:"朕三更出理事,随事多少,事少或中前得竟,或事多,至日昃方得就食。日常一食,若昼若夜,无有定时。疾苦之日,或亦再食。昔要腹过于十围,今之瘦削,裁二尺余,旧带犹存,非为妄说。"帝之责琛,诚为拒谏,然其能勤劳寡嗜欲,则史家亦盛称之,非妄说也。顾乃康强致高寿。然则生于忧患,死于安乐,亦非徒以其处境而实由其自律矣。节食尤为致寿之大端。吾颇留心人之寿夭,自弱冠来,所知识者死,恒访求其病状,而推测其致死之由。盖未见痴肥之人,克至耄耋之岁者;若其有之,则少壮虽痴肥,入老必瘦削。然则饮食若流者,以自促其年耳,亦可悲矣!

原刊一九四七年《东南日报》副刊"文史"

〔一一五〕罢　社

《三国志·王脩传》："年七岁丧母，母以社日亡，来岁邻里社，脩感念母，哀甚。邻里闻之，为之罢社。"案古人甚重社，安得罢之。所谓罢社者，盖古人恒因社以作乐，哀其念母而罢之也。此犹得"邻有丧，舂不相，里有殡，不巷歌"《礼记·曲礼上》。之义。

〔一一六〕吞　泥

近世饥荒时，民或吞土以求免死，俗称之曰观音土。《三国·吴志·孙权传注》引《江表传》，言权攻李术于皖城，术闭门自守，粮食之尽，妇女或丸泥而吞之。建安六年。则汉世已有其事。

〔一一七〕因　俗

　　《通鉴》陈长城公至德元年,隋柳彧以近世风俗,每正月十五夜,燃灯游戏,奏请禁之。曰:"窃见京邑,爰及外州,每以正月望夜,充街塞陌,聚戏朋游,鸣鼓聒天,燎炬照地,竭资破产,竞此一时,尽室并孥,无问贵贱,男女混杂,缁素不分。秽行因此而成,盗贼由斯而起。因循弊风,曾无先觉,无益于化,实损于民,请颁天下,并即禁断。"诏从之。胡三省注曰:观此,则上元游戏之弊,其来久矣。后之当路者,能不惑于世俗,奋然革之,亦所谓豪杰之士也。一国之人皆若狂,昔人痛之深矣。然百日之蜡,一日之泽。民固不可无会聚欢乐之时,要在节之以礼耳。且如赐酺,岂不足以致酒祸。然孔子不曰:"吾观于乡而知王道之易易乎?"俗之兴替,必有其由。将颓者不可以人力支,众之所乐者,亦不能以人力强革也;要在因人情而为之节文耳,所谓善者因之也。且如百戏,无益有损,然其原出于角觝。秦汉之世,民至空邑以观,不犹可以奖技勇乎?技勇之在今日,相需尤切,有心世道之人,能于时节,加以提唱,亦牗民之一道也。且男女之交,其不自由久矣,可无以宣泄之乎,此固自由之世之遗俗也。子贡欲去告朔之饩羊,子曰:赐也,尔爱其羊,我爱其礼。

〔一一八〕父子相似

人之相似,惟医学家所谓真双生子为然,不徒其貌也,即其心亦相似。然双生之子,处境亦多相同,幼时尤甚;若处之不同之境,则其貌虽相似,其心即不能尽同。此可见清虚者易迁,重浊者难变,张横渠《正蒙》之说,有不尽诬者也。父子之相似,本不能如双生之子。且人貌随年而异,双生子貌之相似,亦以年之相同也。若父子则有老少之殊,纵使人追忆畴昔而惊其相肖,必不能混淆于一见之下矣。乃《南史·陆倕传》,谓倕次子缅,有似于倕,一看殆不能别,此诚罕有之事。意者倕生子甚早,子已壮而父犹未老欤?然终为罕见之事矣。

原刊一九四八年二月二十五日《东南日报》

〔一一九〕绝菜患肿

　　围城之中，人乏蔬菜以为食，每致患肿，昔人误以为由于乏盐。如《北史·王思政传》，谓思政初入颍川，士卒八千人，被围既久，城中无盐，肿死者十六七，及城陷之日，存者才三千人是也。《魏书·房法寿传》：法寿族子景伯，母亡居丧，不食盐菜，遂为水病，积年不愈，孝昌三年卒于家。似足证无盐致肿之说矣。然《北史·赵琰传》言：时禁制甚严，不听越关葬于旧兆，琰四十余年不得葬二亲，年逾耳顺，孝思弥笃，慨岁月迁移，迁窆无冀，乃绝盐粟，断诸肴味，食麦而已。而年至八十，则又何也？《隋书·刘方传》：方征林邑还，士卒脚肿，死者十四五。此由南方卑湿，易患脚气病，亦与缺盐无涉也。

〔一二〇〕脉　法

　　中医多以善诊脉自诩,甚者谓能诊脉,则不待问而可知所患,此乃欺人之谈,少明事理者不之信,即医家之少明事理者,亦不以此欺人也。然此等附会之说,古即有之。《魏书·术艺传》,谓显祖欲验徐謇所能,乃置诸病人于幕中,使謇隔而脉之,深得病形,兼知色候是矣。此事即有之,亦为幸中,况传者过而非其实,《术艺传》中事迹,率多如是也。脉学之兴,盖本诊察之一术,所以补但凭证状者之不足,以求详慎,非谓恃此遂可忽视证状。仓公之学,出于阳庆,《史记》本传记庆语,谓有黄帝扁鹊之脉书,五色诊病,知人生死,决嫌疑,定可治;原不专治脉书。仓公对诏问,谓病名多相类,不可知,故古圣人之脉法,以起度量,立规矩,县权衡;此即所谓决嫌疑,乃所以补望闻之不足者也。其自述治验,无一不切其脉者,然亦无一不详其证状,即知切脉非可专恃。后世医家,遇有证脉不合者,多舍脉而从证;以证固明白有据,脉究徒凭探索也。间有舍证从脉者,乃经验多,知目前之证将有变化,不宜徒据之以为治,乃逆测未来以立法,实无所谓从脉也。故脉法实不可深恃。然脉法以不如证状之易见,而有待于探索,故其通知实较难;医工之较下者,或不知之。《宋书·范晔传》,谓孔熙先善于治病,兼能诊脉,可见是时能治病者,不皆能诊脉也。

原刊一九四七年十月十五日《东南日报》副刊"文史"

〔一二一〕手 术

近世之论西医者,多艳称其手术。其实病之可用手术者,皆有形质可见,而可以径拔除之,实不可谓之难治。近世手术,所以胜于古人者,乃在人体生理之益明,所用械器之益精,及麻醉消毒等法,为效益大,而流弊益微耳。此皆他种科学有以辅助医学,若就医家疗治之术言之,则使用手术,为法最为简径,固非古人所不能知,其兴起度必甚早也。

华佗之技,为今古所艳称,以其于针药不及之病,能以刳割治之也。然其时关羽中流矢,尝破臂作创,刮骨去毒。又《三国·魏志·贾逵传注》引《魏略》,谓逵生瘿稍大,自启欲令医割之,太祖惜逵忠,恐其不活,教谢主簿:吾闻“十人割瘿九人死”。逵犹行其意,而瘿愈大。逵之不愈,或不能归咎于医,然谚语亦必有由,则因割瘿而死者不少矣。可见医于刳割之术多拙。然工拙别是一事,观于割瘿者之多,而知是时之医,能施刳割之术者实不少。若为关羽破臂刮骨者,则其术并不可谓之拙矣。《魏书·长孙道生传》,谓道生玄孙子彦,少尝坠马折臂,肘上骨起寸余,乃命开肉锯骨,流血数升,言戏自若,时以为逾于关羽。子彦视关羽何如不可知,为子彦施治之医,必不减于为羽施治之医,则无惑也。是其术固异世而犹存也。《晋书·魏咏之传》言:咏之生而兔缺,年十八,闻荆州刺史殷仲堪帐下有名医能疗之,贫无行装,谓家人曰:"残丑如此,用活何为!"遂赍数斛米西上,以投仲堪。既至,造门自通。仲堪与语,嘉其盛意,召医视之。医曰:"可割而补之,但须百日进粥,不得语笑。"咏之曰:"半生不语,而有半生,亦当疗之,况百日邪!"仲堪于是处之别屋,令医善疗之。咏之遂闭口不语,惟食薄粥,其厉志如此。及差,仲堪厚资遣之。此医之技,亦未必减于华佗也。佗之所以负盛名者,或以其能用麻沸散。近世论医学者,谓麻醉药之发明,为医家一大事。以病有非刲割不能治者,无此,人或惮痛苦而不敢治;即或不惮,而痛苦非人所能堪,于法亦遂不可治也。为关羽、长孙子彦作创之医,未尝用麻醉药,显而易见。《三国·吴志·吕蒙传》言,蒙疾病,孙权迎置内殿,每有一针加,为之惨戚。盖亦不能用麻醉药,故其痛苦实甚。然则是时之医,能用麻醉药者似少,此佗之所以独擅盛名欤?然麻沸散之方,近世铃医犹有之,则亦非佗之所独也。故世容有绝精之技,而必无独擅之学。

白喉之初起也,医家多不能治。民间妪妇,乃有以刀针破其白腐处而强抉去之者,往往致死,亦或获愈。此足证吾手术治病最为简直、兴起当早之说。盖病之有形质可见者,就所在而径抉去之,原为人所易见;初用之或致死加剧,久之则其术渐精矣。然亦有古人技精,而后世反不逮之者。新医有阅《银海精微》者,谓其手术或为近世眼医师所不知。此由医学传习不盛,医家又或自秘,前人之所知所能,不能尽传于后也。然世之偏重儒医,亦当分尸其咎。凡儒医多好空谈,而手术则非所习;使此辈享盛名,食厚糈,而袭古代医家真传之铃医,日益衰落,而古医家专门之技,不传于后者,亦益多矣。

《晋书·温峤传》:峤平苏峻后,固求还镇,先有齿疾,至是拔之,因中风,至镇未旬而卒。其死,不知果由拔齿致之不,然时医工能拔去病齿,则因此可知。

古语云:"毒蛇螫手,壮士断腕。"则去病毒之所在,以免延及全身,其由来亦极早。《晋书·卢钦传》:钦子浮,以病疽截手,遂废。则去肢体以全生命,古代之医亦能为之矣。

邂逅受伤,残折肢体,甚至伤及藏府而卒不死,亦可使人悟及手术之可用。《北史·彭乐传》:天平四年,从神武西讨,与周文相拒。神武欲缓持之,乐气奋请决战,神武从之。乐因醉入深,被刺肠出,内之不尽,截去复战,身被数创,军势遂挫,然乐卒不死。有此等经验,则使人知肠之可去矣。不然,孰敢臆测肠之可截邪?

医有借助于巫者,或借此以振精神,便于施治耳。有形质之疾,谓可但以符咒等治之,恐无是理也。《齐书·陈显达传》言:显达讨桂阳贼,矢中左眼,拔箭而镞不出。地黄村潘妪善禁,先以钉钉柱,妪禹步作气,钉即时出,乃禁显达目中镞出之。似谓但禹步作气而镞自出者,恐传者过也。《南史·张融传》云:有薛伯宗者,善徙痈疽,公孙泰患背,伯宗为气封之,徙置斋前柳树上,明旦痛消,树边便起一瘤如拳大,稍稍长,二十余日,瘤大脓烂,出黄赤汁斗余,树为之痿损。其说尤为离奇。然自称能徙痈者,吾小时尚见之,其事似在光绪辛卯岁,吾父脑后忽肿起如瘤,医家不敢以刀割,亦不能以药消,乃曰,有某者,自称能徙痈,不妨姑试之。如其言。其人用何术,予已不省记,但记其云已徙之庭前桂树上。其后树无他异,而吾父肿亦旋消。更询诸医家,则云此盖无名肿毒,本非瘤也。故知以神奇自炫者,今古多有,而侈陈奇迹,则无一不出语增耳。

《隋书·隐逸传》:张文诩尝有腰疾,会医者自言善禁,文诩令禁之,遂为刃所伤,至于顿伏床枕。医者叩头请罪,文诩遽遣之,因为其隐,谓妻子曰:"吾昨风眩落坑所致。"其掩人之短,皆此类也。此可见善禁者亦不能不用刀针,或且借此以施刀针也。

原刊一九四七年《东南日报》副刊"文史"

〔一二二〕国子太学

国子学与太学，初本是二，后乃合而为一。

古代平民，学于其所居之里之校，秀者升入其乡之庠序，自庠序升于司徒，入于大学。贵族则学于其家门侧之塾。师氏、保氏门闱之学，公宫南之左之小学，与家塾皆一物也，贵族出于此，亦入于大学。故平民登进，较之贵族，多一节级。然既入大学，即与王太子、王子、群后之太子、卿大夫、元士之適子等夷矣。详见《古学制》条。汉世博士弟子，太常择民年十八以上仪状端正者补；在郡、国、县、道、邑者，令、相、长、丞上二千石，二千石察可者，得与计偕；尤绝无限制。后汉虽有大将军至六百石遣子入学之令，亦未闻其较平民多占便宜，可谓荡荡平平矣。自国子学立，而此局乃一变。

《宋书·礼志》云："魏文帝黄初五年，立太学于洛阳。齐王正始中，刘馥上书曰：黄初以来，崇立太学，二十余年，而成者盖寡。由博士选轻，诸生避役，高门子弟，耻非其伦，故无学者。虽有其名而无其实，虽设其教而无其功。宜高选博士，取行为人表，经任人师者，掌教国子。依遵古法，使二千石以上子孙，年从十五，皆入太学。明制黜陟，陈荣辱之路。不从。晋武帝泰始八年，有司奏：太学生七千余人，才任四品，听留。诏：已试经者留之，其余遣还郡国。大臣子弟堪受教者，令入学。案此可见学生虽多，大臣子弟实少。咸宁二年,起国子学。盖《周礼》国之贵游子弟所谓国子,受教于师氏者也。"此为国子学设立始末。盖欲迫令贵游子弟入学而不能,乃为之别立一学耳。观其拟诸师氏,则固以小学视之。《宋书·百官志》言晋初置国子学,隶属太学,其等级固分明也。至南朝而其制一变。南朝皆无太学。陈宣帝太建三年、后主至德三年,皇太子皆释奠太学。然此等皆徒有其名而已。《齐书·礼志》载曹思文之表曰:"今之国学,即古之太学。晋初太学生三千人,案较之上引《宋书·礼志》所述泰始八年之数,已裁减过半矣。既多猥杂,惠帝时欲辨其泾渭,故元康三年,始立国子学。官品第五以上,得入国学。案"立国子学",《晋书·本纪》在咸宁二年。《宋书·礼志》作"起国子学"。《晋书·职官志》云:"咸宁四年,武帝初立国子学,定置国子祭酒、博士各一人,助教十五人,以教生徒。"盖屋宇起于二年,官制定于四年,生徒选补之法,实至元康三年而后定,故思文又云立于是年也。天子去太学入国学,以行礼也。太子去太学入国学,以齿让也。太学之与国学,斯是晋世殊其士庶,异其贵贱耳。"然则国学存而太学废矣。太学凡民可入,而国学限于贵游,是则去荡平之途而求私龙断也。

　　原晋所以设国子学者,实缘欲求高门子弟之入学。其求高门子弟入学,则以此辈专务交游也。《三国·魏志·董昭传》:昭上疏陈末流之弊曰:"当今年少,不复以学问为本,专更以交游为业;国士不以孝弟清修为首,乃以趋势游利为先。合党连群,互相褒叹,以毁訾为罚戮,用党誉为爵赏。附己者则叹之盈言,不附者则为作瑕衅。"此本汉末太学中之弊风,特以遭逢丧乱,学校丘墟,而此风未改,故初在学校中者,后又出于学校外耳。《晋书·傅玄传》:玄于武帝初上疏,言"汉、魏百官子弟,不修经艺而务交游,徒系名于太学,不闻先王之风";又言"今圣明之政资始,而汉、魏之失未改,散官众而学校未设",盖以此也。此事关键,首在其用人之能核实,次亦视其果能驱人入学与否。用人果能核实,游谈将不禁自止。不能驱人入学,则国子学亦与太学等耳。所谓高门子弟者,岂诚以羞与避役者伍而不入学哉?抑因避役而入学,固情有可矜,然为政之道,当清简赋役,不能蒙避役者于学中,则当时猥杂之徒,虽一举而尽汰之可也。而又不能,而乃为之别立一学,不诚无具矣哉?

然晋世所行之政,亦迄未收效也。以国学代太学,盖始于宋,晋世尚未有此意,故东渡后,建武元年,即立太学。《晋书·本纪》。此事由王导、戴邈。导之言曰:"人知士之所贵,由乎道存,则退而修其身。修其身以及其家,正其家以及于乡,学于乡以登于朝。反本复始,各求诸己,则敦朴之业著,浮伪之道息。"欲"使朝之子弟,并入于学"。《宋书·礼志》。邈亦言:"贵游之子,未必有斩将搴旗之才,亦未有从军征戍之役。"宜"及盛年,讲求道艺"。《宋书·礼志》。咸康三年,既立太学,复议国学。设立未几,又复遣散。《晋书·成帝纪》:咸康三年,正月,立太学。《袁瑰传》:除国子祭酒,上疏曰:"若得给其宅地备其学徒,粗有其官,则臣之愿也。"疏奏,成帝从之。国学之兴,自瑰始也。《宋书·礼志》,以疏为瑰与太常冯怀同上,事在咸康三年,云:"疏奏,帝有感焉。由是议立国学,征集生徒。而世尚庄、老,莫肯用心儒训。穆帝永和八年,殷浩西征,以军兴罢遣。由此遂废。"自咸康三年至永和八年,凡十六年。至孝武帝时,乃二学并立。《晋书·孝武帝纪》:太元九年,四月,增置太学生百人。十年,二月,立国学。事由谢石之奏,见《晋书》本传及《宋书·礼志》。《宋书》载其疏辞,谓上于太元元年,盖当作九年,因字形近而误。疏有"皇威退震,戎车方静"之语,盖指淝水之捷言之,事在太元八年也。其事由于谢石。史称"烈宗纳其言,选公卿二千石子弟为生,增造庙屋一百五十五间,而品课无章,士君子耻与其列"。国子祭酒殷茂言之曰:"自学建弥年,而功无可名。惮业避役,就存者无几。或假托亲疾,真伪难知。声实浑乱,莫此之甚。臣闻旧制,国子生皆冠族华胄,比列皇储,而中者混杂兰艾,遂令人情耻之。窃谓群臣内外,清官子侄,普应入学,制以程课。今者见生,或年在扞格,方圆殊趣,宜听其去就,各从所安。"又庾亮在武昌,开置学官,其教亦言:"人情重交而轻财,好逸而恶劳。学业致苦,而禄答未厚,由捷径者多,故莫肯用心。"又言:"若非束脩之流,礼教所不及,而欲阶缘免役者,不得为生。"然则贵游不入,而避役者群集,在太学未闻有改,而国学又复如此;即地方设学,亦不能免也。此积习不易变,南朝盖患其猥杂,故径独立国学,然非政体也。

强高门子弟入学,太元十年,盖颇收效。然《宋书·五行志》云:"太元十年,正月,立国子学。学生多顽嚚,因风放火,焚房百余间。"《晋书·五行志》略同。盖即高门子弟之所为也。历代学校,亦多有所谓风潮,然未有如此次之无意识者,别见《学校风潮》条。当时所谓高门子弟者,其品质可知矣。设学不以教孤寒之士,而斤斤欲教此等人,不亦雕朽木而圬粪土之墙乎?

《北齐书·儒林传》曰:"齐制,诸郡并立学,置博士、助教授经。学生俱差逼充员。士流及豪富之家,皆不从调。备员既非所好,坟籍固不关怀,又多被州郡官人驱使,纵有游惰,亦不检治。"此则入学而不能避役,因之非差逼莫肯充员。又魏、晋以降之一变局矣。

〔一二三〕为私家立学

　　予尝撰《私家教授之盛不始东汉》一条,读之,可知学术之兴盛,皆人民所自为,而政府所能为力者实浅矣;然犹不止此。夫东京十四博士,皆今学也。当时太学著籍之盛,旷古未闻,乃一朝灰炭,而今学之传授,即随之而绝,然则当时其学之传于后生者几何? 无怪范蔚宗讥其"章句渐疏,多以浮华相尚"矣。《后汉书·儒林传序》。东京私学,亦多有名无实。郑玄在当时,最称大师,而其所传,陵乱无条理,且多矛盾,即可见之。然其传授,犹历久不绝。然则当时今学讲师,其学尚不逮郑玄、王肃也,况敢望韩婴、董仲舒、刘向、扬雄乎? 晋立国子学而太学废。国学皆贵游子弟,自更不足语于学问,说见《国子太学》条。刘宋以后,国学又替,而就讲学之私家,加以扶助者转盛。则是学术之命脉,仍系于私家也。

　　《宋书·礼志》云:高祖受命,诏有司立学,事在永初三年正月,见《纪》。未就而崩。太祖元嘉二十年,复立国学。《本纪》:太祖诏建国学,在元嘉十九年正月。是年十二月,诏言胄子始集,学业方兴。《何承天传》亦云:是年立国子学,以本官领国子博士。而《志》云二十年者,盖师生集于十九年末,始业实在二十年也。二十七年废。《纪》在三月,盖以军兴废。《孝武帝纪》:大明五年,八月,诏来岁可修葺庠序,旌延胄子。《礼志》不言其事,疑其实未曾行。宋世国学之立,盖不及十年也。然其时周续之遁迹庐山，高祖践阼即召之，为开馆东郭外，招集生徒。元嘉十五年，文帝又征雷次宗至京师，为开馆于鸡笼山。时又使何尚之立玄学，何承天立史学，谢元立文学。凡四学并建。见《隐逸·雷次宗传》。案此事《南史》入《本纪》，系元嘉十六年。《宋书·何尚之传》云：元嘉十三年，彭城王义康欲以司徒左长史刘斌为丹阳尹，上不许。乃以尚之为尹。立宅南郭外，置玄学，聚生徒，谓之南学。《南史》同。其立学不知究在何年也。《明帝纪》：泰始六年，九月，立总明观。《南史》云：分为儒、道、文、史、阴阳五部学。言阴阳者遂无其人。此犹是率元嘉之旧。国学虽衰，其扶助私家之学，则可谓至矣。齐建元四年，正月，诏立国学。见《礼志》及《本纪》。九月，以国哀罢。《武帝纪》。《百官志》云：其夏国讳废学。永明三年，正月，诏立学。《本纪》。旋复省废。未知何时，东昏侯时，曹思文争废国学，见下。表言永明以无太子故废，非古典。案建武四年诏言："往因时康，崇建庠序，屯虞荐有，权从省废。"则似非以无太子故。建武四年，正月，又诏立学。永泰元年，东昏侯即位，尚书符依永明旧事废学。国子助教曹思文表言不可废。有司奏从之。《礼志》。然其立学之久，尚不逮刘宋也。总明观以永明三年省，盖以国学已立故。然是岁，又于王俭宅置学士馆，悉以四部充俭家。则学术之重心，仍在私家，又竟陵王子良，尝表世祖，为刘瓛立馆，亦宋世待周续之、雷次宗之意也。梁武践阼，征何胤不至，遣何朗、孔寿等六人于东山受学。天监四年，置五经博士各一人。《本纪》。《儒林传》云：以平原明山宾、吴兴沈峻、建平严植之、会稽贺玚、吴郡陆琏补博士，各主一馆，则所重者仍在其人。七年，正月，诏大启庠序，博延胄子，国学盖自此建立。然恐亦徒有其名。故其后大同七年，又于宫城西立士林馆，延集学者也。《陈书·儒林传》言：高祖"承前代离乱，日不暇给，弗遑劝课。世祖以降，稍置学官。虽博延生徒，成学盖寡"。陈世，资助私家之事，阒焉无闻，然官立之国学，亦益黯然无色矣。

郡县亦有为私家立学者。《宋书·隐逸传》沈道虔：乡里年少，相率受学。道虔常无食，无以立学徒。武康令孔欣之厚相资给，受业者咸得有成。《梁书·处士传》诸葛璩：性勤于诲诱，后生就学者日至，居宅狭陋，无以容之，太守张友为起讲舍。《魏书·崔休传》：为渤海，大儒张吾贵有盛名于山东。西方学士咸相宗慕。弟子自远而至者恒千余人。生徒既众，所在多不见容。休乃为设俎豆，招延礼接，使肄业而还，儒者称为口实。皆是。

南北朝实为资助私家立学最盛之世。固以其时王业偏安，敬教劝学，力有弗逮，乃仅就私家，加以资助。亦以私家立学，为众所归仰者，其人必较有学问，而归仰之者，亦必较有乡学之诚，就加资助，转较官自立学者为有实际也。学术之兴盛，皆社会自然之机运，而非政治所能为，益可见矣。

〔一二四〕盲人识字

　　盲人亦能识字，为近世言欧美教育者所艳称。然其事古亦有之。《隋书·艺术传》：卢大翼目盲，以手摸书而知其字是也。其所摸书，盖为简牍。自简牍尽废，而此事遂不可见矣。

〔一二五〕范甯崇学

《晋书·范汪传》：为东阳太守，"在郡大兴学校"。子甯，为余杭令，"在县兴学校，养生徒，絜己修礼，志行之士，莫不宗之。期年之后，风化大行。自中兴以来，崇学敦教，未有如甯者也"。补豫章太守，"在郡又大设庠序。遣人往交州采磐石，以供学用。改革旧制，不拘常宪。远近至者千余人，资给众费，一出私禄。并取郡四姓子弟，皆充学生，课读五经。又起学台，功用弥广。江州刺史王凝之上言曰：豫章郡居此州之半。太守臣甯，入参机省，出宰名郡，而肆其奢浊，所为狼籍。郡城先有六门，甯悉改作重楼，复更开二门，合前为八。私立下舍七所。臣伏寻宗庙之设，各有品秩，而甯自置家庙。又下十五县，皆使左宗庙，右社稷，准之太庙，皆资人力，又夺人居宅，工夫万计。甯若以古制宜崇，自当列上，而敢专辄，惟在任心。州既闻知，即符从事，制不复听。而甯严威属县，惟令速立。愿出臣表下太常，议之礼典。甯以此抵罪。子泰，弃官称诉。帝以甯所务惟学，事久不判。会赦，免"。案甯之所为，诚若奢浊，然远近至者千余人，资给众费，一出私禄，则其无所利焉可知。孝武迟回不判，以待赦令，良有由也。或疑甯私禄何以能如是之多，则此非指朝所颁禄；各地方相沿，本有行政经费，并有供守令之费，如后世之陋规者。此不能不取，亦不必不取，惟在用之何如耳。豫章居江州之半，此款必不菲也。人有所长，必有所短。用人之道，贵在舍短取长。甯之失，在于迂阔奢泰，以崇学敦教论，则可谓世济其美矣。若能任以学事，而抑其迂阔奢泰之为，则用人之道也。

事之当办与否，与其办理之善否，系属两事。当办之事，虽办理不善，只应改其办法，不应径废其事也。且如青苗，抑配固为不可，然任兼并之家要倍称之息，可乎？然则散放之法可变，散放之事，不可已也。宋世之新旧党，若知此义，事之败于狐埋狐搰者，必可大减矣。《宋史·胡宿传》："知湖州，前守滕宗谅大兴学校，费钱数十万。宗谅去，通判、僚吏皆疑以为欺，不肯书历。宿诮之曰：君辈佐滕侯久矣，苟有过，盍不早正？乃阴拱以观，俟其去而非之，岂昔人分谤之意乎？坐者皆大惭。其后湖学为东南最，宿之力为多。"滕侯贤者，自无欺罔之事，然其下之人，得毋有欺滕侯者乎？然其事已在前矣。惩此而不承权舆，是重费也。然则胡宿保全湖学之功，不减于滕宗谅之创始也。

宋世张昇镇许，欲兴乡学，而马宏沮之，诬县令因以取民，引见《郡县乡里之学下》条。宏之言固诬，然因兴作以取民之事，必多有之，宏乃得以肆其诬，则亦不可不儆也。国民政府之都南京也，学校、官司，屋宇皆不周于用，于是竞事营建。百务废弛，惟兹则汲汲恐后。论者皆讥其别有用心焉。此则范甯之罪人也。

《晋书·虞溥传》："除鄱阳内史。大修庠序，广招学徒，至者七百余人。祭酒求更起屋行礼。溥曰：君子行礼，无常处也。故孔子射于矍相之圃，而行礼于大树之下。况今学庭庠序，高堂显敞乎！"斯则范甯之诤友也。子曰："以约失之者鲜矣。"《论语·里仁》。

〔一二六〕周　朗

　　一时之人，有一时之人之思想。《宋书·周朗传》：世祖即位，普责百官谠言。朗上书，谓："宜二十五家选一长，百家置一师。男子十三至十七，皆令学经；十八至二十，尽使修武。官长皆月至学所，以课其能。习经者五年有立，则言之司徒；用武者三年善艺，亦升之司马。若七年而经不明，五年而勇不达，则更求其言政置谋，迹其心术行履，复不足取，虽公卿子孙，长归农亩，终身不得为吏。"此可谓昔人教育普及之论，其思想似颇特异。然《晋书·慕容皝载记》，载其记室参军封裕谏辞曰："四业者国之所资，教学者有国盛事。习战务农，尤其本也，百工商贾，犹其末耳。宜量军国所须，置其员数，已外归之于农，教之战法。学者三年无成，亦宜还之于农，不可徒充大员，以塞聪隽之路。"皝因此令学生不任教者，除其员录。其思想与朗颇相类。《魏书·景穆十二王传》：南安王桢之子英，奏言："谨案学令：诸州郡学生，三年一校所通经数，因正使列之。然后遣使就郡练考。俊造之流，应问于魏阙；不革之辈，宜反于齐民。顷以皇都迁构，江、扬未一，故乡校之训，弗遑正试。致使薰莸之质，均诲学廷；兰萧之体，等教文肆。今外宰京官，铨考向讫，求遣四门博士明通五经者，道别校练，依令黜陟。"其所行，亦即慕容皝之令。盖时宇内分裂，竞争烈而责望于民者深,故不期而同有此思想也。更上溯之,晋初傅玄上疏,言分民之理,欲采皇甫陶之说,课散官以亲耕,亦以直丧乱之后,不容浮食者之众耳。

〔一二七〕汲冢书

　　古书湮没复见,最早者无过于晋世之汲冢书。其事见于《晋书》之《武帝纪》、《律历志》,及卫瓘、荀勖、束晳、王接、司马彪、续咸诸传。《纪》云:咸宁五年十月,"汲郡人不准掘魏襄王冢,得竹简小篆古书十余万言,藏于秘府"。《志》云:"武帝太康元年,汲郡盗发六国时魏襄王冢,亦得玉律。"《卫瓘传》载瓘子恒所作《四体书势》云:"太康元年,汲县人盗发魏襄王冢,得策书十余万言。"《束晳传》云:"太康二年,汲郡人不准盗发魏襄王墓,或言安釐王冢,得竹书数十车。"诸说年代虽不相符,《二十二史考异》云:"《束晳传》作太康二年,《卫恒传》作太康元年,与《纪》互异。赵明诚《金石录》,据《太公庙碑》及荀勖序《穆天子传》,俱云太康二年,以正《晋》《纪》年月之误。"然亦未检束、卫两传也。注云:"杜预《春秋后序》亦作太康元年。"案杜预《春秋后序》、荀勖《穆天子传序》,并是伪书。然古事传者多不审谛,不能以此遂疑其事之真。《律历志》言:"荀勖校太乐,八音不和,始知后汉至魏,尺长于古四分有余。勖乃部著作郎刘恭依《周礼》制尺,所谓古尺也。依古尺更铸铜律吕,以调声韵。其尺量古器,与本铭尺寸无差。又,汲郡盗发六国时魏襄王冢,得古周时玉律及钟磬,与新律声韵暗同。"则当时所得,书籍外尚有他物。书籍纵有伪作,他物不必皆有人作伪。以此互证,亦足见汲冢得书,事非乌有。所得之数,《本纪》与《卫瓘传》,二说符同。简策重滞,而每策所容,不过数十字;十万余言,自可盈数十车。《束晳传》说,亦非歧异。十余万言之书,即在楮墨盛行之时,得诸地表,亦云匪易,况在楮墨未行之世,而又得诸地下之藏乎? 诚足令人神往矣。

　　然则世之所传,所谓出自汲冢之书,其物果可信乎? 曰:否。汲冢得书,实有其事,系一事;世之所传,所谓出自汲冢之书,其可信与否,又是一事。汲冢得书,固实有其事,然世之所传,谓其出于汲冢者,则不徒明以来之伪《竹书纪年》不可信,即其早于此者,如世所谓古本《竹书纪年》等,其不可信,亦未尝不相等也。此其为说,观于《晋书》之《束晳传》,即可知之。《荀勖传》言竹书之得,“诏勖撰次之,以为《中经》,列在秘书”。《束晳传》言:“初发冢者烧策照取宝物,及官收之,多烬简断札,文既残缺,不复铨次。武帝以其书付秘书校缀次第,寻考指归,而以今文写之。晳在著作,得观竹书,随疑分释,皆有义证。”《王接传》云:“时秘书丞卫恒考正汲冢书,未讫而遭难。佐著作郎束晳述而成之,事多证异义。时东莱太守陈留王庭坚难之,亦有证据。晳又释难,而庭坚已亡。散骑侍郎潘滔谓接曰:卿才学理议,足解二子之纷,可试论之。接遂详其得失。挚虞、谢衡皆博物多闻,咸以为允当。”是观其大略,加以次第者荀勖;就其所载,加以研求者,则卫瓘、束晳、王庭坚、王接也。《四体书势》云:“魏初传古文者,出于邯郸淳。恒祖敬侯写淳《尚书》,后以示淳,而淳不别。至正始中,立三字石经,转失淳法,因科斗之名,遂效其形。太康元年,汲县人盗发魏襄王冢,得策书十余万言。案敬侯所书,犹有仿佛。古书亦有数种,其一卷论楚事者最为工妙,恒窃悦之。”玩其言,似能次第成书,借以考见古事者,不过数种,余则仅堪借证书法。简断编残,铨次已觉不易,况于考索? 此实录也。人之度量相越,不能甚远,束晳继业,所就岂能远过? 乃《晳传》述诸书之目,大凡七十五篇,不识名题者七篇而已,余则皆能举其崖略,果可信乎?《司马彪传》云:"初谯周以司马迁《史记》书周秦以上,或采俗语百家之言,不专据正经,周于是作《古史考》二十五篇,皆凭旧典,以纠迁之谬误。彪复以周为未尽善也,条《古史考》中凡百二十二事为不当,多据《汲冢纪年》之义,亦行于世。"夫曰多据,则非尽据,且所据者《纪年》一书耳。《续咸传》言咸"著《远游志》、《异物志》、《汲冢古文释》,皆十卷,行于世"。六七十篇之书,岂十卷之书所能释? 是彪与咸即诚见汲冢书,所见者亦不多也。

更就《束皙传》论诸书之语观之。诸说皆云所发为魏襄王冢,《皙传》独多"或言安釐王冢"六字,说果何所据乎?《传》又云:"其《纪年》十三篇,纪夏以来至周幽王为犬戎所灭,以事接之。三家分,仍述魏事,至安釐王之二十年。盖魏国之史书。"此六字之所由来也。据《史记》,安釐王为襄王曾孙。襄王子哀王,在位二十三年;哀王子昭王,在位十九年;昭王子则安釐王,在位三十四年,其卒在秦始皇之四年,距襄王之卒,七十有六年矣。此时魏已去亡不远,能否厚葬,如史所云,实有可疑。古人作伪,多不甚工,往往少加校勘,说即不雠。窃疑《纪年》书本无传,造作者初不详核,乃误下三世七十六年,而后人反据之以为说也。

《束皙传》又云《纪年》,"大略与《春秋》皆多相应。其中经传大异,则云夏年多殷;益干启位,启杀之;太甲杀伊尹;文丁杀季历;自周受命,至穆王百年,非穆王寿百岁也;幽王既亡,幽王当作厉王,此盖传写之误。有共伯和者摄行天子事,非二相共和也"。案《史记集解》引《纪年》,谓夏有王与无王,用岁四百七十一年;汤灭夏以至于受,用岁四百九十六年;而《路史》引《易纬稽览图》,谓夏年四百三十一,殷年四百九十六。造竹书者,盖谓自相之亡,至于少康复禹之绩,历年四十,故窃纬候之说,而易其四百三十一为四百七十一,此其作伪之显证。启、益、太甲、伊尹、文丁、季历之相贼,则其时之人"舜禹之事，我知之矣"之见解耳。古人纪年，初不审谛，而好举成数，故于人君享国长久者，率以百年言之。如《诗生民疏》引《中候握河纪》云："尧即政七十年，受河图。《注》云：或云七十二年。"案尧立七十年得舜，辟位凡二十八年崩，则尧年九十八，若云七十实七十二，则适得百岁矣。《史记·五帝本纪》云："舜年二十以孝闻，年三十尧举之，年五十摄行天子事，年五十八尧崩，年六十一代尧践帝位。践帝位三十九年，南巡狩，崩于苍梧之野。"即位逾年改元，时舜年六十二，在帝位三十九年，舜年亦百岁也。此古传说本以尧舜为百岁，而说书者从而为之舜也。《大戴记·五帝德》："宰我问于孔子曰：昔者予闻诸荣伊曰黄帝三百年，请问黄帝者，人邪？抑非人邪？何以至于三百年乎？孔子曰：生而民得其利百年，死而民畏其神百年，亡而民用其教百年。"《小戴记·文王世子》："文王谓武王曰：女何梦矣？武王对曰：梦帝与我九龄。文王曰：女以为何也？武王曰：西方有九国焉，君王其终抚诸？文王曰：非也。古者谓年龄，齿亦龄也。我百，尔九十，吾与尔三焉。文王九十七乃终，武王九十三而终。"《书·无逸》曰："文王受命惟中身，厥享国五十年。"言其为君时年五十有一也。又云："殷高宗之享国，五十有九年。"《石经》残碑作百年。然则《吕刑》谓穆王享国百年，正合古人语例。造《纪年》者疑其误而改之，正见其不知古义耳。厉王见流，周召二相共和行政，犹之鲁昭公时之三家，卫献公时之孙林父、甯殖。古者世族权大，此等事盖甚多，特不能尽见于书传。谓他国之君释位而未摄政，却史无前例。有之，则有夏之衰，后羿自鉏迁于穷石，因夏民以代夏政耳，曾闻其反政于夏乎？此说也，《史记正义》引《鲁连子》同之，不知造《鲁连子》者袭伪《纪年》乎？造伪《纪年》者袭《鲁连子》乎？其为造作则无疑也。

《束皙传》又云："《名》三篇，似《礼记》，又似《尔雅》、《论语》。"此合伪《孔子家语》与《孔丛子》为一书也。又云："《师春》一篇,书《左传》诸卜筮,师春似是造书者姓名也。"玩其言,似所记与《左氏》全同,古书有如是略无出入者乎? 又云："《琐语》十一篇,诸国卜、梦、妖怪、相书也。"下文云:"七篇简书折坏,不识名题。"则名题皆系固有,卜、梦、妖怪、相书,古人是否视为琐语,殊难质言。《史通·疑古》引《汲冢琐语》,有舜放尧于平阳之事,又非卜、梦、妖怪、相书之伦也。又云:"《穆天子传》五篇,言周穆王游行四海,见帝台、西王母。"又有《周穆王美人盛姬死事》。合此二者,正今所谓《穆天子传》。世多以其言域外地理有合而信之,而不知此正其书出于西域既通后之铁证也。凡此皆今《晋书》《束皙传》不足信之征也。杜预《后序疏》引王隐《晋书·束皙传》云:汲冢竹书,"大凡七十五卷,其六十八卷皆有名题,其七卷折简碎杂,不可名题。有《周易》上下经二卷,《纪年》十二卷,《琐语》十一卷,《周王游行》五卷,说周穆王游行天下之事,今谓之《穆天子传》。此四部差为整顿。汲郡初得此书,表藏秘府,诏荀勖、和峤以隶字写之,勖等于时即已不能尽识。其书今复阙落,又转写益误。《穆天子传》,世间偏多"。述竹书篇卷凡数,名题可考与否之数,与今《晋书·束皙传》同,而能言其指归者,多少迥异。官家校理,往往徒有其名,六十八卷曾否悉行隶写,殊为可惑。观王隐《晋书》与《晋书》之说之不同,而可见造作者之各自为说也。_{卫恒言古书数种,论楚事者最为工妙,应在整顿之列,而隐《晋书》不及。}

　　汉魏之世,习称异于大小篆之字为古文,《说文解字》之例可证也。《晋书·武帝纪》言竹书,并称小篆、古书,可见二者俱有。其时既在战国,小篆之数,度必远多于古文,而今《晋书·束皙传》乃谓其皆科斗字,亦凭亿为说之一端也。

原刊一九四六年七月二十五日《东南日报》

〔一二八〕 再论汲冢书

近代治古本《竹书纪年》者,以钱君宾四、杨君宽正用力为最深。二君于战国史事,推校皆极密。皆谓《纪年》所记年代,较《史记》为可信。余于战国史事,未尝致力,于二君所言,无以平其是非,以其用力之勤,深信所言必非无见。然窃谓考证之学,今古皆有之,而著述体例,则今古不同。古人于其考证所得者,往往不明言为己见,而或托之他人;又或将推论之辞,与纪载相混。故窃疑竹书所言,虽或可信,亦系后人考证所得,而未必真为汲冢原文也。尝以此意语二君,二君未能信其然,而亦无以难之。近予将旧作《汲冢书》笔记一则,刊诸报端,旋得杨君来书,疑出土《纪年》,本仅记战国事,自魏文侯至襄王之二十年,其余则出后人增窜;且其增入并非一次。此言殊有意理。天下无赤手伪造之事,晋人既称其书为《纪年》,其中自必有若干按年记事者也。然必不能超出共和以上。《晋书·束晳传》说《纪年》云:“纪夏以来至周幽王为犬戎所灭,以事接之。三家分,仍述魏事,至安釐王之二十年。”此中惟安釐王三字,诚如杨君所疑,原文或为襄王,而为后人所亿改,余则似皆出旧文。观其所言,绝无谓自夏以来皆有年纪之意。然则真竹书即记夏以来事,亦不过存其梗概而已。《史记·晋世家》谓自靖侯以来,年纪可推;《汉书·律历志》言“《春秋》、《殷历》,皆以殷,鲁自周昭王以下无年数,故据周公伯禽以下为纪"，知列国年代，有可推寻，皆不能早于周世，且已为历人之言，而非史家之籍矣。鲁为周礼所在，犹且如此，晋居深山之中，王灵不及，拜戎不暇，安得所记乃远至夏殷？故知杨君所言，深有意理，足证所谓古本《纪年》者所纪甚远之不足信，而又足正予疑其专出后人推校所得之伪也，故乐得而再著之。

杨君书又云，"《纪年》与《赵世家》最为相合，以此见其可信"，然又以其"与《史记》嬴秦世系，亦有出入，史公记六国时事，多本《秦记》，秦之世系，不应有误"而疑之。予谓小小夺误，古书皆所不免。如《史记·秦始皇本纪》后所记秦之先君，不尽与《秦本纪》相合，即其切近之一证。古人著书，有一最要之例，曰："信以传信，疑以传疑。"惟如是，故所据虽有异同，皆各如其原文录之，而初不加以刊改。此在后人，或以此议古人之疏，甚且加以痛诋，然正因此，而古籍之有异同者，乃得悉葆其真，以传于后。较之以意刊改者，为益弘多矣。古本《纪年》，在战国之世者，似当兼采鄙说及杨君之说，谓其中有《竹书》原文，兼有后人推校所得。二者分别诚为不易，然即能分别之，尽得魏氏史官之旧，亦不过古代各种史文之一耳，未必其纤毫不误也。此意亦不可不知。

原刊一九四六年八月八日《东南日报》

〔一二九〕四　部

　　《通鉴》齐武帝永明三年："初，宋太宗置总明观以集学士，亦谓之东观。上以国学既立，五月乙未，省总明观。时王俭领国子祭酒，诏于俭宅开学士馆，以总明四部书充之。"胡三省《注》云："分经、史、子、集为甲、乙、丙、丁四部。又据《宋纪》：明帝泰始六年立总明观，征学士以充之；举士二十人，分为儒、道、文、史、阴阳五部学，言阴阳者遂无其人。然则四部书者，其儒、道、文、史之书欤！"案总明举士，虽分五部，观中之书，不必随之而分部。四部之分，始于晋之荀勖，自尔以来，相承不改。《通鉴》此文，本于《南史》，《齐书·王俭传》亦同。四部二字，未必更有异义。胡氏二说，自以前说为得也。

　　《隋书·经籍志》言：荀勖四部，"合二万九千九百四十五卷。惠怀之乱，京华荡覆，渠阁文籍，靡有孑遗。东晋之初，渐更鸠聚。著作郎李充，以勖旧簿校之，其见存者，但有三千一十四卷，充遂总没众篇之名，但以甲乙为次，自尔因循，无所变革。其后中朝遗书，稍流江左。宋元嘉八年，秘书监谢灵运造《四部目录》，大凡六万四千五百八十二卷。元徽元年，秘书丞王俭又造《目录》，大凡一万五千七百四卷。齐永明中，秘书丞王亮、监谢朏，又造《四部书目》，大凡一万八千一十卷。齐末兵火，延烧秘阁，经籍遗散。梁初，秘书监任昉，躬加部集，又于文德殿内，列藏众书，华林园中，总集释典，大凡二万三千一百六卷,而释氏不豫焉。梁有秘书监任昉、殷钧《四部目录》,又《文德殿目录》。其术数之书,更为一部,使奉朝请祖晅撰其名。故梁有《五部目录》。隋炀帝即位,秘阁之书,限写五十副本,分为三品,于东都观文殿东西厢构屋以贮之,东屋藏甲乙,西屋藏丙丁;又聚魏已来古迹名画,于殿后起二台,东曰妙楷台,藏古迹;西曰宝台,藏古画;又于内道场集道、佛经,别撰目录"。此自晋至隋书籍分部之大略也。除书画及释道氏书外,惟梁世术数之书别为一部,余皆以四部括之,此予所谓自荀勖以来相承不改者也。《晋书·李充传》:"为大著作郎,于时典籍混乱,充删除烦重,以类相从,分作四部,甚有条贯,秘阁以为永制。"《齐书·王俭传》:"超迁秘书丞,上表求校坟籍,依《七略》撰《七志》四十卷,又撰定《元徽四部书目》。"《梁书·沈约传》:"齐初为征虏记室,带襄阳令,所奉之王,齐文惠太子也。太子入居东宫,为步兵校尉,管书记,直永寿省,校四部图书。"《任昉传》:"转御史中丞,秘书监。自齐永元以来,秘阁四部,篇卷纷杂,昉手自雠校,由是篇目定焉。"《殷钧传》:天监初,起家秘书郎,历秘书丞,"在职启校定秘阁四部书,更为目录"。《张缵传》:"起家秘书郎,时年十七。秘书郎有四员,宋、齐以来,为甲族起家之选,待次入补,其居职,例数十百日便迁任。缵固求不徙,欲遍观阁内图籍。尝执四部书目曰:若读此毕,乃可言优仕矣。"《文学传》:刘杳撰《古今四部书目》五卷。皆足与《隋志》相证明也。

四部之分,不足以见学术流别,故言校雠之学者多病之。实斋《通义》反复阐述,实惟此一义而已。然四部之分,本其大较,其中更有子目,则学术流别存焉。循其名不能知其实者,惟集部之书为甚,此实由后世专门之学日亡,立言者无不驳杂之故,与作目录者无涉也。荀勖四部:一曰甲部,纪六艺及小学等书,此刘歆之《六艺略》也;二曰乙部,有古诸子家、近世子家、兵书、兵家、术数,此歆之《诸

子》、《兵书》、《术数略》也；三曰丙部，有史记、旧事、皇览簿、杂事，此
为勖所新增，盖以记事之作不可与言道之作相混而然；四曰丁部，有
诗赋、图赞、汲冢书。诗赋者歆之《诗赋略》，图赞盖王俭《图谱志》所
本，亦为《七略》所无，汲冢书别为一门，最为论者所惑。然勖即昧于
学术流别，亦无以汲冢书为一类之理，盖缘其书初出，未能尽通，无
从分类，而其物为古简策，所宝者不徒所言，故别立为一类，正如后
世目录家之别立金石一门耳。《七略》中之《方技》，为勖四部所无，
以《隋志》列于子部推之，度其当入乙部。《晋书·勖传》云："领秘书
监，与中书令张华，依刘向《别录》，整理记籍。"可见其所为一秉前
规。四部之分，盖特以计庋藏之便，而非以言学术流别。厥后王俭
有作，《四部目录》与《七志》亦自殊科，犹此志也。俭之《七志》：一
曰《经典志》，纪六艺、小学、史记、杂传，当勖之甲丙两部；二曰《诸子
志》，纪今古诸子，四曰《军书志》，纪兵书，五曰《阴阳志》，纪阴阳图
纬，六曰《术艺志》，纪方技，与勖之乙部相当；三曰《文翰志》，纪诗
赋，七曰《图谱志》，纪地域及图书，与勖之丁部相当，而无汲冢书，盖
其物已不存。《隋志》有《纪年》、《周书》、《古文琐语》，注皆云汲冢
书，隶史部。诸书未必皆出齐后，盖以其非故简而为写本，故按书之
门类隶之，此亦可见荀勖之以汲冢书为一类，乃以古物视之也。其
道、佛附见，不与旧书为类，盖亦以其性质不同。梁兴，阮孝绪作《七
录》：一曰《经典录》，纪六艺，二曰《记传录》，纪史传，当王俭之《经
典志》；三曰《子兵录》，纪子书、兵书，五曰《技术录》，纪数术，苞俭之
《诸子》、《军书》、《阴阳》、《术艺》四志；四曰《文集录》，纪诗赋，即俭
之《文翰志》，图谱无录，盖如《隋志》入诸《记传》；六曰《佛录》，七曰
《道录》，亦如俭《志》之殊科。梁世秘书监、文德殿之藏，释氏不豫，
隋世亦于内道场集道、佛经，别撰目录，其意皆与王、阮同。而梁又
将术数之书，别为一部，则其析之更细。然则刘《略》荀《簿》而降，经

籍之分类,实相承而渐变,屡变而益详。四部之分,特庋藏之部居,非分类之准则,显然可见。李充总没众篇之名,但分四部,实一时苟简之为耳,《晋书》称其甚有条贯者,盖前此混乱,并四部之分而无之。而不意后遂以为永制也。然自隋以来,虽以四部为宏纲,其中亦未尝不分子目;就子目而观之,学术流别,夫固昭然可见。集部之不能循名责实,正犹刻书者所苞较广,而编目之家,不得不随之而立丛部,固未可责其鲁莽也。

经籍分类,随乎学术,宜详而不宜混。近世东西之籍,所言者与中国旧籍,固不尽同,强欲齐其门类,势必治丝益棼,实不如分而著之为得。昔人道、释不杂四部,固足以为法也。

《汉书·艺文志》言,刘向校雠,每一书已,辄条其篇目,撮其指要,录而奏之。此诚不朽之盛业,然其事殊不易为,故自荀勖以降,遂莫之能为也。然《隋志》言,王俭《七志》,不述作者之意,而于书名之下,每立一传,并及传授源流、后人评论,此则于读者甚有裨益矣。后世校勘之家,于此等处亦皆极留意,观《隋志》之言,而知其由来已久也。

原刊一九四八年三月二十四日《东南日报》

〔一三〇〕梁末被焚书籍

　　梁世藏书有二处，一秘书监，一文德殿也，故有秘书监任昉、殷钧《四部目录》，又有《文德殿目录》。牛弘云："侯景渡江，秘省经籍，虽从兵火，其文德殿内书史，宛然犹存。萧绎据有江陵，遣将破平侯景，收文德之书及公私典籍重本七万余卷，悉送荆州。"与《隋志》云"元帝克平侯景，收文德之书及公私经籍归于江陵，大凡七万余卷"者相合。《南史·侯景传》，谓王僧辩收图书八万卷归江陵；颜之推《观我生赋注》，亦谓工司徒表送秘阁旧书八万卷，盖举成数言之。颜《赋注》又云，孝元鸠合，通重十余万，则并江陵所故有者言之也。牛弘谓周师入郢，绎悉焚之于外城，所收十一二，则其书亦未全焚，但所收甚仅耳。

　　《隋志》言梁书大凡二万三千一百六卷，而僧辩所收，已逾七万，盖亦通重言之也。牛弘云"总其书数三万余卷"，则亦以成数言之耳。《梁书·昭明太子传》云于时东宫有书三万卷，不知通重言之，抑其所有侔于秘省文德之藏？然即通重言之，其数亦已不少矣。乃《南史·侯景传》云：贼"登东宫墙射城内。至夜，简文募人出烧东宫，台殿遂尽，所聚图籍数百厨，一皆灰烬。先是简文梦有人画作秦始皇，云此人复焚书，至是而验"。然则梁末所失者，尚不止建业秘省之藏，江陵外城之烬也，亦可云浩劫矣。

　　《南史·张缵传》：缵兄缅，有书万余卷；缵晚颇好积聚，多写图书数万卷；及死，湘东王皆使收之，书二万卷。此等皆元帝所藏，出于王僧辩所致之外者也。

兵燹之际，图籍最宜加意保全，然能保全者实鲜。牛弘言书有五厄，其四固皆兵燹为之也。《梁书·柳恽传》：高祖至京邑，恽候谒石头。时东昏未平，恽上笺陈便宜，请城平之日，先收图籍。高祖从之。然《隋志》言齐末兵火，延烧秘阁，经籍遗散，则仍未能收取矣。周武平齐，先封书府。亦见《隋志》。杨广伐陈，既破丹阳，亦使裴矩、高颎收其图籍。见《隋书·矩传》。盖视刘石等之全不措意者为愈矣。《北齐书·辛术传》言，术"少爱文史，晚更修学，虽在戎旅，手不释卷。及定淮南，凡诸资物，一毫无犯，惟大收典籍，多是宋、齐、梁时佳本，鸠集万余卷，并顾陆之徒名画，二王以下法书，数亦不少，俱不上王府，惟入私门。及还朝，颇以馈遗权要，物议以此少之"。此虽违奉公之义，究胜于拉杂摧烧之者。《魏书·李顺传》：世祖之克统万，"赐诸将珍宝杂物，顺固辞，惟取书数千卷"。则按旧例，入国之日，图籍原不尽归公家也。公家苟欲收藏，自可使人转写。且据《北齐书·文苑传》，天保七年，诏令校定群书，供皇太子，樊逊以秘府书籍，纰缪者多，议向多书之家，牒借参校，而术为所举六家之一，则其书，亦未尝不有裨中藏矣。书籍藏庋，端资爱护，同好借阅，尤贵流通，此二者，公家固未必胜于私家也。学术者天下之公，虽丧败之余，图籍亦似宜为天下共惜。然如于谨者，犬羊何知焉，岂知为箕畴之访钦？悉数焚之，亦焦土抗战之一道也。《南史·梁本纪》。元帝见执，如萧詧营，甚见诘辱。他日，乃见魏仆射长孙俭，谲俭云，埋金千斤于城内，欲以相赠，俭乃将帝入城。帝因述詧相辱状，谓俭曰，向聊相谲欲言耳，岂有天子自埋金乎？此事真可发一噱。虏将之所知者，则埋金而已矣。

原刊一九四八年一月七日《东南日报》

〔一三一〕 论晋书一

　　《晋书·王隐传》云："隐世寒素。父铨,少好学,有著述之志。每私录晋事及功臣行状,未就而卒。隐以儒素自守,不交势援,博学多闻。受父遗业,西都旧事,多所谙究。建兴中过江,丞相军谘祭酒涿郡祖纳,雅相知重。纳好博弈,每谏止之,纳曰:聊用忘忧耳。隐曰:古人遭时则以功达其道,不遇则以言达其才,故否泰不穷也。当今晋未有书,天下大乱,旧事荡灭,非凡才所能立。君少长王都,游宦四方,华夷成败,皆在耳目,何不述而裁之? 纳喟然叹曰:非不悦子之道,力不足也。乃上疏荐隐。元帝以草创务殷,未遑史官,遂寝不报。太兴初,典章稍备,乃召隐及郭璞,俱为著作郎,令撰晋史。时著作郎虞预私撰《晋书》,而生长东南,不知中朝事,数访于隐,并借隐所著书窃写之,所闻渐广。是后更疾隐,形于言色。预既豪族,交结权贵,共为朋党以斥隐。竟以谤免,黜归于家。贫无资用,书遂不就,乃依征西将军庾亮于武昌,亮供其纸笔,书乃得成,诣阙上之。隐虽好著述,而文辞鄙拙,芜舛不伦。其书次第可观者,皆其父所撰;文体混漫,义不可解者,隐之作也。"《祖纳传》载隐谏纳之辞略同。又载纳荐隐疏,称其"清纯亮直,学思沈敏,五经群史,多所综悉,且好学不倦,从善如流。若使修著一代之典,褒贬与夺,诚一时之俊也"。又云:"帝以问记室参军钟雅,雅曰:纳所举虽有史才,而今未能立也。事遂停。然史官之立，自纳始也。"东晋之置史官，事在建武元年十一月，见《元帝纪》。《王导传》云："时中兴草创，未置史官，导始启立，于是典籍颇具。"盖其事成于导，而议实发于纳。纳之所以为是议，则又隐实启之也。隐之有功于晋史亦大矣。《魏书·李彪传》载彪表求修史之辞曰："近僭晋之世有佐郎王隐，为著作虞预所毁，亡官在家，昼则樵薪供爨，夜则观文属缀，集成《晋书》，存一代之事，司马绍敕尚书惟给笔札而已。"官给笔札，盖即庾亮供隐纸笔之讹。抑彪求白衣修史，乃为是语。躬自采樵，不忘属缀，则虽微庾亮之助，隐亦未尝不自刻厉，其继志述事，亦可谓勤矣。《祖纳传》又曰："纳尝问梅陶曰：君乡里立月旦评，何如？陶曰：善褒恶贬，则佳法也。时王隐在坐，因曰：《尚书》称三载考绩，三考黜陟幽明。何得一月便行褒贬？陶曰：此官法也；月旦，私法也。隐曰：《易》称积善之家，必有余庆；积不善之家，必有余殃。称家者岂不是官？必须积久，善恶乃著，公私何异？古人有言：贞良而亡，先人之殃；酷烈而存，先人之勋。累世乃著，岂但一月。若必月旦，则颜回食埃，不免贪污。盗跖引少，则为清廉。朝种暮获，善恶未定矣。"其评骘之矜慎，可以想见。此纳所以称其使修一代之典，褒贬与夺，足为之俊欤？岂有芜舛不伦，文体混漫，而能如是者欤？当时史记，成于父子继业者甚多。多不别其孰为父作，孰为子述。盖补缺正讹，必有不容别白者在也。梁世许亨撰《梁书》，梁乱亡散。入陈更加修撰，仍未成而卒。善心随见补葺，成七十卷。其《序传》云："凡称史臣者，皆先君所言。下称名案者，并善心补阙。"此亦指论赞言之，姚思廉《梁》、《陈》二书之例耳。其叙事处必无从别白也。隐既不自别白，观者何以知其孰出于父，孰出于子？毋亦犹沿权贵朋党訾毁之辞，乃为是亿度专固之论欤？亦足怂嫉矣。

原刊一九四七年三月七日上海《益世报》副刊"史苑"

〔一三二〕论晋书二

晋史撰述，始自陆机。《史通·古今正史》篇曰："机为著作郎，撰《三祖纪》。束皙为佐郎，撰《十志》。会中朝丧乱，其书不存。"然《隋书·经籍志·古史类》有机《晋纪》四卷。《晋书·干宝传》云："宝以才器，召为著作郎。中兴草创，未置史官。中书监王导上疏曰：夫帝王之迹，莫不必书，著为令典，垂之无穷。宣皇帝廓定四海，武皇帝受禅于魏，至德大勋，等踪上圣。而纪传不存于王府，德音未被乎管弦。宜备史官，敕佐著作郎干宝等渐就撰集。元帝纳焉。宝于是始领国史。"然则机所撰者，故府无存，而民间则犹有其书也。《宝传》又云：宝"著《晋纪》，自宣帝迄于愍帝，五十三年，凡二十卷，奏之。其书简略，直而能婉，咸称良史"。其所以简略者，岂亦以取材无多，而非尽由于体例欤？

干宝之书，《隋志》亦在《古史类》，云二十三卷，与《晋书》本传卷数不合。未知何故。岂古人好举成数，作传者于其卷数不审，乃以大较言之欤？《正史类》有虞预《晋书》二十六卷，《注》云："本四十四卷，讫明帝，今残缺。"而《晋书·预传》云"著《晋书》四十余卷"，亦不能言其确数，则作传者于所传之人著述卷数，不能尽审之证。

王隐之书，《隋志》在《正史类》，八十六卷。《注》云："本九十三卷。"《史通》云八十九卷，未知孰是。要其卷数，必远多于干宝、虞预,则无疑也。然则预虽善攘窃,究不能掩隐之长矣。隐之作盖以多为贵,所谓与其过而废之,毋宁过而存之者。洛都行事,当以是为得失之林。岂造谤者正嫉其详备,乃又訾为芜秽欤?

原刊一九四七年三月七日上海《益世报》副刊"史苑"

〔一三三〕论晋书三

江左之史，《史通》云："自邓粲、孙盛、檀道鸾、王韶之已下，相次继作。远则偏记两帝，近则惟叙八朝。至宋湘东太守何法盛，始撰《晋中兴书》，勒成一家，首尾该备。齐隐士东莞臧荣绪，又集东西二史，合成一书。皇家贞观中，有诏以前后晋史十有八家，制作虽多，未能尽善。乃敕史官更加纂录，采正典与杂说数十余部，兼引伪史十六国书，为纪十、志二十、列传七十、载记三十，并叙例、目录，合为百三十二卷。自是言晋史者，皆弃其旧本，竞从新撰者焉。"十八家，浦二田《通释》云："《隋》《唐》二《志·正史部》凡八家，其撰人则王隐、虞预、朱凤、何法盛、谢灵运、臧荣绪、萧子云、萧子显也。《编年部》凡十一家，其撰人则陆机、干宝、曹嘉之、习凿齿、邓粲、孙盛、刘谦之、王韶之、徐广、檀道鸾、郭季产也。据《志》盖十有九家，岂缘习氏独主汉斥魏，以为异议，遂废不用欤？"说近臆测。贞观《修晋书诏》曰："十有八家，虽存记注，而才非良史，事亏实录，绪烦而寡要，思劳而少功。叔宁课虚，滋味同于画饼；子云学海，涓滴湮于涸流；处叔不预于中兴，法盛莫通于创业；泊乎干、陆、曹、邓，略记帝王；鸾、盛、广、讼，才编载记。其文既野，其事罕传，遂使典午清高，韬遗芳于简册；金行曩志，阙继美于骊骍。邈想寂寥，深为叹息。"所列举者，凡十二家，自此而外，阙疑可也。

原刊一九四七年三月七日上海《益世报》副刊"史苑"

〔一三四〕论晋书四

　　《晋书·孙盛传》云:"盛笃学不倦,自少至老,手不释卷。著《魏氏春秋》、《晋阳秋》,并造诗赋论难复数十篇。《晋阳秋》词直而理正,咸称良史焉。既而桓温见之,怒,谓盛子曰:枋头诚为失利,何至乃如尊君所说? 若此史遂行,自是关君门户事。其子遽拜谢,谓请删改之。时盛年老还家,性方严,有轨宪,虽子孙斑白,而庭训愈峻。至此,诸子乃共号泣稽颡,请为百口切计。盛大怒,诸子遂窃改之。盛写两定本,寄于慕容隽。太元中,孝武帝博求异闻,始于辽东得之,以相考校,多有不同,书遂两存。"《晋阳秋》,《隋志注》云"讫哀帝",而枋头之败,事在海西公太和四年,则其事实为非定本之所无。岂盛诸子竟删之欤? 然慕容氏在当时,实为晋敌国。寄定本于敌国,实事理之所无。且即如所云,慕容氏亦早入燕、赵矣,又何待得之辽东? 故知所谓定本者,必不出于盛,殆知枋头之事或有憾于温者之所为,以盛名高而托之也。寄定本于敌国,虽造作此说者,亦宁不知其辞之谬悠。推其意,亦本不欲此说之见信于人,特欲附名高之人以行其书。甚或转利于其说之谬悠,使闻者惊奇之而读其书耳。其心亦良苦矣。

　　《盛传》又云:盛善言名理,于时殷浩擅名一时,与抗论者,惟盛而已。盛尝诣浩谈论,对食,奋掷麈尾,毛悉落饭中,食冷而复暖者数四。盛本为庾翼安西谘议参军,迁廷尉正。会桓温代翼,留为参军,与俱伐蜀。蜀平,赐爵安怀县侯。累迁温从事中郎。从入关平洛,以功进封吴昌县侯,出补长沙太守。以家贫,颇营资货,部从事至郡,察知之,服其高明而不劾。盛与温笺,辞旨放荡。称州遣从事观采风声,进无威凤来仪之美,退无鹰鹯搏击之用。徘徊湘川,将为怪鸟。温得笺,复遣从事重案之,臧私狼籍,槛车收盛。到州,舍而不罪。其人盖非端士,而又矜慑尚气。温之于盛,实不可谓不厚。盛或以尝见收而有憾焉,著书以诋之,亦理所可有。然寄定本于敌国,究为理所必无。抑且盛果如此,则于其书之将遭改削,早已知之,又何必大怒以却诸子之请?故知所谓定本者,必不出于盛。《隋志》所著录之本,实为盛之原书也。昔人云定,义谓改易。若盛豫知其书将遭改削,而自写两本,寄于他国,则其书当云真本。而顾称之为定本,则造作此说者,已于无意之间,流露其改易之消息矣。《晋书·盛传》之文,自《晋阳秋》"词直而理正"以下,盖别采自一书,以广异闻,与上文不相连属也。

原刊一九四七年三月七日上海《益世报》副刊"史苑"

〔一三五〕论晋书五

　　语云,非公正不发愤。著述之家,虽造诣或有浅深,其意则恒在于守先而待后,此不可诬也。《北齐书·宋显传》:"显从祖弟绘,少勤学,多所博览,好撰述。魏时,张缅《晋书》未入国,绘依准裴松之注《三国志》体,注王隐及《中兴书》。又撰《中朝多士传》十卷,《姓系谱录》五十篇。以诸家年历不同,多有纰缪,乃刊正异同,撰《年谱录》,未成。河清五年,并遭水漂失。绘虽博闻强记,而天性恍惚。晚又得风疾,言论迟缓。及失所撰之书,乃抚膺恸哭曰:可谓天丧予也! 天统中卒。"其志亦可哀矣。观此,弥可想见王隐之苦心也。岂有从事述作,而专为名利之计者欤! 乃《南史·徐广传》云:"时有高平郄绍亦作《晋中兴书》,数以示何法盛。法盛有意图之,谓绍曰: 卿名位贵达,不复俟此延誉。我寒士,无闻于时,如袁宏、干宝之徒,赖有著述流声于后,宜以为惠。绍不与。书成,在斋内厨中。法盛诣绍,绍不在,直入窃书。绍还失之,无复兼本,于是遂行何书。"岂有但计流声,遂可向人乞所述作者! 果如所言,则寒贱时所述作,逮于贵达,皆可摧烧之矣。抑且《中兴书》卷帙繁重,《隋志》七十八卷。入斋窃取,岂无闻见之人? 造此说者,不徒不知述作为何事,亦且不计事理之可通与否矣。此说与谓虞预攘王隐之书者绝相似,而其信否不同如此。故知相似之言,不可不察也。

原刊一九四七年三月七日上海《益世报》副刊"史苑"

〔一三六〕论晋书六

　　《齐书·高逸传》：臧荣绪括东西晋为一书，纪、录、志、传百一十卷。《南史·隐逸传》同。《十七史商榷》谓王隐等以晋人记晋事，载录未全。沈约在荣绪之后，卷数又同，谅不过润色荣绪之书。若荣绪则各体具备，卷帙繁富，实可即以之垂世，而惜其为唐世官修之书所掩。案王隐之书，卷帙几与荣绪书埒，可见荣绪之书，未为赅备。沈约《宋书自序》谓："常以晋氏一代，竟无全书，年二十许，便有撰述之意。泰始初，蔡兴宗为启明帝，有敕赐许，自此迄今，年逾二十，所撰之书，凡一百二十卷。条流虽举，而采缀未周。永明初，遇盗，失第五帙。建元四年未终，被敕撰国史。永明二年，又忝兼著作郎，撰次起居注。自兹王役，无暇搜撰。"《梁书·约传》，谓约所著《晋书》百一十卷。则遇盗所失者凡十卷。《自序》云"采缀未周"，则其书实未大成。而其卷帙已多于荣绪，则谓憾晋无全书而有撰述之意者，必非虚辞。其初撰时必未尝见荣绪书，后来即或见之，亦必不容舍己作而更就加润饰也。《北史·序传》论晋史，谓"太宗深嗟芜秽，大存刊勒"，则今《晋书》于诸旧作，芟薙必多。不特繁富如王隐书者非所能容，即臧荣绪、沈约之书，亦必不能尽取矣。何以知其然也？案刘知幾论新《晋书》，谓其采正典与杂说，兼引伪史十六国书。则伪史十六国书，实前此正典所未采，新《晋书》载记三十，盖以此为本。载记而外,合纪、志、列传仅七十卷,反少于荣绪之书矣。故新《晋书》必非以荣绪书为蓝本者也。秦、汉而降,一统之局久定。故汉、晋之间,虽三方鼎立,而承祚作《志》,仍合为一书,以中国实未尝分也。况如十六国之草草攘窃者欤!新《晋书》列为载记,视如新末之群雄,于义当矣。或曰:既如是,魏、齐、周之史,何以与宋、齐、梁、陈并刊?此则唐承隋而隋承周,势有所不得已也。李唐之出于华夏,岂能较高齐之自云出于渤海者为可信?举高齐而"夷"之,事已有所难行矣,况于攘斥宇文、拓跋欤!

　　　　原刊一九四七年三月七日上海《益世报》副刊"史苑"

〔一三七〕论晋书七

兼采伪史十六国书，盖唐修《晋书》所以舍旧谋新之一端；而兼采杂说，或亦为其一端也。后之论者，多以是为《晋书》病。其实此乃当时史家风气如此，初非修《晋书》者之所独。抑当时史家所以如此，固亦有其不得已者在也。何则？史料流传，不越官家记注、私家撰述二者。官家记注，仅具事之外表，而不足以知其情。臧往者何能以是为已足，则不得不有取于私家杂说矣。《史通·古今正史》篇，谓三国之世，异闻错出，其流最多，宋文帝以《三国志》载事，伤于简略，乃命裴松之兼采众书，补注其阙，由是世言《三国志》者，以裴书为本。则时人之于裴《注》，实已视同述作，而不以之为陈书之羽翼矣。陈书之所以简略，盖即缘其专取官家记注。干宝《晋纪》所以有"略记帝王"之诮，盖亦由是也。南北朝时，注史用松之之体者，实非一家，宋绘以是注王隐及何法盛书，已见前。《齐书·文学传》：崔慰祖临卒，与从弟纬书云：欲更注迁、固二史，采《史汉》所漏二百余事，在厨簏，可检写之，以存大意。

《梁书·王规传》："规集《后汉》众家同异，注《续汉书》二百卷。"又《文学传》：刘昭伯父彤，"集众家《晋书》注干宝《晋纪》，为四十卷。至昭，又集《后汉》同异，以注范晔书，世称博悉"。昭《注》百八十卷，与彤及王规之注，卷帙皆远过于所注之书，可以想见其体例。

李延寿预修《五代史》，然必别作《南》、《北史》者，其《序传》云："正史外，更勘杂史。于正史所无者一千余卷，皆以编入。其烦冗者，即削去之。"又表言"小说短书，易为湮落，脱或残灭，求勘无所。用是鸠集遗逸，以广异闻"。其志犹裴松之、李绘、王规、刘肜、刘昭之志也。特一补苴于成书之后，一采撷于纂葺之时耳。修新《晋书》者之志，则亦犹是也。

采撷既多，说遂或流于荒怪，后之论者，尤以是为病。如《廿二史札记·晋书所记怪异》一条是也。此亦当时风气使然，《晋书·干宝传》云："性好阴阳术数，留思京房、夏侯胜等传。宝父先有所宠侍婢，母甚妒忌，及父亡，母乃生推婢于墓中。宝兄弟年小，不之审也。后十余年，母丧，开墓，而婢伏棺如生，载还，经日乃苏。言其父常取饮食与之，恩情如生。在家中吉凶辄语之，考校悉验。地中亦不觉为恶。既而嫁之，生子。又宝兄尝病气绝，积日不冷，后遂寤，云见天地间鬼神事。如梦觉，不自知死。宝以此遂撰集古今神祇灵异、人物变化，名为《搜神记》，凡二十卷。因作序以陈其志曰：虽考先志于载籍，收遗逸于当时，盖非一耳一目之所亲闻睹也，亦安敢谓无失实者哉！卫朔失国，二传互其所闻；吕望事周，子长存其两说。若此比类，往往有焉。从此观之，闻见之难一，由来尚矣。夫书赴告之定辞，据国史之方策，犹尚若兹。况仰述千载之前，记殊俗之表，缀片言于残阙，访行事于故老，将使事不二迹，言无异涂，然后为信者，固亦前史之所病。然而国家不废注记之官，学士不绝诵览之业，岂不以其所失者小，所存者大乎？今之所集，设有承于前载者，则非予之罪也。若使采访近世之事，苟有虚错，愿与先贤前儒，分其讥谤。"假死更生，事所可有。在今日理亦共明，然当时之人，不之知也。而阴阳术数之说方盛，哲士魁儒，皆欲藉是以穷宇宙之秘。躬逢怪异者，安得不广事搜罗，以资研讨。然犹极言所记者之不必皆信。此与世俗之未尝亲见，而顾深信不疑者，固大异矣。当时信神怪之说者，不止一家，修《晋书》者遇而存之，亦何足怪。治古史与治近史不同，治近史者或患材多，治古史则惟苦材少。怪异之说之不足信，固也；然因述之信之者之多，正可以见当时风气。即持无鬼之论，亦岂可以尽删。修《晋书》者，岂无通知释典之人，然一读鸠摩罗什之传，则知当时之信释教者，实全与其教义无涉矣。此岂可以改作，亦岂可以删除欤？

原刊一九四七年三月七日上海《益世报》副刊"史苑"

〔一三八〕论魏史之诬

　　以私意淆乱史实者，莫如清代，夫人而知之矣。其实清代亦不过其变本加厉者，相类之事，前此久有之矣。清人疑前代以丑恶字样译外国人名，乃举前史译名妄加改易。夫一时代有一时代之语言，斯一时代有一时代之译例。清人纵能知满语，或且能知与满语相类之蒙古语，安能尽知其余诸民族之语？况能知数百年前诸民族之语，及其时之译例乎？然此事亦不始于清。《北史·蠕蠕传》，谓其人自号柔然，太武以其无知，状类于虫，改其号为蠕蠕。蠕蠕与柔然，芮芮，《宋书》。茹茹，《周书》。均系同音异译。太武此举，非更其名，乃易其字。则以丑恶字样为外国译名，实出于褊衷。不特此也，魏人自称为黄帝之后，谓北俗谓土为托，谓后为跋，故以托跋为氏。《魏书·帝纪·序纪》。案《齐书·魏虏传》云："魏虏，匈奴种也，姓托跋氏。初，匈奴女名托跋，妻李陵，胡俗以母名为姓，故虏为李陵之后。"此说之不可信，别见下。是魏人曾以人名释托跋二字也。其实二者皆非其真。《晋书·秃发氏载记》谓其先与后魏同出。乌孤七世祖寿阗在孕，其母因寝产于被中，鲜卑谓被为秃发，因而氏焉。秃发氏之亡，其主傉檀之子破羌奔魏，魏赐之氏曰源，名曰贺。《魏书·贺传》载世祖谓贺曰："卿与朕源同，因事分姓，今可为源氏。"足见《晋书》"与后魏同出"之说之确。"秃发"、"托跋"，同音异译，显而易见。《载记》所述之说，虽不敢谓其必真，要较后土及母名之说为可信。是魏人两释"托跋"之义，均属伪造也。伪造训诂，亦犹之妄改译名也。更考《魏书·序纪》之说，尤可见魏人自道其历史之诬。《序纪》云："昌意少子，受封北土，积六十七世至成帝毛，统国三十六，大姓九十九。"又十四世而至神元。自受封至神元，凡八十一世，八十一者，九九之积也。自成帝至神元十五世，十五者，三与五之积也。九者数之九，三与五，盖取三才五行之义。统国三十六，四面各九国也。大姓九十九，与己为百姓也。数之巧合，有如是者乎？《序纪》又言："不为文字，刻木纪契而已，世事远近，人相传授，如史官之纪录焉。"世岂有无文字而能详记六十七世之世数者？果能详记世数，何以于名号、事迹，一不省记？其为诬罔，不言自明。为此矫诬者谁欤？《卫操传》言桓帝崩后，操为立碑以颂功德，云魏为轩辕苗裔，一似其事为魏初汉人附房者所为。其实一览《卫操传》，即知其为乃心华夏之人，其于托跋氏，特思借其力以犄匈奴耳，岂肯为之造作诬辞，以欺后世？况统观前后史实，魏人是时，尚未必有帝制自为之思。既无帝制自为之思，必不敢自附于帝王之后。故《卫操传》之说，必不足信。魏之帝制自为，实在道武帝天兴元年，史称其追尊成帝已下及后号谥，诏百司议定行次，尚书崔玄伯等奏从土德，其造作必在此时也。

　　道武之称帝，在天兴元年十二月。先十二岁为登国元年，《纪》书正月戊申，帝即代王位，四月，改称魏王。及天兴元年六月丙子，诏有司议定国号。群臣曰："昔周、秦已前，世居所生之土，有国有家，及王天下，即承为号。自汉已来，罢侯置守，时无世继，其应运而起者，皆不由尺土之资。今国家万世相承，启基云、代。臣等以为若取长远，应以代为号。"诏曰："昔朕远祖，总御幽都，控制遐国，虽践王位，未定九州。逮于朕躬，处百代之季，天下分裂，诸华乏主。民俗虽殊,抚之在德,故躬率六军,扫平中土。凶逆荡除,遐迩率服。宜仍先号,以为魏焉。布告天下,咸知朕意。"所谓总御幽都,控制遐国者,即《序纪》所谓"昌意少子受封北土,其后世为君长,统幽都之北,广漠之野,至成帝统国三十六,大姓九十九"者也。魏人造作史实,在于此时,断然可识。然魏之称号,何自来乎?案《崔玄伯传》云:司马德宗遣使来朝,太祖将报之,诏有司博议国号。玄伯议曰:"国家虽统北方广漠之土,逮于陛下,应运龙飞,虽曰旧邦,受命维新,是以登极之初,改代曰魏。又慕容永亦奉进魏土。夫魏者大名,神州之上国。斯乃革命之征验,利见之玄符也。臣愚以为宜号为魏。"太祖从之。玄伯之说,实验《纪》所载有司之议者。云"慕容永奉进魏土",则魏王之封,实受之于永者耳。然其事恐不在登国元年四月也。

据《魏书》,道武为昭成帝什翼犍之孙。其父名寔,昭成太子也,后追谥为献明帝。昭成时,长孙斤谋逆,寔格之,伤胁而死。秦(苻坚)兵来伐,昭成为庶长子寔君所弑。坚分其地,自河以西属刘卫辰,以东属刘库仁。库仁母,平文帝郁律之女也,昭成复以宗女妻之。于是南部大人长孙嵩及元他等,尽将故民南依库仁。道武方幼,其母献明皇后贺氏,亦以之居独孤部。《晋书·苻坚载记》则云:涉翼犍"子翼圭缚父请降。坚以翼犍荒俗,未参仁义,令入太学习礼。坚尝之太学,召涉翼犍问曰:中国以学养性而人寿考,漠北噉牛羊而人不寿,何也?翼犍不能答。又问:卿种人有堪将者,可召为国家用。对曰:漠北人能捕六畜,善驰走,逐水草而已,何堪为将?又问:好学不?对曰:若不好学,陛下用教臣何为?坚善其答"。《宋书·索虏传》云:犍"为苻坚所破,执还长安,后听北归。犍死,子开字涉珪代立"。《齐书·魏虏传》曰:坚"擒犍还长安,为立宅,教犍书学。坚败,子珪,字涉圭,随舅慕容垂据中山,还领其部"。案《晋书》明载坚与犍问答之语，必不能指为虚诬，则《魏书》所云犍为寔君所弑者，实属妄语。一语虚则他语不得不随之而虚，谓道武为昭成之孙者，自不如谓为其子之可信。盖《魏书》之云，一以讳昭成见执降伏之辱，一亦欲洗道武翦灭舅氏之恶，乃改昭成之见执于其子为见弑，而又造作一救父见杀之太子，以与之对消，其心计可谓工矣。然岂能尽箝中国人之口哉？观此，然后知清代欲焚禁中国书籍为有由也。《宋书》谓苻坚后听昭成北归，《齐书》谓坚败，道武尚随慕容垂，二说又当以《齐书》为确。何者？昭成苟北归，不应略无事迹可见也。据《魏书·刘库仁传》，慕容垂之起，库仁实右苻丕，因此为慕容文所杀。库仁弟眷摄国事。库仁子显，杀眷而代之，遂谋杀道武。道武乃走贺兰部，依其舅贺讷，遂于牛川即代王位。昭成之子窟咄，为苻坚徙于长安，因随慕容永，永以为新兴太守。刘显使弟亢泥迎纳之。道武求援于慕容垂。垂使子贺骃往援，破之。又破刘显。显奔慕容永。贺兰部叛道武，贺骃又与道武破之。是后燕之有造于道武者实大。其后贺兰部为刘卫辰所攻，请降告困。道武援之，却卫辰，而迁贺兰部于东界。贺兰盖自此夷为托跋氏之臣仆。不知如何，忽与后燕启衅，贺骃伐之，道武救之，而托跋氏与后燕之衅端，亦因之而启。后燕止托跋氏之使秦王觚，而道武亦转而纳交于慕容永矣。窃疑道武之北归，慕容垂实使之，其事当在刘库仁助苻丕之时，时库仁所统多托跋氏之旧部，使之北归扇动，以相牵掣也。慕容永封道武为魏王，则其事当在登国六年七月《纪》书"永使其大鸿胪慕容钧奉表劝进尊号"之日。天兴元年六月之议，乃决臣晋与否，臣晋则仍称代王，不臣则不矣。道武从崔玄伯之议而不臣，乃去代号而专称魏。是年十二月，遂有帝制自为之举焉。是时慕容永已亡；且拓跋氏尚不甘臣晋，岂肯受封于永？乃以称魏为自行改号，而又移其事于登国元年四月，以泯其改易之迹。其心计弥可谓工矣,然终不能尽掩天下人之目也,心劳日拙,讵不信哉?

天兴元年之议行次,其事亦见《礼志》。逮太和十四年,复以是为议,高闾等主以据中原之地者为正统。赵承晋为水德,燕承赵为木德,秦承燕为火德,魏承秦为土德。李彪、崔光援汉继周之例,以魏承晋为水德。诏群官议之。卒从彪等之议。案高闾等之议,盖不敢替诸胡而承中华,以触忌讳。然孝文实不复以虏自居,故卒弃其说,而从李彪等之议也。然闾等之议,亦非天兴时原意。天兴时之意,盖欲祧魏、晋而承汉,故其所亿造之神元元年,与曹魏之并国同岁也。是时晋尚未亡,承晋既不可,又不能与晋争承魏;北方僭伪诸国,又皆无可承,其势固不得不如此耳。

魏在天兴以前,既无帝制自为之意,自不敢妄托于古之帝王,故《宋》、《齐书》谓其自托于李陵,说必不妄。托跋氏当时,得此已为褒矣。《齐书》云:虏甚讳之,有言其是陵后者辄见杀,盖先尝以是自夸,传播颇广,既以黄帝之后自居,则又欲讳其说;然传播既广,其势不可卒止,乃又一怒而滥杀以立威也;可恶亦可笑矣。

后魏与秃发氏同祖,而乌孤五世祖树机能,实为晋人所诛。抑不仅此,神元者,《晋书》之力微,《晋书·卫瓘传》云:瓘督幽州,于时幽、并东有务桓,西有力微,并为边害。瓘离间二虏,遂至间隙,于是务桓降而力微以忧死。据《魏书·序纪》:神元子文帝沙漠汗,实为诸部大人所杀。神元是否终于牖下,亦难质言。然则托跋氏仍世遭诛,正犹清之有叫场、他失也,固无怪其仇中原之深耳。

自来修史者,于魏事多取《魏书》,于南朝之纪载,所取甚罕,意谓敌国传闻之辞,必不如其人自述者之可信也,而孰知适得其反。且如道武,《魏书》本纪谓其"服寒食散,动发,谓百寮左右,人不可信,虑如天文之占,或有肘腋之虞,朝臣至前,追其旧恶,皆见杀害。其余或以颜色变动,或以喘息不调,或以行步乖节,或以言辞失措,帝皆以为怀恶在心，变见于外，乃手自殴击，死者皆陈天安殿前。于是朝野人情，各怀危惧。有司懈怠，莫相督摄。百工偷劫，盗贼公行。巷里之间，人为希少。帝亦闻之，曰：朕纵之使然，待过灾年，当更清治之尔"。夫所杀果止朝臣，何至巷里之间，人为希少？今观《宋书·索虏传》，则云："开暴虐好杀，民不堪命。先是，有神巫诫开：当有暴祸，惟诛清河，杀万民，乃可以免。开乃灭清河一郡、常手自杀人，欲令其数满万。"然则开之滥杀，及于平民者多矣。此与什翼犍之见俘，皆魏人之记载不可信，而南朝之记载转可信者也。然此特其偏端耳。其宫闱之惨祸，宗戚之分争，讳言中原人之叛之，与他外族兵争，亦多讳败为胜，实属不胜枚举，别于他条发之。

不特《魏书》，《周》、《齐书》之诬妄，亦有出人虑外者。西魏之寇江陵也，梁元帝请援于齐，齐使其清河王岳救之。至义阳，荆州已陷，因略地，南至郢州。齐知江陵陷，诏岳旋师。岳留慕容俨据郢。梁使侯瑱攻之。《陈书·瑱传》云："俨食尽请和，瑱乃还镇豫章。"此实录也。《北齐书·俨传》，谓俨镇郢城："始入，便为梁大都督侯瑱、任约率水陆军奄至城下。俨随方备御，瑱等不能克。又于上流鹦鹉洲上造荻洪，竟数里，以塞船路。人信阻绝，城守孤悬，众情危惧。俨导以忠义，又悦而安之。城中先有神祠一所，俗号城隍神，公私每有祈祷。于是顺士卒之心，乃相率祈请，冀获冥佑。须臾，冲风歘起，惊涛涌激，漂断荻洪，约复以铁锁连缉，防御弥切。俨还共祈请，风浪夜惊，复以断绝。如此者再三，城人大喜，以为神助。瑱移军于城北，造栅置营，焚烧坊郭，产业皆尽。约将战士万余人，各持攻具，于城南置营垒，南北合势。俨乃率步骑出城奋击，大破之，擒五百余人。先是郢城卑下，兼土疏颓坏，俨更修缮城雉，多作大楼。又造船舰，水陆备具，工无暂阙。萧循又率众五万，与瑱、约合军，夜来攻击。俨与将士力战终夕。至明，约等乃退。追斩瑱骁将张白石首。

瑱以千金赎之，不与。夏五月，瑱、约等又相与并力，悉众攻围。城中食少，粮运阻绝，无以为计，惟煮槐楮、桑叶并䌫根、水萍、葛、艾等草，及靴、皮带、觔角等物而食之。人有死者，即取其肉，火别分啖，惟留骸骨。俨犹申令将士，信赏必罚，分甘同苦，死生以之。自正月至于六月，人无异志。后萧方智立，遣使请和，显祖以城在江表，据守非便，有诏还之。俨望帝，悲不自胜。帝呼令至前，执其手，持俨须鬓，脱帽看发，叹息久之。谓俨曰：观卿容貌，朕不复相识，自古忠烈，岂能过此！"凡所云云，有一语在情理之中者乎？江陵之陷也，巴、湘之地，并属于周。周遣梁人守之。后陈人加以围逼。周使贺若敦率步骑六千赴救。又使独孤盛将水军与俱。侯瑱自寻阳往御。又遣徐度会瑱于巴丘。天嘉元年十月，瑱破盛于杨叶洲，盛登岸筑城自保。十二月，周巴陵城主尉迟宪降。盛收余众遁。明年，正月，周湘州城主殷亮降。二月，以瑱为湘州刺史。三月，瑱卒，以徐度代之。七月，贺若敦自拔遁归，人畜死者十七八。见《陈书·世祖纪》。《陈书》所纪者如此，此实录也。《周书·敦传》，侈陈敦之战绩，与《北齐书·慕容俨传》，可称异曲同工。尤可笑者，云："相持岁余，瑱等不能制，求借船送敦渡江。敦虑其或诈，拒而弗许。瑱复遣使谓敦曰：骠骑在此既久，今欲给船相送，何为不去？敦报云：湘州是我国家之地，为尔侵逼，敦来之日，欲相平殄，既未得一决，所以不去。瑱后日复遣使来。敦谓使者云：必须我还，可舍我百里，当为汝去。瑱等留船于江，将兵去津路百里。敦觇知非诈，徐理舟楫，勒众而还。"姑无论所言之信否，而瑱死在三月，敦之遁在七月，乃《传》中记其絮絮往复如此，敦岂共鬼语邪？

原刊《两年：文艺春秋丛刊之一》，一九四四年十月十日出版

〔一三九〕读抱朴子上

　　世无可欺之人,固之亦无能欺人之事。明明诞妄之事而人信之者,以其中杂有真事也;始而真伪参半,继而伪稍胜真,又继而伪为人所共信矣。《抱朴子·内篇·论仙》谓:"魏文帝穷览洽闻,自谓于物无所不经,谓天下无切玉之刀,火浣之布,及著《典论》,尝据言此事;未期,二物毕至,乃叹息,遽毁斯论。"又云:"陈思王著《释疑论》云:初谓道术,直呼愚民诈伪;……及见武皇帝试左慈等,令断谷近一月,而颜色不减,气力自若,常云可五十年不食;正尔,复何疑哉?又令甘始以药含生鱼,而煮之于沸脂中,其无药者,熟而可食,其衔药者,游戏终日,如在水中也;又以药粉桑以饲蚕,蚕乃到十月不老;又以住年药食鸡雏及新生犬子,皆止不复长;《金丹》篇云:"王君丹法,巴沙及汞内鸡子中,漆合之,令鸡伏之,三枚,以王相日服之,住年不老。小儿不可服,不复长矣。与新生鸡犬服之,皆不复大,鸟兽亦皆如此验。"盖神仙家以不长与不老同理。又以还白药食白犬,百日,毛尽黑。乃知天下之事,不可尽知,而以臆断之,不可任也。"切玉之刀,火浣之布,在今日已无足异;断谷数十日,理自可能;蚕不老,鸡不长,白犬毛黑,亦非必不可致;惟衔药之鱼,煮之沸脂中,游戏终日,则于理必不可解耳。案《三国志·华佗传注》引东阿王《辨道论》云:"世有方士,吾王悉所招致,甘陵有甘始,庐江有左慈,阳城有郤俭。始能行气导引,慈晓房中之术，俭善辟谷，悉号三百岁。卒所以集之于魏国者，诚恐斯人之徒，接奸宄以欺众，行妖慝以惑民，岂复欲观神仙于瀛洲，求安期于海岛，释金辂而履云舆，弃六骥而美飞龙哉？自家王与太子及余兄弟咸以为调笑，不信之矣。然始等知上遇之有恒，奉不过于员吏，赏不加于无功，海岛难得而游，六黻难得而佩，终不敢进虚诞之言，出非常之语。……甘始者，老而有少容，自诸术士咸共归之。然始辞繁寡实，颇有怪言。余常辟左右，独与之谈，问其所行，温颜以诱之，美辞以导之，始语余：吾本师姓韩字世雄，尝与师于南海作金，前后数四，投数万斤金于海。又言：诸梁时，西域胡来献香罽、腰带、割玉刀，时悔不取也。又言：车师之西国，儿生，擘背出脾，欲其食少而弩行也。又言：取鲤鱼五寸一双，合其一煮药，俱投沸膏中，有药者奋尾鼓鳃，游行沉浮，有若处渊，其一者已熟而可啖。余时问：言率可试不？言：是药去此逾万里，当出塞；始不自行不能得也。言不尽于此，颇难悉载，故粗举其巨怪者。始若遭秦始皇、汉武帝，则复为徐市、栾大之徒也。”然则始乃方士中之诞谩者，衔药煮鱼，陈思王安得谓武皇帝曾为试之乎？则此篇殆为妄人所造矣。然其余语，固非尽伪，此所谓真伪夹杂者也。

断谷，闻今印度人犹有能之。西人某尝严密试之，闭之密室中，封禁甚严，度无能私递饮食者，月余启视，其人康健如恒也。《杂应篇》云吴景帝尝剿闭道士石春，令人备守之年余，与此事颇相类。此理今日尚不能尽明；然观病者能经久不食，则知人之生理，苟异恒时，自无所谓一日不再食则饥，更无所谓七日不食则死也。《道意》篇言李宽吞气断谷，可得百日以还，亦不堪久，最为近情，度左慈亦不过如此耳。《杂应》篇云：“问诸曾断谷积久者云：差少病痛，胜于食谷时；其服术及饵黄精及禹余粮，久令人多气力，堪负担远行，身轻不困；其服诸石药，一服守之十年五年者，及吞气服符饮神水辈，但为不饥

耳,体力不任劳也。"此说亦非虚诳。闻日本人尝制药,合诸养料,皆
无所厌。试使兵士服之,肥泽如平时,而无气力,不能行动,以胃无
所事之也。亡友长沙丁冕英尝日食九橘,但饮水,不复食,如是者七
日,精神作事皆如恒,惟行动无力,偶与物相撞则仆,乃复食。此皆
服石药吞气服符饮神水之类也。国民军之攻武昌也,有药肆学徒为
肆中取何首乌,中途流弹大至,不能返肆,乃负之抵家。家仅有老
父,病瘫痪,不能起坐者久矣,父子相守历月余,粮绝,乃蒸何首乌而
食之,四旬余,其父竟起。此岂所谓断谷而少病痛、服术饵黄精等令
人多气力身轻者邪?因悟古书所谓久服轻身延年者,必须当作饭
吃,若如今人以为药饵而服之,他食什佰于此,无效也。多肉食必生
痛疽,然不使胜食饩则否,正同此理。

　　承君仰贤,尝戒人少食,曰人有吃死者,无饿死者。《抱朴子》
云:"余数见断谷人三年二年者,多皆身轻色好,堪风寒暑湿,大都无
肥者耳。"不肥正更为美,未见其弊也。又云:"问诸为之者,绝谷。无
不初时少气力,后复稍健,月胜一月,岁胜一岁。但用符水及单服气
者,皆四十日中疲瘦,过此乃健耳。郑君云:本性饮酒不多,昔在铜
山中,绝谷二年许,饮酒数斗不醉。以此推之,是为不食更令人耐
毒,耐毒则是难病之候也。"皆见《杂应》篇。皆可为世之迷信多食者作
棒喝。

　　魏文帝《典论》,信有其书矣。而《论仙》篇又曰:"董仲舒所撰
《李少君家录》云:少君有不死之方,而家贫无以市药物,故出于汉,
以假途求其财,道成而去。"又引刘向《列仙传》,为有仙人之证。夫
仲舒及向,岂作此等书者邪?道家好附会道术之士,盖其言阴阳五
行等,有相类者也。然道术之士之言阴阳五行,岂方士之谓哉?然
其相依附则已久矣。《史记·封禅书》云:驺衍以阴阳主运,显于诸
侯,而燕、齐海上之方士,传其术不能通。盖二者之相淆久矣。

　　《仙药》篇云："汉成帝时,猎者于终南山中见一人,无衣服,身生黑毛;猎人见之,欲逐取之,而其人逾坑越谷,有如飞腾,不可逮及,乃密伺候其所在,合围得之,乃是妇人;问之,言我本是秦之宫人也,闻关东贼至,秦王出降,宫室烧燔,惊走入山,饥无所食,垂饿死,有一老翁教我食松叶松实,当时苦涩,后稍便之,遂使不饥不渴,冬不寒,夏不热。……乃将归,以谷食之,初闻谷臭呕吐,累日乃安,如是二年许,身毛乃脱落,转老而死。""南阳文氏说其先祖,汉末大乱,逃出山中,饥困欲死,有一人教之食术,遂不能饥;数十年乃来还乡里,颜色更少,气力胜故;自说在山中时,身轻欲跳,登高履险,历日不极,行冰雪中,了不知寒。"此两事自有傅会,非尽实,然不熟食,身轻而体生毛,确非虚语。向见野史中载如此事,犹未之信;丁未春夏间,见上海《时报》译某西报云,瑞典有人流落入山亦如此,当非虚诬也。当时曾将报留存,惜一九三七年故乡沦陷,屋庐毁坏,书物都尽,今已不可复得矣。

〔一四〇〕读抱朴子中

《道意》篇言信巫之弊,至于幸而误活,财产穷罄,遂复饥寒而死,或乃起为穿窬剽劫,丧身锋镝,陷刑丑恶,其没者无复凶器,尸朽虫流,其祸至于如此,宜其欲重淫祀之刑,致之大辟也。又谓张角、柳根、王歆、李甲之徒,钱帛山积,富逾王公,纵肆奢淫,侈服玉食,妓妾盈室,管弦成列,刺客死士,为其致用,威倾邦君,势陵有司,亡命逋逃,因为窟薮,此其所以能称兵以叛与? 然张角奉黄老道,而黄老道禁诸房祀,见《黄老君》条。岂亦知霸有天下者陈兵以守,而顾禁人之执兵与?

少时读此篇之李宽及《祛惑》篇古强、蔡诞、项曼都、白和之事而大笑之。稚川云"宽弟子转相授受,布满江表",即强及诞之言,亦有信之者,予颇疑其为诞而不信也。及今思之,则寻常人之所信者,原不过如此。李少君言汉武帝铜器,齐桓公十年陈于柏寝,非古强云亲见尧、舜、禹、汤且识孔子、秦始皇、项羽、汉高祖与? 稚川言强"敢为虚言,言之不怍",非即栾大之敢为大言,处之不疑与? 少君言"臣常游海上,见安期生",栾大亦曰"臣常往来海中,见安期、羡门之属",非诞所谓身事老君,曼都所谓曾游天上者与? 公孙卿言"黄帝郊雍上帝,鬼臾区死葬雍;其后黄帝接万灵明廷,明廷者,甘泉也。所谓寒门者,谷口也",明明无稽之谈,而言之凿凿可指,与蔡诞之言昆仑五城十二楼、五河出其四隅、弱水绕之何异？而其言鼎湖之事，与项曼都谓仙人来迎、共乘龙而升天，又何似也！然汉武则固信之矣。不特此也，昆仑五城十二楼诸说，不又明著之道家之书与？则知道士之明知能著书者，举不过文成、五利、公孙卿、李宽、古强、蔡诞、项曼都之伦也。白和，道士有博涉众事、洽练术数者，以诸疑难谘问，皆为寻声论释，无滞碍，盖在此曹中已罕觏矣。前数年有作平话描写剑仙者，童子闻之，或背家而入山，世人群笑其愚；然观古者帝王士大夫皆轻信如此，且寻声附和者甚众，又曷怪此十余龄之童子也。然所恶于利口之士者则有之矣。公孙卿曰："黄帝且战且学仙，患百姓非其道，乃断斩非鬼神者。"是知武帝之好战乐刑杀而逢之也；非鬼神者皆断斩，则无虑人之非己矣。封而旱，则曰"黄帝时封则天旱，乾封三年"；柏梁台灾，则曰"黄帝就青灵台，十二日烧，黄帝乃治明庭"。乌乎，何其善于文君之过、逢君之恶如此也！故小人非徒求己身富贵苟容也，毒必被于天下。

方士虽善诳，亦必略有言之成理之说，盖所以应付明理之人也。如曰世间何以不见仙人，则云仙人殊趣异路，行尸之人安得见之？假令游戏或经人间，匿真隐异，外同凡庸，比肩接武，孰有能觉乎？英儒伟器，犹不乐见浅薄之人，况彼神仙，何为汲汲使人知之？《论仙》篇。又曰：或问老氏、彭祖，悉仕于世，中世以来，为道之士，莫不飘然绝迹幽隐，何也？则曰：曩古纯朴，巧伪未萌，信道者勤而学之，不信者默然而已；末俗偷薄，好为讪毁，谓真正为妖讹，以神仙为诞妄，或曰惑众，或曰乱群。《明本》篇。然则神仙之不在人间，乃有所不得已也。此皆所谓弥近理而大乱真者也，然非此固无释明理者之难也。

〔一四一〕读抱朴子下

　　《金丹》篇曰："余考览养性之书,鸠集久视之方,篇卷以千计矣,莫不以还丹金液为大要。"然则爱尚金丹,非稚川一人之私言,而古来方士之公言也。所以然者,金石质坚,信人服之,则质可坚如金石,盖其最初之思想如此。《对俗》篇曰:"金玉在于九窍,则死人为之不朽;盐卤沾于肌髓,则脯腊为之不烂;况以宜身益命之物纳之于己乎?"《至理》篇曰:"泥壤易消者也,而陶之为瓦,则与二仪齐其久;柞柳速朽者也,而燔之为炭,则可亿载而不败。"皆可见其思想之迹。《对俗》篇又曰:神仙方书,试其小者,莫不效焉,举方诸求水、阳燧引火为证。此其所以取信于人者,然彼亦未尝不因此而坚其自信也。汉武之信栾大也,使验小方斗棋,棋自相触击,《索隐》引顾氏案《万毕术》云:"取鸡血杂磨针铁,捣和磁石棋头置局上,自相抵击也。"知方士于物理颇有所知也。而其诛也,亦以方尽多不雠。文成之诛,亦以方益衰,神不至。乌呼惜乎! 今世深明物理之士,不获生于秦皇汉武之士而益雠,其欺也。

　　石不如金之坚,故方士之所信者,珠玉次于金银,至于草木,则谓仅可延年而已。不免于死。信金石草木之初说盖如此。至并谓金丹可以起死人,隐形,先知,通宿命,厌百鬼,疾病不侵,所求皆至,则增益之辞也。且如房中,其初当亦谓能生,然流俗之言,亦谓能尽其道者,可以移灾解罪,转祸为福,居官高迁,商贾倍利《微旨》篇。犹此。

方士盖亦有真信金丹可致不死,草木可以延年者。盖服金石之剂,不必无强壮之效,而草木可以延年,亦实事也。大抵方士惟诳惑人主鼓动百姓者为可诛,其余则其愚可哀,然不能谓其以欺诳为志也。彼亦有其论理,如《塞难》篇言人非天地所造,天地亦为一物,而当俯从物理,见解颇高;神仙由于禀赋,即其信不信亦由此,见《塞难》篇,亦见《辨问》。亦颇能自圆其说,然以人之生为各有所直之星宿则缪矣。此由方士之说,多与古迷信之谈夹杂,故其自行推理处虽高,卒不能脱迷信之迹也。

以人之生为各有所直之星宿者,盖自古相传之说,故《洪范》谓王省惟岁,卿士惟月,师尹惟日,庶民惟星也。道家之说,存古宗教之说颇多,如《对俗》篇言司命,《微旨》篇言司过及三尸,皆古迷信时之遗迹。言三尸欲人早死,此尸乃得作鬼,放纵游行,尤野蛮时代魂魄为二之普通思想。《地真》篇云:“守玄一,并思其身分为三人,三人已见,又转益之可至数十人,皆如己身。”此所谓分形之道。一人可分为三,与三尸之思想同,盖古以三为多数也。守一之道,亦见其以魂魄分为二,此固最素朴之思想也。又述师言,谓金水分形,则自见其三魂七魄,三魂盖即三尸。

《金丹》篇云:“九丹诚为仙药之上法,然合作之所用杂药甚多,若四方清通,市之可具,若九域分隔,则物不可得也。”此与甘始妄言仙药,及请之,则云药去此逾万里,当出塞,始不自行难得同。然始为自解免之言,而道士之信远方有药者,则不必尽虚也,故稚川亦思为句漏令求丹砂也。

秦、汉方士,世皆目为神仙家,其实非也。方士之道,杂而多端,而神仙仅其一术耳。

神仙家之术,盖原起于燕、齐之间,其地时有海市,古人睹其象而不知其理，则以为人可遥兴遐举，载云气而上浮矣。匡衡等之废淫祀也，成帝以问刘向，向言："甘泉、汾阴及雍五畤始立，皆有神祇感应，然后营之，非苟而已也。武、宣之世，奉此三神，礼敬敕备，神光尤著。祖宗所立神祇旧位，诚未易动。及陈宝祠，自秦文公至今，七百余岁矣，汉兴，世世常来，光色赤黄，长四五丈，直祠而息，音声砰隐，野鸡皆雊。每见雍太祝祠以太牢，遣候者乘一乘传驰诣行在所，以为福祥。高祖时五来，文帝二十六来，武帝七十五来，宣帝二十五来，初元元年以来，亦二十来。"《汉书·郊祀志》。此皆众目昭见之事，非可虚诳。野蛮之迷信，所言之理虽误，所见之象则真，是以众心皈仰，不可移易。

　　因目睹海市蜃楼，而谓人可遥兴遐举也，则以为人可不死。求不死之方，最初似偏于服食。服食有使人老寿者。《三国志·华佗传》：樊阿从佗求可服食益于人者，佗授以漆叶青黏散，言久服去三虫，利五脏，轻体，使人头不白。阿从其言，寿百余岁。《注》引《佗别传》曰："本出于迷入山者，见仙人服之，以告佗。佗以为佳，辄语阿，阿又秘之。近者人见阿之寿而气力强盛，怪之，遂责阿所服，因醉乱误道之。法一施，人多服者，皆有大验。"此理所可有。魏武啖野葛，《纪注》引《博物志》。郤俭饵茯苓，《华佗传注》引《典论》。皆其类也。

　　古人又以导引求老寿。《史记·留侯世家》言良"性多病，即道引不食谷"；又言其"学辟谷，道引轻身"。《后汉书·方术传注》引《汉武内传》，谓王真"习闭气而吞之，名曰胎息；习嗽舌下泉而咽之，名曰胎食。真行之，断谷二百余日，肉色光美，力并数人"。未言其谷食外不食他物。《三国志·华佗传注》引东阿王《辩道论》，谓："余尝试郤俭绝谷百日，躬与之寝处，行步起居自若也。夫人不食七日则死，而俭乃如是。"则似全然不食者。其说殊诞谩不可信。陈思王岂能躬与郤俭寝处至百余日邪？隆古之世，人本不专食谷，及后农业既兴，乃专以谷为食。然谷食之兴，亦因栽培之便，谓其最足养人，其实并无此理。世尽有食物，其养生转逾于谷者。《后汉书·西南夷传》谓"莋都夷土出长年神药，仙人山图所居焉"，盖亦以食他物养生而附会之也。然此止足养身，至多益寿，必不可以不死。《三国·魏志·王粲传注》引嵇康兄喜所为《康传》言：嵇康"性好服食，尝采御上药。以为神仙者，禀之自然，非积学所致。至于道养得理，以尽性命，若安期、彭祖之伦，可以善求而得"，其证也。方士之伦，乃别求所谓金石之剂。

　　金石质坚，古人误谓饵金石，则其体亦能如金石，于是可以不死，《抱朴子》中，全是此论。金石相较，金为愈坚，故方士尤贵焉。玉亦石类，珠又玉类，故古人又欲餐珠玉者。汉武听李少君说，化丹沙诸药剂为黄金；《史记·封禅书》。桓谭言光武穷折方士黄白之术；《后汉书》本传。汉武欲得云表之露以餐玉屑，故立仙掌以承高露；《三国·魏志·卫觊传》。《盐铁论·散不足》篇谓方士言"仙人食金饮珠，然后寿与天地相保"是也。求之不得，则疑其在于海外。《史记·封禅书》曰："三神山尝有至者，诸仙人及不死之药皆在焉。"又曰："始皇南至湘山，遂登会稽，并海上，冀遇海中三神山之奇药。"又《淮南王传》载伍被言：秦"使徐福入海求神异物，还为伪辞曰：臣见海中大神言曰：女西王之使邪？臣答曰：然。汝何求？曰：愿请延年益寿药。神曰：汝秦王之礼薄，得观而不得取"。《封禅书》栾大言："臣常往来海中，见安期、羡门之属，顾以臣为贱，不信臣。又以为康王诸侯耳，不足与方。"然则初欲求仙人，亦特欲求其药耳，如后世所谓遇仙人即能接引飞升，古无是说也。神仙家之死，黄诚谓肉体可以上升，公孙卿谓黄帝采首山铜，铸鼎于荆山下，鼎既成，有龙垂胡髯下迎黄帝，黄帝上骑，群臣后宫从上者七十余人是也。其时又有尸解之说，《三国志·华佗传注》引《典论》："王和平死，弟子夏荣言其尸解。"《封禅书》："李少君病死，天子以为化去不死。"即尸解之说。

　　人锻炼则体强，不锻炼则体弱，此乃习见之理。故其后亦有欲以是求长年者。《庄子》已有熊经鸟伸之言。《汉书·王吉传》，吉谏昌邑王好猎曰："休则俯仰屈申以利形，进退步趋以实下，吸新吐故以练臧，专意积精以通神。"王褒《圣主得贤臣颂》曰："何必偃仰屈伸若彭祖，呴嘘呼吸如乔、松。"崔寔《政论》曰："夫熊经鸟伸虽延历之术，非伤寒之理；呼吸吐纳虽度纪之道，非续骨之膏。"仲长统《卜居论》曰："安神闺房、思老氏之玄虚；呼吸精和，求至人之仿佛。"是也。《三国志·华佗传》，佗语（吴）普曰："古之仙者，为道引之事，熊颈《后汉书》作经。鸱顾，引挽腰体，动诸关节，以求难老。吾有一术，名五禽之戏，一曰虎，二曰鹿，三曰熊，四曰猿，五曰鸟，亦以除疾，并利蹄足，以当道引。"《志》称佗"晓养性之术，时人以为年且百岁而貌有壮容"。殿本《考证》云：《册府》"以为"下有"仙"字，盖是。《佗传注》引《典论》谓"甘始善行气，老有少容"。《后汉书·方术传》言："王真年且百岁，视之面有光泽似未五十者，自云周流登五岳名山，悉能行胎息胎食之方。"至此神仙家与养身家之术混而不分矣。《后汉书·佗传注》云："熊经，若熊之攀枝自县也，鸱顾，身不动而回顾也。"又引《佗别传》曰："吴普从佗学，微得其方。魏明帝呼之使为禽戏，普以年老，手足不能相及，粗以其法语诸医。"《典论》曰："后（甘）始来，众人无不鸱视狼顾，呼吸吐纳。军谋祭酒弘农董芬为之过差，气闭不通，良久乃苏。"习养生术者多贵乎清静，故王吉言专意积精，仲长统言安神闺房，《后汉书·文苑传》言苏顺好养生术，隐处求道，晚乃仕。所行者盖即其术。

　　房中之术，《汉志》与神仙本各为一家，然其后遂合为一。《史记·张丞相列传》言"妻妾以百数，尝孕者不复幸"，此似犹能贵养生。《汉书·王莽传》言"郎阳成脩献符命言，继立民母"；又曰"黄帝以百二十女致神仙"；又言"莽日与方士涿郡昭君于后宫考验方术，纵淫乐焉";则房中、神仙并为一术矣。其后则左慈、《三国志注》引《典论》。冷寿光、甘始、东郭延年、封君达等行其术，并见《后汉书·方术传注》引《列仙传》曰："御妇人之术，谓握固不泻，还精补脑也。"

　　以上所言，皆可云是神仙家之事，其人有形状可见，其药有形质可求，导引锻炼，深为切实，其术原非迷信也。卢生辟恶鬼之说，《秦始皇本纪》。李少君祠灶之方，《封禅书》。只可谓之巫术耳。

〔一四二〕水经叶榆水注节录

"《交州外域记》曰：交趾昔未有郡县之时，土地有雒田，其田从潮水上下，民垦食其田，因名为雒民。设雒王雒侯，主诸郡县，县多为雒将，雒将铜印青绶，后蜀王子将兵三万，来讨雒王雒侯，服诸雒将，蜀王子因称为安阳王。后南越王尉佗举众攻安阳王。安阳王有神人名皋通，下辅佐，为安阳王治神弩一张，一发杀三百人。南越王知不可战，却军住武宁县。按《晋太康地记》县属交距。越遣太子名始，降伏安阳王，称臣事之。安阳王不知通神人，遇之无道，通便去，语王曰：'能持此弩王天下，不能持此弩者亡天下。'通去，安阳王有女名曰媚珠，见始端正，珠与始交通。始问珠，令取父弩视之。始见弩，便盗以锯截弩。讫，便逃归报南越王。南越进兵攻之，安阳王发弩，弩折，遂败。安阳王下船径出于海。今平道县后王宫城见有故处。《晋太康地记》县属交趾。越遂服诸雒将。"

中国疆域广大，民族众多，各地方之历史传说，亦应极多，惜存者殊少。所以然者，各地方文明程度不同，其程度较低者，不能著之竹帛，日久遂至湮没也。然其仅存者，则读之殊有趣味；借以考各地方开化情形，亦殊有裨益；如《吴越春秋》、《越绝书》、《华阳国志》等是也。此等各地方之传说，乃其确实可信之历史，存于图经中者必多，惜图经亦多湮灭。近世之方志，即古之图经，然多出后人纂辑，古代材料,留存者不多矣。然苟能精心采撷,其中可宝之材料,当仍不乏也。引用古代图经最多者,在古书中当推《水经注》。今故录此一节,以见其概,此一节乃南越征服南方民族之事,为史所不载者也。雒,即自晋至唐所谓獠,亦即后汉时所谓哀牢,亦即近世所谓犵狫,亦作犵狫者也。或曰:《明史》所谓暹罗本分暹与罗斛二国,后暹为罗斛所并,乃称暹罗。罗斛与哀牢、犵狫,亦属同音异译。暹则与古之蜀,汉世之叟及賨,同音异译也。

文明程度较低之民族,对于兴亡大事,往往以传奇之形式出之,如此篇亦是也。其说似荒唐,然中实含史实。如此篇谓平道县后有王宫城,则决不能以安阳王为子虚,亡是之流。然则蜀人之服雒而王之,而南越又随其后,亦必非虚语矣。特此等史料,皆当打一甚大之折扣,而后可用已。

〔一四三〕干宝搜神记

《晋书·干宝传》云："宝父先有所宠侍婢,母甚妒忌。及父亡,母乃生推婢于墓中。宝兄弟年小,不之审也。后十余年,母丧,开墓,而婢伏棺如生,载还,经日乃苏。言其父常取饮食与之,恩情如生。在家中吉凶辄语之,考校悉验,地中亦不觉为恶。既而嫁之,生子。又宝兄尝病气绝,积日不冷,后遂寤。云见天地间鬼神事,不自知死。宝以此遂撰集古今神祇灵异人物变化,名为《搜神记》,凡二十卷。"

案宝父侍婢及宝兄之言,未必可信,或亦传者之过。至假死复生,凿然有之。宝序极言记载传述之不足信,而曰:"今之所集,设有承于前载者,则非予之罪也。若使采访近世之事,苟有虚错,愿与先贤前儒,分其讥谤。"则宝初不以其所记为必可信也。又曰:"群言百家,不可胜览,耳目所受,不可胜载,今粗取足以演八略之旨,成其微说而已。"则宝所闻见尚多,其著之书者,已加简择矣。史称宝性好阴阳术数,留思京房、夏侯胜等传,又尝著《晋纪》,盖兼好史学与哲学者,其好撰集异闻,亦固其所,固非矫诬造作者流,亦非有闻必录,不求其审者比也。

〔一四四〕北史蠕蠕传叙次不清

　　《北史·蠕蠕传》:"社仑……奔匹候跋,匹候跋处之南鄙,……令其子四人监之,既而社仑率其私属,执匹候跋四子而叛,袭匹候跋,诸子_案诸子上当脱匹候跋三字。收余众,亡依高车斛律部。社仑凶狡,有权变,月余乃释匹候跋,归其诸子,欲聚而歼之。密举兵袭匹候跋,杀匹候跋。……社仑既杀匹候跋,惧王师讨之,乃掠五原以西诸部,北度大漠。……社仑与姚兴和亲。道武遣材官将军和突袭黜弗素古延诸部,社仑遣骑救素古延,突逆击破之。社仑远遁漠北,侵高车,深入其地,遂并诸部,凶势益振。"一似社仑之侵高车,在为和突所败后者。然《高车传》云:"蠕蠕社仑破败之后,收拾部落,转徙广漠之北,侵入高车之地,斛律部帅倍侯利患之,曰:社仑新集,兵贫马少,易与耳。乃举众掩击之,入其国落。高车昧利,不顾后患,分其庐室,妻其妇女,安息寝卧不起。社仑登高望见,乃召集亡散,得千人,晨掩杀之,走而脱者十二三。倍侯利遂奔魏。"所谓侵入高车之地,盖即其袭杀匹候跋之时,其后尝为倍侯利所破,卒又袭破倍侯利,终乃并诸部而势益振耳。兵贫马少之日,姚兴何所慕而与之和亲? 亦安有力以救素古延? 此自当在破倍侯利并诸部之后,和突所破,特其偏师,安足使社仑远遁乎?《北史》社仑远遁之文,原亦不承其为和突所破,而系遥接上文。然序次不清,遂使读者易于误会矣。前史此等处,因无可校雠,而其误不易见者,恐不少也。

〔一四五〕金　人

　　言佛教入中国者,多据《魏书·释老志》。《志》云:"汉武元狩中,遣霍去病讨匈奴。昆邪王杀休屠王,将其众五万来降,获其金人,帝以为大神,列于甘泉宫。金人率长丈余,不祭祀,但烧香礼拜而已。此则佛道流通之渐也。"案《汉书·霍去病传》,武帝称其功曰:"收休屠祭天金人。"如淳注曰:"祭天以金人为主也。"盖本《金日磾传赞》"本以休屠作金人为祭天主,故因赐姓金氏"之文。皆曰祭天,不云礼佛。《梁书·扶南传》云:"俗事天神。天神以铜为像,二面者四手,四面者八手,手各有所持,或小儿,或鸟兽,或日月。"此文或本旧闻,不出梁世。然修《梁书》时,佛教盛行久矣,天神果即佛像,姚思廉不容不知。且《汉书·地理志》,左冯翊云阳,有休屠金人及径路神祠三所,《郊祀志》:云阳有径路神祠,祭休屠王也。则休屠金人,实自有祠,未尝列于甘泉也。颜师古以金人为佛像,误矣。

　　《释老志》又云:"哀帝元寿元年,博士弟子秦景宪受大月氏王使伊存口授浮屠经,中土闻之,未之信也。后孝明帝夜梦金人,顶有白光,飞行殿庭,乃访群臣,傅毅始以佛对。帝遣郎中蔡愔、博士弟子秦景等使于天竺,写浮屠遗范。愔仍与沙门摄摩腾、竺法兰东还洛阳。中国有沙门及跪拜之法,自此始也。愔又得佛经四十二章,乃释迦立像。明帝令画工图佛像,置清凉台及显节陵上,经缄于兰台石室。愔之还也,以白马负经而至,汉因立白马寺于洛城雍关西。摩腾、法兰咸卒于此寺。"此说似因后来之佛像而附会。《后汉书·楚王英传注》引袁宏《汉纪》云:"佛长丈六尺,黄金色,顶中佩日月光,变化无方,无所不入,而大济群生。初,明帝梦见金人,身大,顶有日月光,以问群臣。或曰:西方有神,其名曰佛,陛下所梦,得毋是乎? 于是遣使天竺,问其道术,而图其形像焉。"《晋书·恭帝纪》言,帝"深信浮屠道,造丈六金像,亲于瓦官寺迎之,步从十许里"。《魏书·胡叟传》言:"蜀沙门法成,鸠率僧旅,几于千人,《北史》作数千人。铸丈六金像。"然则当时铸像,殆有定制,皆长丈六。《崔挺传》言:"光州故吏闻凶问,莫不悲感,共铸八尺铜像,于城东广因寺起八关斋,追奉冥福。"盖减其长之半。《释老志》言,魏先于恒农荆山造珉玉丈六像一,永平三年冬,迎置于洛滨之报德寺,世宗躬亲致敬。虽易金以玉,而其长无改。《灵征志》:"太和十九年六月,徐州表言,丈八铜像,汗流于地。"丈八疑丈六之讹也。然则袁宏云佛长丈六尺,明因佛像而为之辞矣。对明帝之问者,宏不言其姓名,而《魏志》言为傅毅;宏但云遣使图佛形像,明时未有铸像。《魏志》云"帝令画工图像",说亦相同,而又云蔡愔曾得立像,明其杂采众说,愈后起者,附会愈多。楚王英,明帝之兄,《传》已言其为浮屠斋戒祭祀,则佛教之行于中国旧矣,何待明帝遣使求之? 金人入梦之说,殊不足信也。

佛像可考最早者,为汉末笮融所造,见《三国·吴志·刘繇传》,云融"大起浮图祠,以铜为人,黄金涂身,衣以锦采,垂铜槃九重,下为重楼阁道,可容三千余人"。其制之崇宏如此,其像亦必不减丈六矣。民间所造则较小。《魏书·灵征志》云:"永安三年二月,京师民家有二铜像,各长尺余,一颐下生白豪四,一颊旁生黑毛一。"是也。《北齐书·循吏·苏琼传》言:"徐州城中五级寺,被盗铜像一百躯。"

像数既多，其制亦当较小也。

当时造像，所费殊巨。魏高宗为太祖以下五帝铸释迦立像五，各长一丈六尺，都用赤金二万五千斤，显祖于天官寺造释迦立像，高四十三尺，用赤金十万斤，黄金六百斤，皆见《魏书·释老志》。此固房朝所为，然时郡县及民间，造金像者亦不少。《宋书·文九王传》言拓跋焘围县瓠，毁佛浮图，取金像以为大钩，施之冲车端；《北齐书·王则传》言其性贪婪，除洛州刺史，旧京诸像，毁以铸钱，于时世号河阳钱，皆出其家，其用铜之多可知。《宋书·夷蛮传》，元嘉十二年，丹阳尹萧摩之，奏请欲铸铜像者，皆诣台自闻，须准报然后就功。《魏书·释老志》载太武废佛之诏曰："敢有事胡神及造形像泥人、铜人者，门诛！"足见民间造像，用铜亦不少也。士芳对筑蒲屈之让也，曰："三年将寻师焉，焉用慎！"齐明帝以故宅起湘宫寺，穷极奢侈，巢尚之罢郡还见，帝曰："卿至湘宫寺未？我起此寺，是大功德。"虞愿在侧曰："陛下起此寺，皆是百姓卖儿贴妇钱，佛若有知，当悲哭哀愍。罪高佛图，有何功德？"《齐书·良政传》。敛百姓卖儿贴妇之钱，穷极奢侈，以为有裨教化，其愚已不可及，况借敌以为冲车乎？隋文帝禁毁坏偷盗佛及天尊像者，以恶逆不道论。事在开皇二十年。《隋书·高祖纪》载诏曰："敢有毁坏偷盗佛及天尊像、岳镇海渎神形者，以不道论。沙门坏佛像，道士坏天尊者，以恶逆论。"又《刑法志》云："诏沙门、道士坏佛像天尊，百姓坏岳渎神像，皆以恶逆论。"张释之霸陵之对曰："使其中有可欲，虽锢南山犹有隙；使其中无可欲，虽无石椁，又何戚焉？"然则佛像而不以金为之，又谁则毁坏偷盗之也？而周世宗可谓偲乎远矣。彼王则之所为，亦恶其自图财利耳。若徒铸之为钱，则犹有利于化居，固愈于锢金于寺也。

《南史·林邑传》云，宋文帝使檀和之克其国，销其金人，得黄金数十万斤。此语《宋书》无之，而见于《梁书》，明传之者语增，非实录。魏造佛像，用赤金十万斤，黄金六百斤；涂金之法，南北不能大殊，然则宋所得黄金若为三十万斤，其所销金人之铜，当得五千万斤矣，有是理乎？然林邑金人必较中国为多，则可信矣。中国佛寺之盛，固不如缅甸，亦不如日本也，谓中国治化，不逮缅甸日本可乎？

造像亦有用银者。《南史·梁本纪》，武帝大同元年四月壬戌，"幸同泰寺，铸十方银像"，是也。三年五月癸未，"幸同泰寺，铸十方金铜像"，则又以金铜为之。此所铸者必多，其像当亦不大。

玉像南朝亦有之。《齐书·武帝纪》，大渐诏曰："显阳殿玉像诸佛及供养，具如别牒。"又《魏书·释老志》，高宗践极之年，诏有司为石像，令如帝身，则反不逮其所为珉玉像之大，其实珉玉亦石也。

金人入梦之说，既不足信，则汉立白马寺之说，亦属子虚矣。《北齐书·韩贤传》云："昔汉明帝时，西域以白马负佛经送洛，因立白马寺，其经函传在此寺，形制淳朴，世以为古物，历代藏宝。贤无故斫破之，未几而死，论者或谓贤因此致祸。"又不云经缄于兰台石室，足见其皆属附会之辞也。

原刊一九四八年七月二十八日《东南日报》

〔一四六〕轮　回

　　《晋书·挚虞传》："虞尝以死生有命，富贵在天，天之所祐者义也，人之所助者信也，履信思顺，所以延福，违此而行，所以速祸；然道长世短，祸福舛错，怵迫之徒，不知所守，荡而积愤，或迷或放。故作《思游赋》。""道长世短"四字最精，此佛家之所以说轮回，而亦其所以能行于中国也。《羊祜传》云："祜年五岁时，令乳母取所弄金环。乳母曰：汝先无此物。祜即诣邻人李氏东垣桑树中探得之。主人惊曰：此吾亡儿所失物也，云何持去？乳母具言之，李氏悲惋。时人异之，谓李氏子则祜之前身也。"祜之时，佛教之行未久耳，然轮回之说，已深入人心如此矣。晋南北朝之世，史言轮回之事尚不乏：如《晋书·艺术传》言鲍靓为曲阳李家儿托生，《南史·梁元帝纪》言帝乃眇目僧托生，《北史·李崇传》言李庶托生为刘氏女是也。慧琳《均善论》，设为黑学道士之说，病周孔为教，正及一世，积善不过子孙之庆，累恶不过余殃之罚，报效止于荣禄，诛责极于穷贱。《宋书·夷蛮传》。亦挚虞之意也。

　　违祸求福，古今所同，古无轮回之说，亦足使人迁善而远恶者何也？曰：人之性，固有不以祸福而为善恶者，然此亦古今之所同也。然古无轮回之说，亦足使人迁善远恶者，则其时之所谓报者，皆以其群而非以其身，且如《易》言以积善之家，必有余庆，积不善之家，必有余殃，其所谓家，非五口八口之家也，五口八口之家易绝耳，报未至而受报之体先亡，则觉道长世短矣。合数十百人而为一家，则不如是，合数百千人而为一家，则尤不如是矣。且也国小民寡，则事简径而是非易辨，毁誉可凭，则报效诛责，亦与善恶相符矣，此其所以不待轮回之说，亦能使人迁善远恶欤！然观孔孟庄周之徒，日咨嗟太息而言命，曰：人能弘道，无如命何，特劝人安之顺之而已。则知祸福不与善恶相符，而将使人或迷或放矣、此佛说之所以入而济其穷欤。

　　欲说轮回，则必有轮回之体；无我轮回，虽言者谆谆，终不使人共信也。然则必主神不灭矣。范缜《神灭论》曰："问曰：知此神灭，有何利用邪？答曰：浮屠害政，桑门蠹俗，风惊雾起，驰荡不休，吾哀其弊，思拯其溺。夫竭财以赴僧，破产以趋佛，而不恤亲戚，不怜穷匮者何？良由厚我之情深，济物之意浅。是以圭撮涉于贫友，吝情动于颜色，千钟委于富僧，欢意畅于容发，岂不以僧有多稌之期，友无遗秉之报，务施阙于周急，归德必于在己。又惑以茫昧之言，惧以阿鼻之苦，诱以虚诞之辞，欣以兜率之乐，故舍逢掖，袭横衣，废俎豆，列瓶钵，家家弃其亲爱，人人绝其嗣续。致使兵挫于行间，吏空于官府，粟罄于惰游，货殚于泥木。所以奸宄弗胜，颂声尚拥，惟此之故，其流莫已，其病无限。若陶甄禀于自然，森罗均于独化，忽焉自有，恍尔而无，来也不御，去也不追，乘夫天理，各安其性。小人甘其垄亩，君子保其恬素，耕而食，食不可穷也，蚕而衣，衣不可尽也，下有余以奉其上，上无为以待其下，可以全生，可以匡国，可以霸君，用此道也。"其辞辩矣。然济物情深，厚我意浅，恐非夫人之所能。彼无为之世，所以上下安和者，非其时之人情，异于有为之世，其物我之利害固同也。老子曰："民之饥，以其上食税之多。民之轻死，以其奉生之厚。"有多食税者以歆之，而奉生咸欲其厚，而民不得不轻死矣。而欲使小人甘其垄亩,君子保其恬素,得乎? 此弊也,岂轮回之说致之哉? 抑俗之既敝,而轮回之说,乃乘之而起也!

《缜传》云:"缜在齐世,尝侍竟陵王子良。子良精信释教,而缜盛称无佛。子良问曰:君不信因果,世间何得有富贵,何得有贱贫? 缜答曰:人之生,譬如一树花,同发一枝,俱开一蒂,随风而堕,自有拂帘幌、坠于茵席之上,自有关篱墙、落于粪溷之侧。坠茵席者,殿下是也;落粪溷者,下官是也。贵贱虽复殊途,因果竟在何处? 子良不能屈,深怪之。"夫坠茵席,落粪溷,得不有其所由然欤? 其所由然,非即因果欤? 此理非缜所不达,而其言云尔,则子良所谓因果,实乃流俗果报之说,非真因果之理也。《宋书·文五王传》:"太宗常指左右人谓王景文曰:休范人才不及此,以我弟故,生便富贵。释氏愿生王家,良有以也。"愿生王家,此子良等之志也。隋越王侗之将死也,焚香礼佛,咒曰:"从今以去,愿不生帝王尊贵之家。"《隋书·炀三子传》。哀哉! 如宋太宗、齐竟陵王之类,不知临命之时亦自悔其所愿不乎? 楚灵王曰:"予杀人子多矣,能无及此乎?"《左氏》昭公十三年。不生帝王尊贵之家,或早为帝王尊贵者所戕贼矣。贵者果不贼人也,人恶得而贼之? 孟子曰:"杀人之父者,人亦杀其父;杀人之兄者,人亦杀其兄。然则非自杀之也一间耳。"《尽心》下。哀哉! 然得谓无因果之理乎?

《梁书·刘歊传》:歊著《革终论》曰:"季札云:骨肉归于土,魂气无不之。庄周云:生为徭役,死为休息。寻此二说,如或相反。何者? 气无不之,神有也;死为休息,神无也。原宪云:夏后氏用明器,示民无知也;殷人用祭器,示民有知也;周人兼用之,示民疑也。若稽诸内教,判乎释部,则诸子之言可寻,三代之礼无越。何者? 神为生本,形为生具,死者神离此具,而即非彼具也。即非,疑当作非即。虽死者不可复反,而精灵递变,未尝灭绝。"此主神不灭之说者也。

然又曰"神已去此,馆何用存? 神已适彼,祭何所祭?"因"欲蠲截烦厚,务存俭易"。则主神不灭之说者,亦不必遂为贪求之行矣。

《晋书·王湛传》:湛曾孙坦之,"初与沙门竺法师甚厚,每共论幽明报应,便要先死者当报其事。后经年,师忽来,云贫道已死,罪福皆不虚,惟当勤修道德,以升济神明耳。言讫不见。坦之寻亦卒"。此事之为虚构,自不待言。然就造作此说者之心而观之,却可见人无不斤斤于死后之苦乐,此轮回之说所以乘其机而中之也。然死后报应,究为将信将疑之事,故人又无不恋恋于生。《隋书·儒林传》言辛彦之崇信佛道,迁潞州刺史,于城内立浮图二所,并十五层。开皇十一年,州人张元暴死,数日乃苏,云游天上,见新构一堂,制极崇丽。元问其故,人云,潞州刺史辛彦之有功德,造此堂以待之,彦之闻而不悦,其年卒官。闻生天上而犹不悦,可见百虚不敌一实,此迷信之力所以终有所穷也。

《晋书·刘聪载记》:"聪子约死,一指犹暖,遂不殡殓。及苏,言见(刘)元海于不周山,经五日,遂复从至昆仑山,三日而复返于不周,见诸王公卿将相死者悉在,宫室甚壮丽,号曰蒙珠离国。元海谓约曰:东北有遮须夷国,无主久,待汝父为之。汝父后三年当来,来后国中大乱,相杀害,吾家死亡略尽,但可永明辈十数人在耳。汝且还,后年当来,见汝不久。约拜辞而归,道过一国,曰猗尼渠余国,引约入宫,与约皮囊一枚,曰:为吾遗汉皇帝。约辞而归,谓约曰:刘郎后年来,必见过,当以小女相妻。约归,置皮囊于机上。俄而苏,使左右机上取皮囊,开之,有一方白玉,题文曰:猗尼渠余国天王敬信遮须夷国天王,岁在摄提,当相见也。驰使呈聪,聪曰:若审如此,吾不惧死也。"又云:聪将死,时约已死,至是昼见,聪甚恶之,谓粲曰:"吾寝疾惙顿,怪异特甚,往以约之言为妖,比累日见之,此儿必来迎吾也。何图人死定有神灵! 如是,吾不悲死也。"约之诳聪,与是豆浑地万之诞丑奴颇相似，事见《魏书·蠕蠕传》。野蛮之人，率多欲而轻信，其受欺固无足怪。曰审如是，吾不惧死，然见约而又恶之，亦辛彦之之心也。此说主升天而不主轮回，不周、昆仑等，亦全系中国旧名，可见其与佛教无涉。而其睊睊于死后之苦乐如此，可见人之所欲，古今中外皆同，佛教特乘其机而诱之耳。

成佛、生天，皆不易冀，求免堕落，暂时自以能得人身为佳，故信佛者于是尤惓惓焉。晋恭帝之将死也，兵人进药，帝不肯饮，曰："佛教自杀者不得复人身。"乃以被掩杀之。《宋书·褚叔度传》。宋彭城王义康之死亦然。卢潜为北齐扬州道行台尚书，寿阳陷，及左丞李骑骖等皆没。骑骖将逃归，并要潜，潜曰："我此头面，何可诳人？吾少时相者云没在吴越地，死生已定，弟其行也。"既而叹曰："寿阳陷，吾以颈血溅城而死，佛教不听自杀，故荏苒偷生，今可死矣！"于是闭气而绝。《北史·卢潜传》。观此，知佛教戒自杀之说，遍行于当时也。

奉佛以冀再得人身，若能无死，岂不更善？俗有诵《高王经》则兵火不能侵之说，其所由来者旧矣。《晋书·苻丕载记》云："徐义为慕容永所获，械埋其足，将杀之。义诵《观世音经》，至夜中，土开械脱，于重禁之中若有人导之者，遂奔杨佺期。"《宋书·王玄谟传》言，玄谟围滑台，拓跋焘军至，奔退。萧斌将斩之，沈庆之固谏乃止。玄谟始将见杀，梦人告曰："诵《观音经》千遍则免。"既觉，诵之将千遍，明日将刑，诵之不辍，忽传呼停刑。《魏书·卢景裕传》："河间邢摩纳与景裕从兄仲礼据乡作逆，逼其同反，以应元宝炬。齐献武王命都督贺拔仁讨平之。景裕之败也，系晋阳狱，至心诵经，枷锁自脱。是时又有人负罪当死，梦沙门教诵经，觉时，如所梦默诵千遍，临刑刀折，主者以闻，赦之。此经遂行于世，号曰《高王观世音》。"《南史·刘霁传》："母明氏寝疾，霁年已五十，衣不解带者七旬，诵《观世音经》数万遍；夜中感梦，见一僧谓曰：夫人算尽，君精诚笃志，当相为申延。后六十余日乃亡。"皆今俗说所本也。《晋书·周浚传》言子嵩为王敦所害,临刑犹于市诵经;《王恭传》亦云临刑犹诵佛经。《齐书·王奂传》:"奂司马黄瑶起、宁蛮长史裴叔业于城内起兵攻奂,奂闻兵入,还内礼佛,未及起,军人遂斩之。"造次必于是,颠沛必于是,岂其临命犹冀以是获免邪?《梁书·儒林传》:皇侃"性至孝,常日限诵《孝经》二十遍,以拟《观世音经》"。贪欲之深,真可发一噱。《周书·萧詧传》:"甄玄成以江陵甲兵殷盛,遂怀贰心,密书与梁元帝,申其诚款。有得其书者,进之于詧。詧深信佛法,常愿不杀诵《法华经》人。玄成素诵《法华经》,遂以此获免。"以人之贪,我得所欲,其事可谓甚奇。然萧詧枭獍也,徼福缘于枭獍,庸可必乎?

原刊一九四八年九月一日《东南日报》

〔一四七〕沙门致敬人主

　　《宋书·孝武帝纪》：大明六年，"九月戊寅，制沙门致敬人主"。《夷蛮传》云："先是晋世庾冰始创议，欲使沙门敬王者，后桓玄复述其义，并不果行。大明六年，世祖使有司奏：臣等参议，以为沙门接见，比当尽虔，礼敬之容，依其本俗。诏可。前废帝初，复旧。"则佛教入中国后，其徒直至宋世，乃致敬于人主，而其行之亦无几时也。庾冰、桓玄之议，何充、桓谦、王谧、慧达等抗之，见《弘明集》。佛教不信之则已，既信之，则不强其致敬，亦颇得大学之礼。虽诏于天子无北面之义，强其致敬，实无当也。《魏书·释老志》："法果每言，太祖明叡好道，即是当今如来，沙门宜应尽礼，遂常致拜。谓人曰：能弘道者人主也，我非拜天子，乃是礼佛耳。"然则南朝屡议而不果行者，在北朝则不待言而其人自行之矣。《晋书·赫连勃勃载记》云："勃勃归于长安，征隐士京兆韦祖思。既至，恭惧过礼，勃勃怒曰：吾以国士征汝，奈何以非类处吾？汝昔不拜姚兴，何独拜我？我今未死，汝犹不以我为帝王，吾死之后，汝辈弄笔，当置吾何地！遂杀之。"貌为恭敬者，乃以非类视之，此岂拓跋珪所知？观此，知其智又出铁弗下，盖由其附塞尚不如铁弗之久也。欧人之东来也，未尝不依其体伪，以敬东方之主，而建夷必欲强之以行跪拜之礼，足见犬羊无知，千古一辙也。

〔一四八〕沙门与政上

　　后世之为僧者,类多遗落世事,有托而逃,佛法初入中国时则不然。《宋书·武三王传》言庐陵王义真,与谢灵运、颜延之、慧琳道人周旋异常,云得志之日,以灵运、延之为宰相,慧琳为西豫州都督。慧琳事见《夷蛮传》,云其兼外内之学,元嘉中,遂参权要,朝廷大事,皆与议焉。而其时彭城王义康谋叛,参与其事者,亦有法略道人及法静尼。始安王休仁之死也,明帝与诸大臣及方镇诏,谓"前者积日失适,休仁使昙度道人及劳彦远屡求启,阚觇吾起居"。《宋书·文九王传》。休仁之死,固不以罪,此语则未必尽诬。《齐书·幸臣传》云:"宋世道人杨法持,与太祖有旧,元徽末,宣传密谋,昇明中,以为僧正。建元初,罢道,为宁朔将军,封州陵县男,三百户。"则革易之际,道人亦有参与其事者矣。

　　僧人多与政事,故其罢道极易,法略即罢道为臧质宁远参军者也。本姓孙,及是改名景玄。陈遂兴侯详,少出家为沙门,武帝讨侯景,召令还俗,配以兵马。《陈书·陈详传》。是能戎事者亦或出家也。《南史·陆厥传》云:"时有王斌者,不知何许人,著《四声论》,行于时。斌初为道人,博涉经籍,雅有才辩,善属文。后还俗,以诗乐自乐,人莫能名之。"此文学之士之出家者也。《北齐书·神武帝纪》:神武疾病,谓世子曰:"潘相乐本作道人,心和厚,汝兄弟当得其力。"

《魏书·酷吏传》：“李洪之少为沙门，晚乃还俗。”此等人，皆非遗世者也。

慧琳，《宋书》谓其宾客辐凑，门车常有数十两，四方赠赂相系，势倾一时，亦未尝不可如杨法持入诸佞幸传也。晋世君相并信佛法者，莫如孝武帝及会稽王道子，而许荣上书，病其僧尼乳母，竞进亲党；闻人奭亦云尼姐属类，倾动乱时，是其乱政殊甚。时范甯请黜王国宝，国宝使陈郡袁悦之因尼妙音，致书太子母陈淑媛，说国宝忠谨，宜见亲信，以上均见《晋书·简文三子传》。则非徒干乱朝权，并有交通宫禁者矣。《魏书·释老志》：道登之死，孝文以师丧之，似其人必有清操；然《酷吏传》言登尝过高遵，遵以登荷宠于高祖，多奉以货，深托仗之；及遵见诉，诏廷尉少卿穷鞫，登屡因言次申启救遵，则亦非谢绝赇谒者。《酷吏传》又言：张赦提克己厉约，本有清称，后乃纵妻段氏，多有受纳，令僧尼因事通请，遂至贪虐流闻，卒以此败。则郡县之朝，亦有为所干乱者。《齐书·江谧传》言谧出为长沙内史，行湘州事，政治苛刻；僧遵道人与谧情款，随谧莅郡，犯小事，饿系郡狱，裂三衣食之，既尽而死。谧固酷，僧遵或亦有以取之也。

《北齐书·神武帝纪》言神武自发晋阳，至克潼关，凡四十启，魏帝皆不答。还洛阳，遣僧道荣奉表关中，又不答。乃集百僚四门耆老议所推立。四门，《北史》作沙门，立君而谋及沙门，似乎不近情理。然《梁书·王僧孺传》言：僧孺出为南海太守，“视事期月，有诏征还，郡民道俗六百人诣阙请留，不许”。郡守之去留，道人既可参与，又何不可与于立君之议邪？《北齐书·文宣帝纪》：天保元年八月庚寅诏曰：“朕以虚寡，嗣弘王业，思所以赞扬盛绩，播之万古，虽史官执笔，有闻无坠，犹恐绪言遗美，时或未书；在位王公文武大小，降及民庶，爰至僧徒，或亲奉音旨，或承传旁说，凡可载之文籍，悉宜条录封上。"可见神武谋及沙门时甚多。本纪之文,自当以《北史》为是也。

使沙门参与机要者,非独高欢也,五胡之主时有之。《晋书·石季龙载记》:"沙门吴进,言于季龙曰:胡运将衰,晋当复兴,宜苦役晋人,以厌其气。季龙于是使尚书张群发近郡男女十六万,车十万乘,运土筑华林苑及长墙于邺北,广长数十里。"《姚襄载记》言襄率众西行,苻生遣苻坚、邓羌等要之。襄将战,沙门智通固谏,襄曰:吾计决矣。战于三原,为坚所杀。《慕容垂载记》:参合之役,"有大风黑气,状若堤防,或高或下,临覆军上。沙门支昙猛言于慕容宝曰:风气暴迅,魏军将至之候,宜遣兵御之。宝笑而不纳。昙猛固以为言,乃遣慕容麟率骑三万为后殿,以御非常。麟以昙猛言为虚,纵骑游猎,俄而黄雾四塞,日月晦冥,是夜魏师大至,三军奔溃"。《慕容德载记》言潘聪劝德据广固,"德犹豫未决。沙门朗公素知占候,德因访其所适。朗曰:敬览三策,<small>时张华劝德据彭城,慕容钟等劝攻滑台</small>。潘尚书之议,可谓兴邦之术矣。今岁初,长星起于奎、娄,遂扫虚、危,而虚、危,齐之分野,除旧布新之象。宜先定旧鲁,巡抚琅邪,待秋风戒节,然后北转临齐,天之道也。德大悦"。《魏书·沮渠蒙逊传》:"罽宾沙门曰昙无谶,东入鄯善,自云能使鬼治病,令妇人多子。与鄯善王妹曼头陁林私通,发觉,亡奔凉州。蒙逊宠之,号曰圣人。昙无谶以男女交接之术教授妇人,蒙逊诸女、子妇,皆往受法。世祖闻诸行人言昙无谶之术,乃召昙无谶。蒙逊不遣,遂发露其事,拷讯杀之。"其说殊不足信。《释老志》云昙摩谶"晓术数禁咒,历言他国安危,多所中验,蒙逊每以国事谘之;神䴥中,帝命蒙逊送谶诣京师,惜而不遣,既而惧魏威责,遂使人杀谶",当是实情。盖谶既与闻国事,遣之则虑其漏泄,不遣又虑魏求之无已,故径杀之,以免交涉之棘手也。此皆五胡之主,多使沙门参与机要之征也。

元魏诸主,自孝文而后,多好与沙门讲论。神武之使道荣奉表,盖亦以其素蒙接待也。李暠遣舍人黄始、梁兴间行归表于晋,未报,复遣沙门法泉,间行通表。《北史·序传》。盖以其易避讥察。梁豫章王综谋叛,亦求得北来道人释法鸾,使通问于萧宝寅。

罢道者不必皆参与机要之徒也,寻常人出入于道俗之间者亦多。高允少孤,年十余,奉祖父丧还本郡,推财与二弟而为沙门,未久而罢。其为沙门,盖亦如刘孝标居贫不自立,母子并为尼僧,事见《南史》本传,亦见《魏书·刘休宾传》。乃一时之计,非其素志也。魏河南王曜之曾孙和为沙门,舍其子显,以爵让其次弟鉴,鉴固辞。诏许銮身终之后,令显袭爵,鉴乃受之。鉴出为齐州刺史。高祖崩后,和罢沙门还俗,弃其妻子,纳一寡妇曹氏为妻。曹氏年齿已长,携男女五人,随鉴至历城,干乱政事。和与曹及五子,七处受纳,鉴皆顺其意,言无不从,于是狱以贿成,取受狼籍,齐人苦之,鉴治名大损。鉴薨之后,和复与鉴子伯宗竞求承袭,时和子早终。事见《魏书·道武七王列传》。前后判若两人,皆由其出家之时,本未断名利之念也。此等可见当时之人,出家还俗,皆极轻易。

有所规避而出家者,自亦有之。《齐书·幸臣传》言宋孝武末年,鞭罚过度,校猎江右,选白衣左右百八十人,皆面首富室,从至南州,得鞭者过半,茹法亮忧惧,因缘启出家,得为道人。《梁书·文学传》:伏挺除南台治书,因事纳贿,当被推劾,挺惧罪,变服为道人,久之藏匿,后遇赦,乃出大心寺。会邵陵王纶为江州,携挺之镇,王好文义,深被恩礼,挺自此还俗。《南史》云:挺不堪蔬素,自此还俗。《张缵传》:缵为杜岸所执,送诸岳阳王詧,始被囚絷,寻又逼缵剃发为道人。《南史》云:缵惧不免,请为沙门。《南史·刘虯传》:子之遴,“侯景初以萧正德为帝,之遴时落景所,将使授玺绂,之遴豫知,仍剃发披法服,乃免”。此等出家,皆非素志,故其还俗更易,其徒屏居佛寺而不出家者,更无论矣。如《北齐书·魏兰根传》言高乾死,兰根惧,去宅,居于寺。《高德政传》言文宣时,德政甚惧,称疾屏居佛寺,兼学坐禅是也。要之当时僧俗甚近,故僧人之与俗事者亦多也。

原刊一九四八年十月十三日《东南日报》

〔一四九〕沙门与政下

　　沙门之多与政事也，以其时之王公大人，迷信甚深故也。沙门事迹，见于《晋书·艺术传》者，有佛图澄、鸠摩罗什、僧涉、昙霍，所传皆怪异之谈。《北史·艺术传》之灵远、惠丰，《魏书·释老志》之惠始，亦其类也。南朝所盛称者，莫如释宝志。《梁书·何敬容传》载其先知敬容败于河东王；《南史·梁武帝纪》载其先知国泰寺之灾；《贼臣传》载其先知侯景起自汝阴，败于三湘；甚至《隋书·律历志》云开皇官尺，或传梁时有志公道人作此尺，寄入周朝，云与多须老翁，周太祖及隋高祖各自以为谓己，实当时流俗传最广者也。志之事迹，见于《南史·隐逸传》，云有人于宋泰始中见之，出入钟山，往来都邑，年已五六十矣。此乃无征不信之谈。其可征信者，齐武帝忿其惑众，收付建康狱，而其死在梁武帝之天监十三年。自齐武帝元年至天监十三年，凡三十二年；自其末年起计，则二十二年耳。志之入狱，即在齐武帝元年，其时年已六十，至其死时，亦不过九十有二，此固人寿所可有，无足异也。然则其为流俗所盛传，特以其敢于惑众耳，乃梁武帝亦敬事之，可见时人之易惑矣。

　　流俗所重，莫如先知，故沙门之见附会，多在于此。《晋书·五行志》云："石季龙在邺，有一马，尾有烧状，入其中阳门，出显阳门，东宫皆不得入，走向东北，俄尔不见，佛图澄叹曰：灾其及矣！逾年而季龙死,其国遂灭。"亦见《澄传》。《姚兴载记》云:兴死之岁,"正旦朝群臣于太极前殿,沙门贺僧,恸泣不能自胜,众咸怪焉。贺僧者,莫知其所从来,言事皆有效验,兴甚神礼之,常与隐士数人,预于燕会"。《南史·贼臣传》云:"有僧通道人者,意性若狂,饮酒啖肉,不异凡等,世间游行,已数十载,姓名乡里,人莫能知,初言隐伏,久乃方验,人并呼为阇黎,侯景甚信敬之。景尝于后堂与其徒共射,时僧通在坐,夺景弓射景阳山,大呼云,得奴已。景后又燕集其党,又召僧通,僧通取肉揾盐以进景,问曰:好不?景答所恨太咸。僧通曰:不咸则烂。及景死,王僧辩截其二手送齐文宣,传首江陵,果以盐五斗置腹中,送于建康,暴之于市,百姓争取屠脍,羹食皆尽。"此等皆以能先知而见称为神圣者也。职是故,遂有托于是以惑世者,周太祖、隋高祖各自谓志公所称多须老翁,即是也。《宋书·符瑞志》云:"武帝尝行至下邳,遇一沙门,沙门曰:江表寻当丧乱,拯之必君也。"又云:"冀州有沙门法称,将死,语其弟子普严曰:嵩皇神告我云:江东有刘将军,是汉家苗裔,当受天命,吾以三十二璧、镇金一饼与将军为信。三十二璧者,刘氏卜世之数也。普严以告同学法义,法义以(义熙)十三年七月,于嵩高庙石坛下得玉璧三十二枚,黄金一饼,后二年而受晋禅。史臣谨按:法称所云玉璧三十二枚,宋氏卜世之数者,盖卜年之数也。三十二者,二三十,则六十矣。宋氏受命,至于禅齐,凡六十年云。"《齐书·祥瑞志》云:永明二年十一月,"虏国民齐祥归,入灵丘关,闻殷然有声,仰视之,见山侧有紫气如云,众鸟回翔其间。祥往气所,获玺,方寸四分,兽纽,文曰坤维圣帝永昌,送与虏太后师道人惠度,欲献虏主。惠度睹其文,窃谓当今衣冠正朔,在于齐国,遂附道人惠藏送京师,因羽林监崔士亮献之。三年七月,始兴郡民龚玄宣云:去年二月,忽有一道人乞食,因探怀中出篆书真经一卷,六纸,又表北极一纸,又移付罗汉居士一纸,云

从兜率天宫下,使送上天子。因失道人所在"。《南史·宋武帝纪》
云:"尝游京口竹林寺,独卧讲堂前,上有五色龙章,众僧见之,惊以
白帝,帝独喜,曰:上人无妄言。"《梁武帝纪》云:"有沙门自称僧怛,
谓帝曰:君项有伏龙,非人臣也。复求,莫知所之。"《宋书·颜竣
传》云:"沙门释僧含,粗有学义,谓竣曰:贫道粗见谶记,当有真人
应符,名称次第,属在殿下。"案竣仕世祖。《南史·王僧辩传》云:"天
监中沙门释宝志为谶云:太岁龙,将无理,萧经霜,草应死,余人散,
十八子。时言萧氏当灭,李氏代兴。及湘州贼陆纳等攻破衡州刺史
丁道贵,而李洪雅又自零陵称助讨纳,寻而洪雅降纳,纳以为应符,
于是共议尊事为主。"《北史·艺术传》云:"有沙门灵远者,不知何许
人,有道术。尝言尔朱荣成败,豫知其时。又言代魏者齐,葛荣闻
之,故自号齐。及齐神武至信都,灵远与渤海李嵩来谒。神武待灵
远以殊礼,问其天文人事,对曰:齐当兴,东海出天子,今王据渤海,
是齐地,又太白与月并,宜速用兵,迟则不吉。灵远后罢道,姓荆,字
次德。求之,不知所在。"此等事之为矫诬,至易见也,而沈约犹据其
辞而曲为之说,时人之迷罔,亦可见矣。

　　谶之最早见者,如《史记·赵世家》所谓秦谶,似系记事之作,而
非歌谣之类,故《扁鹊列传》亦载其事,而作秦策。后汉君臣竞事造
作,乃皆成韵语,如歌谣然,盖取其易于流播也。谣辞至后来,亦可
伪造,史家明言之者,如《宋书·王景文传》谓明帝忌景文及张永,乃
自为谣言曰"一士不可亲,弓长射杀人",是也。当时沙门,亦有为是
者。《宋书·五行志》云:"司马元显时,民谣诗云:当有十一口,当
为兵所伤,木亘当北度,走入浩浩乡。又云:金刀既以刻,娓娓金城
中。此诗云襄阳道人竺昙林所作。"《志》又云:"孟颛释之曰:十一
口者,玄字象也,木亘,桓也,桓氏当悉走入关、洛,故云浩浩乡也。
金刀,刘也,倡义诸公,皆多姓刘,娓娓,美盛貌也。"《北齐书·窦泰

传》云："泰将发邺，邺有惠化尼，谣云：窦行台，去不回。"此等亦因流俗之好求先知，而为是妄诞也。

　　然溺于迷信，特其时沙门见信敬之一端；其又一端，则亦以是时沙门多有学艺也。周朗痛陈佛教之弊，谓其假医术，托卜数，《宋书·周朗传》。足见其流衍民间，实以二者为凭借。而其在庙堂亦然。《魏书·术艺传》：李脩"父亮，少学医术。又就沙门僧坦研习众方，略尽其术"；"崔彧少尝诣青州，逢隐逸沙门，教以《素问》九卷及《甲乙》，遂善医术"。足征沙门医学，确有渊源。贺琛为宣城王长史，侯景陷城，被创未死，贼舆送庄严寺疗之，《梁书·贺琛传》。寺中诸僧，必有娴于医术者矣。《魏书·孝文五王传》："有沙门惠怜者，自云咒水饮人，能差诸病，病人就之者，日有千数，灵太后诏给衣食，事力优重，使于城西之南，治疗百姓病，清河王怿表谏。"《北史·李先传》：曾孙义徽，"太和中补清河王怿府记室，性好《老庄》，甚嗤释教。灵太后临朝，属有沙门惠怜，以咒水饮人，云能愈疾，百姓奔凑，日以千数。义徽白怿，称其妖妄，因令义徽草奏以谏，太后纳其言"。咒水治病，固属诬罔，然安知其不有医术佐之；议之者出于好《老庄》而嗤释教之人，其言亦未必可信也。《魏书·景穆十二王传》：有沙门为小新成孙诞采药。《孝文五王传》：汝南王悦，好读佛经，而"有崔延夏者，以左道与悦游，合服仙药松术之属，时轻与出采芝"。似神仙家服食之术，亦为沙门所知，盖以其与医术相出入也。《宋书·沈攸之传》："攸之将发江陵，使沙门释僧桀筮之。"《魏书·山伟传》："伟与仪曹郎袁昇、屯田郎李延孝、外兵郎李奂、三公郎王延业方驾而行，伟少居后。路逢一尼，望之叹曰：此辈缘业，同日而死。谓伟曰：君方近天子，当作好官。而昇等四人，皆于河阴遇害，果如其言。"《术艺·王显传》云："世宗夜崩。显既蒙任遇，兼为法官，恃势使威，为时所疾。朝宰托以侍疗无效，执之禁中，诏削爵位。临执呼冤,直阁以刀镮撞其腋下,伤中吐血,至右卫府,一宿死。始显布衣为诸生,有沙门相显后当富贵,戒其勿为吏官,吏官必败。由是世宗时或欲令其遂摄吏部,每殷勤避之。及世宗崩,肃宗夜即位,受玺册,于仪须兼太尉及吏部,仓卒百官不具,以显兼吏部行事矣。"《北史·艺术传》云:"魏正始前,有沙门学相,游怀朔,举目见人,皆有富贵之表,以为必无此理,燔其书,而后皆如言,乃知相法不虚也。"此皆沙门娴于医卜,兼及相术之征也。然其学初不止此。《南史·隐逸传》言关康之尝就沙门支僧纳学算,《宋书》无"算"字,盖夺。妙尽其能。魏《正光历》,总合九家,雍州沙门统道融居其一。见《魏书·律历志》。《术艺传》:"殷绍上《四序堪舆》,表曰:臣以姚氏之世,行学伊川,时遇游遁大儒成公兴,从求九章要术。兴时将臣南到阳翟九崖岩沙门释昙影间,兴即北还,臣独留住,依止影所,求请九章。影复将臣向长广东山,见道人法穆,法穆时共影为臣开述九章数家杂要,披释章次意况大旨。又演隐审五藏六府心髓血脉,商功大算,端部变化,玄象,土圭,《周髀》,练精锐思,蕴习四年,从穆所闻,粗皆仿佛,穆等仁矜,特垂忧闵,复以先师和公所注黄帝《四序经》文三十六卷,合有三百二十四章,专说天地阴阳之本。以此等文,传授于臣。"此等皆绝业,而当时之沙门能传之,可谓难矣。《辛绍先传》:子穆,"初随父在下邳,与彭城陈敬文友善。敬文弟敬武,少为沙门,从师远学,经久不返。敬文病,临卒,以杂绫二十匹托穆与敬武,久访不得,经二十余年,始于洛阳见敬武,以物还之,封题如故,世称其廉信"。敬武之久学不返,或非徒习经论、参禅定也。

　　《宋书·文九王传》言拓拔焘围县瓠,毁佛浮图,取金像以为大钩,施之冲车端,以牵楼堞,城内有一沙门,颇有机思,辄设奇以应之。此沙门或曾习兵家言。支昙猛说慕容宝备魏师,亦似知望气之术。

　　晋南北朝,沙门多能通知玄学无论矣,此外所该涉者尚广。今据《隋书·经籍志》观之,则有《古今乐录》十二卷,陈沙门智匠撰;经部乐。此乐学也。《韵英》三卷,释静洪撰;《杂体书》九卷,释正度撰;经部小学。此小学及书法之学也。《四海百川水源记》一卷,释道安撰;史部地。此地理之学也。《婆罗门天文经》二十一卷,《婆罗门竭伽仙人天文说》三十卷,《婆罗门天文》一卷,《摩登伽经说星图》一卷,子部天文。《婆罗门算法》三卷,《婆罗门阴阳算历》一卷,《婆罗门算经》三卷,子部历数。此天文历数之学也。《阳遁甲》九卷,释智海撰,子部五行。此数术之学也。《寒食散对疗》一卷,释道洪撰;《解寒食散方》二卷,释智斌撰;《释慧义寒食解杂论》七卷,《解散方》一卷,《释僧深药方》三十卷,以上三书皆亡。《摩诃出胡国方》十卷,摩诃胡沙门撰;《诸药异名》八卷,沙门行矩撰;原注:本十卷,今阙。《单复要验方》二卷,释莫满撰;《释道洪方》一卷,《释僧匡针灸经》一卷,《龙树菩萨药方》四卷,《西域诸仙所说药方》二十三卷,原注:目一卷,本二十五卷。《香山仙人药方》十卷,《西录波罗仙人方》三卷,《西域名医所集要方》四卷,原注:本十二卷。《婆罗门诸仙药方》二十卷,《婆罗门药方》五卷,《耆婆所述仙人命论方》二卷,原注:目一卷,本三卷。《乾陀利治鬼方》十卷,《新录乾陀利治鬼方》四卷,原注:本五卷,阙。《龙树菩萨和香法》二卷,子部药方。此医学也。《楚辞音》一卷,释道骞撰,集部《楚辞》。序云:隋时有释道骞,善读之,能为楚声,音韵清切,至今传《楚辞》者皆祖骞公之音,此文学亦声韵之学也。或中国有而沙门通之,或印土之学由沙门传入;其盛,盖不减近世基督教士之传播西学矣,曷怪好用其人者之多也。

〔一五○〕梁武帝废郊庙牲牷

　　梁武信佛,卒召台城之祸,读史者皆深讥之,其实不然。梁武受祸,自由刑政之不修,于信佛乎何与? 其以面代郊庙牲牷,议者以为宗庙遂不血食,《南史·梁本纪》天监十六年及《隋书·礼仪志》。又《梁书·文学传》言:"时七庙飨荐,已用蔬果,而二郊农社,犹有牺牲。(刘)勰表言二郊宜与七庙同改,诏付尚书议,依勰所陈。"则尤拘墟之见矣。

　　南北朝时,帝王之主张去杀者,实非梁武一人。《齐书·王奂传》云:永明六年,奂欲请车驾幸府。上晚信佛法,御膳不宰牲,使王晏谓奂曰:"吾前去年为断杀事,不复幸诣大臣已判,无容欻尔也。"又《武帝本纪》载帝大渐之诏曰:"东邻杀牛,不如西家禴祭。我灵上慎勿以牲为祭,惟设饼、茶饮、干饭、酒脯而已。"是武帝虽未绝肉,已不杀牲。又《豫章王嶷传》:嶷临终召子子廉、子恪命之曰:"三日施灵,惟香火、槃水、干饭、酒脯、槟榔而已。朔望菜食一盘,加以甘果,此外悉省。葬后除灵,可施吾常所乘轝扇伞。朔望时节,席地香火、槃水、酒脯、干饭、槟榔便足。"此亦与齐武同,犹曰施之于己也。乃《魏书·礼志》曰:"显祖深愍生命,乃诏曰:其命有司,非郊天地、宗庙、社稷之祀,皆无用牲。于是群祀悉用酒脯。"《北齐书·文宣帝纪》:"天保八年八月庚辰,诏丘、郊、禘、祫、时祀,皆仰市取少牢,不得剖割。农社先蚕,酒肉而已;雩、禖、风、雨、司民、司禄、灵

星、杂祀,果饼酒脯。"此其去梁武弥近矣。《齐书·张冲传》:冲父
崇卒,遗命曰:"祭我必以乡土所产,无用牲物。"《魏书·崔挺传》:
"挺子孝直顾命诸子,祭勿杀生,其子皆遵行之。"《颜氏家训·终制
篇》云:"灵筵勿设枕几,朔望祥禫,惟下白粥清水干枣,不得有酒肉
饼果之祭。亲友来馈酹者,一皆拒之。"又云:"四时祭祀,周孔所教,
欲人勿死其亲,不忘孝道也。求诸内典,则无益焉。杀生为之,翻增
罪累。"

　　欲薄祭祀,自必先绝口腹之欲。梁武帝无论矣,《梁书·贺琛传》
言琛启陈事条,高祖大怒,召主书于前,口授敕责琛。有云:"昔之牲牢,久不宰
杀。朝中会同,菜蔬而已。"虽北主亦有能行之者。《北齐书·文宣纪》:
天保七年五月,"帝以肉为断慈,遂不复食",是也。士夫有以信佛而
疏食者,如《齐书·高逸传》言:刘虬精信释氏,礼佛长斋。《梁书·裴子野
传》言其末年深信释氏,持其教戒,终身饭麦食蔬。《梁书·到溉传》言其初与
弟洽常共居一斋,洽卒后,便舍为寺,因断腥膻,终身蔬食。《文学传》言:刘杳
睹释氏经教,常行慈忍。自居母忧,便长断腥膻,持斋蔬食。任孝恭少从萧寺
云法师读经论,明佛理,后乃蔬食持戒,信受甚笃。《陈书·徐陵传》言其第三
弟孝克蔬食长斋,持菩萨戒。《北齐书·卢潜传》言其自扬州刺史征为五兵尚
书,扬州吏民以潜戒断酒肉,笃行释氏,大设僧会,以香华缘道送之。《齐书·
张融传》言:融兼掌正厨,见宰杀,回车径去,自表解职。知时奉佛者,于杀戒甚
虔。间有以不堪蔬素而还俗者:如《南史·儒林传》之伏挺,则其出家亦本以避
罪,非以信佛也。又袁粲孝建元年文帝讳日,群臣并于中兴寺八关斋中,食竟,
粲别与黄门郎张淹更进鱼肉,为尚书令何尚之所白免官。则其人本不信佛。
亦有不尽由于信佛者,信佛者持戒自尤严。《陈书·王固传》云:固
"崇信佛法,及丁所生母忧,遂终身蔬食。尝聘于西魏,因宴飨之际,
请停杀一羊,羊于固前跪拜。又宴于昆明池,魏人以为南人嗜鱼,大
设罟网,固以佛法咒之,遂一鳞不获"。似乎周旋坛坫之间,仍守疏
食之旧不变。《齐书·周颙传》:"何胤言断食生,犹欲食白鱼、鲊脯、

糖蟹，以为非见生物。疑食蚶蛎，使学生议之。学生钟岏曰：鲗之
就脯，骤于屈伸，蟹之将糖，躁扰弥甚。仁人用意，深怀如怛。至于
车螯蚶蛎，眉目内阙，惭浑沌之奇；矿壳外缄，非金人之慎。不悴不
荣，曾草木之不若；无声无臭，与瓦砾其何算。故宜长充庖厨，永为
口实。竟陵王子良见岏议大怒。"其持戒可谓严矣。然沙门反有不
能守戒者。《宋书·谢弘微传》云：兄曜卒，"弘微蔬食积时，服虽
除，犹不啖鱼肉。释慧琳诣弘微，弘微与之共食，犹独蔬素。慧琳
曰：檀越素既多疾，顷者肌色微损。若以无益伤生，岂所望于得
理"。是沙门反劝人肉食也。犹曰劝人，抑慧琳本佞幸之流也。梁
武帝大弘释典，将以易俗，乃郭祖深上封事极言其事之弊，有云"僧
尼皆令蔬食"。《南史·循吏列传》。则寻常僧尼亦有肉食者矣，岂不
异哉？

梁武帝敕太医不得以生类为药；公家织官纹锦饰，并断仙人鸟
兽之形，以为亵衣裁翦，有乖仁恕。《南史本纪》天监十六年三月。然北
主亦有能行之者。

《魏书·释老志》载高祖延兴二年诏曰："内外之人，兴建福业，
造立图寺，务存高广，伤杀昆虫含生之类。欲建为福之因，未知伤生
之业。自今一切断之。"此诏虽在高祖之时，实出显祖之意。《志》又
言：三年十二月，显祖因田鹰获鸳鸯一，其偶悲鸣，上下不去。帝乃
恻然。于是下诏禁断鸷鸟，不得育焉。《本纪》世宗永平二年五月辛
丑，以旱故禁断屠杀；十一月诏禁屠杀含孕，以为永制。《北齐书·
文宣帝纪》：天保八年四月庚午诏诸取虾蟹蚬蛤之类，悉令停断，唯
听捕鱼。乙酉诏公私鹰鹞，俱亦禁绝。九年二月己丑，诏限以仲冬
一月燎野，不得他时行火，损昆虫草木。《武成帝纪》：元年正月，诏
断屠杀，以顺春令。《后主纪》：天统五年二月乙丑，诏禁网捕鹰鹞
及畜养笼放之物。《上洛王思宗传》云：子元海，好乱乐祸，然诈仁

慈，不饮酒啖肉。文宣天保末年，敬信内法，乃至宗庙不血食，皆元海所谋。及为右仆射，又说后主禁屠宰，断酤酒，然本心非清，故终至覆败。案元海尝劝武成奉济南，此未为非义。其后与祖珽共执朝政，依违陆太姬间，盖亦事不得已耳，然谓其好乱乐祸则过矣。《周书·武帝纪》：保定二年四月，亦以旱故禁屠宰。《隋书·礼仪志》：祈雨初请后二旬不雨者，即徙市禁屠。州郡尉祈雨，亦徙市断屠如京师。盖自此遂为故事矣。

《宋书·谢灵运传》言："（会稽）太守孟顗事佛精恳，而为灵运所轻。会稽东郭有回踵湖，灵运求决以为田，太祖令州郡履行。此湖去郭近，水物所出，百姓惜之。顗坚执不与。灵运既不得回踵，又求始宁岯崲湖为田，顗又固执。灵运谓顗非存利民，正虑决湖多害生命，言论毁伤之，与顗遂构仇隙。"灵运固狂悖，然其度顗意或未必尽诬。齐武帝将射雉，竟陵王子良上书谏。见《齐书》本传。王缋亦称疾不从。见《齐书·王奂传》。《魏书·陆俟传》："俟玄孙子彰崇好道术，曾婴重疾，药中须桑螵蛸，子彰不忍害物，遂不服焉。"此与梁武帝禁以生类为药用意符同矣。《齐书·高逸传》："始兴人卢度亦有道术，少随张永北征，永败，虏追急，阻淮水不得过。度心誓曰：若得免死，从今不复杀生。须臾见两楯流来，接之得过。"此等戒杀之念，原不过徼利之心，然有以薪报而然者，亦有不出于此者。闻以仁为治，不闻以杀为治，梁武帝齐文宣可议之处则甚多矣，于其戒杀竟何与哉？

〔一五一〕僧徒为乱

　　宗教为治世之资乎？抑为作乱者之所借乎？曰无定也。无论何教，皆可用以治民，亦可借以犯上。道教自寇谦之而后，庙堂之上亦尊礼之，与儒、释并列矣。谓其非原出于张角、张鲁、孙恩之俦，不可得也。基督教在欧洲，几欲借以驾驭帝王成统一之业；其在中国，虽见诬以烹食小儿，诱奸妇女，特其见禁断时流俗揣测之辞，今日则人知其诬，政府中人且有崇奉之者矣。然在清代太平天国起事之时，谓其非张角、张鲁、孙恩之流，不可得也。佛教最称柔和矣，然自传入中国以来，假以谋乱者，亦迄不绝；以其所成就，不如张角、张鲁、孙恩、太平天国等之大，读史者遂多忽略焉；然其性质实无以异，不可不一指出之也。

　　佛教流通，世皆信《魏书·释老志》之说，谓其以汉明帝之世来自西域，首至洛阳，非也。楚王英者，明帝之兄，而据《后汉书》本传，永平八年诏令天下死罪皆入缣赎，英遣郎中令奉黄缣白纨三十匹诣国相，国相以闻，诏报之，已有"楚王诵黄、老之微言，尚浮屠之仁慈"之语矣。然则佛教流通，南方殆先于北。大作佛事最早可考者，为汉末之笮融，事见《三国志·刘繇传》，亦见《后汉书·陶谦传》。《传》言融丹阳人，初聚众数百，往依徐州牧陶谦。谦使督广陵、彭城运漕，遂放纵擅杀，坐断三郡委输以自入。乃大起浮图祠，以铜为人,黄金涂身,衣以锦采,垂铜槃九重,下为重楼阁道,可容三千余人,悉课读佛经,令界内及旁郡人有好佛者听受道,复其他役以招致之,由此远近前后至者五千余人户。每浴佛,多设酒饭,布席于路,经数十里,民人来观及就食且万人,费以巨亿计。曹公攻陶谦,徐土骚动,融将男女万口,马三千匹,走广陵,广陵太守赵昱待以宾礼。先是,彭城相薛礼为陶谦所逼,屯秫陵。融利广陵之众,因酒酣杀昱,放兵大略,因载而去,过杀礼。刘繇为孙策所破,奔丹徒,溯江南保豫章,驻彭泽。笮融先至,杀太守朱晧,入居郡中。繇进讨融,为融所破,更复招合属县,攻破融。融败走入山,为民所杀。其人实乱徒也。《隋书·经籍志》论《佛经》云:"汉末太守竺融亦崇佛法。"竺笮同音,佛徒以释为姓,始于道安,先此皆从所受学。《困学纪闻》二十引石林叶氏《避暑录话》。而僧人来自异域者,率以其国名为姓,如月支人姓支,安息人姓安是也。天竺人则姓竺,竺融疑从天竺人受学,因从其姓者;此说若然,则融,中国人出家之甚早者矣。《三国·吴志·孙綝传》言其"坏浮屠祠,斩道人"。其详不可得闻。今案《梁书·海南诸国传》述高祖改造阿育王寺塔,出旧塔下舍利及佛爪发事云:"阿育王即铁轮王,王阎浮提,一天下,佛灭度后,一日一夜役鬼神造八万四千塔,此即其一也。吴时有尼居其地,为小精舍,孙綝寻毁除之,塔亦同泯。吴平后,诸道人复于旧处建立焉。晋中宗初渡江,更修饰之。至简文咸安中,使沙门安法师程造小塔,未及成而亡。弟子僧显继而修立。至孝武太元九年,上金相轮及承露。其后西河离石县有胡人刘萨何遇疾暴亡,而心下犹暖,其家未敢便殡,经十日更苏,说云:有两吏见录,向西北行,不测远近,至十八地狱,随报重轻,受诸楚毒;见观世音语云:汝缘未尽,若得活,可作沙门,洛下、齐城、丹阳、会稽并有阿育王塔,可往礼拜;若寿终,则不堕地狱。语竟,如堕高岩,忽然醒寤。因此出家,名慧达,游行礼塔,次至丹阳,未知塔处。乃登越城四望,见长干里有异气色,因就礼拜,果是育王塔所。屡放光明,由是定知必有舍利,乃集众就掘之,入一丈,得三石碑,并长六尺,中一碑有铁函,函中有银函,函中又有金函,盛三舍利及爪发各一枚,发长数尺。即迁舍利近北,对简文所造塔西,造一层塔。十六年,又使沙门僧尚伽为三层,即高祖所开者也。初穿土四尺,得龙窟及昔人所舍金银镮钏钗镯等诸杂宝物。可深九尺许,方至石磉,磉下有石函,函内有铁壶,以盛银坩,坩内有金镂罂,盛三舍利,如粟粒大,圆正光洁。函内又有琉璃碗,内得四舍利及发爪,爪有四枚,并沈香色。"说虽怪迂,然穿土所得诸物,不容妄言;则其追溯前代寺塔,亦必非虚语。然江东之有佛教旧矣,孙綝何故毁灭之? 观于笮融之事,而知当时僧众,未必皆和柔自守之徒,綝或亦有所不得已也。然则佛教初入中国时,已有借以谋乱者矣。

魏、晋以后,佛教之流通愈盛,其徒之反侧亦滋多。宋文帝元嘉九年,益州刺史刘道济绥抚失和,有司马飞龙者,自称晋之宗室,晋末走仇池,遂入绵竹,攻阴平,道济遣军击斩之。而五城人帛氏奴等复为乱,以道人程道养诈称飞龙。史虽云出于劫持,然其后道养亦迄未自拔,乱事绵延至十四年乃定焉。见《宋书·刘粹传》。二十八年又有亡命司马顺则,诈称晋室近属,自号齐王,聚众据梁邹城;又有沙门自称司马百年,号安定王,以应顺则。见《宋书·萧思话传》。孝武帝大明二年,先是,南彭城蕃县人高阇、沙门释昙标、道方等共相诳惑,与秣陵民蓝宏期《南史》作宕期。等谋为乱。又要结殿中将军苗允、员外散骑侍郎严欣之、司空参军阚千纂、太宰府将程农、王恬等谋,克八月一日夜起兵,攻宫门,晨掩太宰江夏王义恭,分兵袭杀诸大臣,以阇为天子。事发觉,凡党与死者数十人。见《宋书·王僧达传》。亦见《夷蛮传》,云高阇为羌人。观文武官员与谋者之多,而知其诳惑,史之所传,庸或得实。然孝武因此以陷王僧达,则其事必与士夫多所牵连可知矣。齐武帝永明十一年,有建康莲华寺道人释法智与徐州民周盘龙等作乱,《齐书·王玄载传》。梁武帝时有沙门僧强自称为帝,攻陷北徐州。《梁书·陈庆之传》。此皆南朝之反侧者也。北方则尤甚。《晋书·石季龙载记》云:有安定人侯子光,弱冠美姿仪,自称佛太子,从大秦国来,当王小秦国,易姓名为李子杨。游于鄠县爱赤眉家,赤眉信敬之,妻以二女,转相扇惑。京兆樊经、竺龙、此人或亦佛徒,故姓竺。严谌、谢乐子等聚众数千人于杜南山,子杨称大黄帝,建元曰龙兴。其见于《魏书》者:太祖天兴五年,有沙门张翘,自号无上王,与丁零鲜于次保聚党常山之行唐。高祖延兴三年十二月,有沙门慧隐谋反。太和五年二月,又有沙门法秀谋反,以上皆见《本纪》。法秀事亦见《天象志》、《灵征志》。此役与大乘之乱,皆震动一时,与其谋者,有崔道固兄子僧佑及州秀才平雅。僧佑见《魏书·崔玄伯传》。雅,季之父,见《阉官传》。《苟颓传》云:"大驾行幸三川,颓留守京师,沙门法秀谋反,颓率禁卫收掩,毕获,内外晏然。驾还饮至,文明太后曰:当尔之日,卿若持疑不即收捕,处分失所,则事成不测矣。"《恩幸·王叡传》云:"法秀谋逆事发,多所牵引。叡曰:与其杀不辜,宁赦有罪,宜枭斩首恶,余从疑赦。高祖从之,得免者千余人。"叡弟亮以告法秀反,赐爵永宁侯。此役似中国之士大夫谋欲覆魏,事未及发,而魏主归后,又株连颇广也。十四年有沙门司马惠御,自言圣王,谋破平原郡。世宗永平二年,有泾州沙门刘惠汪聚众反。三年二月,有秦州沙门刘光秀谋反。延昌三年十一月,有幽州沙门刘僧绍聚众反,自号净居国明法王。皆见《本纪》。光秀事亦见《灵征志》。僧绍事亦见《天象志》。至四年六月而大乘之祸作。《肃宗本纪》云:沙门法庆聚众反于冀州,自称大乘。九月甲寅,元遥破斩之,及渠帅百余人,传首京师。熙平二年正月,余贼复相聚结,攻瀛州,刺史宇文福讨平之。《本纪》。此事散见元遥及崔玄伯、宇文福、高允、萧宝夤、张彝、裴叔业、李叔虎、《酷吏》谷楷、《阉官》封津及《北齐书》封隆之等传。《元遥传》云："冀州沙门法庆既为妖幻,遂说渤海人李归伯。归伯合家从之,招率乡人,推法庆为主。法庆以归伯为十住菩萨、平魔军司、定汉王,自号大乘。杀一人者为一住菩萨,杀十人者为十住菩萨。又合狂药,令人服之,父子兄弟不相知识,惟以杀害为事,于是聚众杀阜城令,破渤海郡,杀害吏人。刺史萧宝夤遣兼长史崔伯骥讨之,败于煮枣城,伯骥战殁。凶众遂盛,所在屠灭寺舍,斩戮僧尼,焚烧经像,云新佛出世,除去旧魔。诏以遥为使持节、都督北征诸军事,帅步骑十万以讨之。法庆相率攻遥,遥并击破之。遥遣辅国将军张虬等率骑追掩,讨破,擒法庆并其妻尼惠晖等斩之,《北史》作斩法庆。传首京师。后擒归伯,戮于都市。"《北齐书·封隆之传》言法庆之众,为五万余。《魏书·谷楷传》曰："沙门法庆反于冀州,虽大军讨破,而妖帅尚未枭除,诏楷诣冀州追捕,皆擒获之。"此盖法庆以外之小帅。《封津传》云："大乘贼起,诏津慰劳,津世不居桑梓,故不为州里所归。"《高允传》:允孙绰,"大乘贼起于冀州,元遥讨之,诏绰兼散骑常侍,持节,以白虎幡军前招慰。绰著信州里,降者相寻"。此则攻剿之外,别事招抚者也。《张彝传》言:"大乘贼起于冀、瀛之间,遣都督元遥讨平之,多所杀戮,积尸数万。(彝子)始均以郎中为行台,忿军士重以首级为功,乃令检集人首数千,一时焚爇,至于灰烬,用息侥幸。"可见魏帅军纪之坏。法庆何故专以杀戮为务,甚至残及僧尼,殊不可解。归伯者,叔虎之从兄弟,叔虎弟台户亦同法庆反,叔宝则以连坐死于洛阳狱。见《魏书·李叔虎传》。士大夫之与其事者亦不少也。《源贺传》:贺出为冀州刺史,"武邑郡奸人石华告沙门道可与贺谋反,高宗谓群臣曰:朕为卿等保之。乃精加讯检,华果引诬"。《逸士传》:冯亮为中山王英所获,至洛,隐居嵩高,与僧徒礼诵为业。会逆人王敞事发,连山中沙门,亮被执赴尚书省十余日,诏特免雪,亮不敢还山,遂寓居景明寺。后乃复还山室。此二事虽不知僧人之果与谋与否,然其易于牵连,则亦甚矣。《北齐书·皮景和传》:"陈将吴明彻寇淮南,令景和率众拒之;有阳平人郑子饶诈依佛道,设斋会,用米面不多,供赡甚广。密从地藏渐出饼饭,愚人以为神力,见信于魏、卫之间。将为逆乱,谋泄,掩讨,漏逸,乃潜渡河,聚众数千,自号长乐王。已破乘氏县,又欲袭西兖州城。景和自南兖州遣骑数百击破之,斩首二千余级,生擒子饶,送京师烹之。"此则利用佛教斋会供赡穷民,以聚众者。《魏书·卢玄传》:子渊,"高祖议伐萧赜。渊表曰:臣闻流言:关右之民,自比年以来,竞设斋会,假称豪贵,以相扇惑,显然于众坐之中以谤朝廷,无上之心,莫此为甚。愚谓宜速惩绝,戮其魁帅。不尔,惧成黄巾、赤眉之祸。"渊虽云尔,实则豪贵参与其事者正多,不必出于假托,观法秀、法庆之事可知。郑子饶能为地道,多出饼饭以赡人,亦必豪桀之流也。显然腾谤于众坐之间,至引为南伐之后患,其中或有华夏有心之士志存覆魏者矣。

《宋书·文五王传》:竟陵王诞迁镇广陵,"大明二年,发民筑治广陵城。诞循行,有人干舆扬声大骂曰:大兵寻至,何以辛苦百姓!诞执之,问其本末,答曰:姓夷名孙,家在海陵,天公去年与道佛共议,欲除此间民人;道佛苦谏得止。大祸将至,何不立六慎门?诞问六慎门云何?答曰:古时有言,祸不入六慎门。诞以其言狂悖,杀之"。此人非有心恙,则亦必能假道佛以惑众者也。

《魏书·释老志》:高宗复佛法时下诏曰:"欲为沙门,不问长幼,出于良家,性行素笃,无诸嫌秽,乡里所明者,听其出家。"有是限制,足见是时入道,豪猾者多也。《宋书·垣护之传》:其伯父之子阆,元嘉中为员外散骑侍郎。母墓为东阿寺道人昙洛等所发,阆与弟殿中将军闳共杀昙洛等五人,诣官归罪,见原。《北齐书·阳州公永乐传》：弟长弼，小名阿伽，性粗武，出入城市，好殴击行路，时人皆呼为阿伽郎君。时有天恩道人，至凶暴，横行闾肆，后入长弼党，专以斗为事。文宣并收掩付狱，天恩党十余人皆弃市，长弼鞭一百。此两事，并足见僧众中凶人之多。《周书·齐炀王宪传》：齐任城王湝、广宁王孝珩等据守信都，高祖复诏宪讨之。大开赏募，多出金帛，沙门求为战士者亦数千人。其人可应募为兵，无怪其易于为乱矣。

《魏书·释老志》：高祖延兴二年四月诏曰：比丘不在寺舍，游涉村落，交通奸猾，经历年岁，令民间五五相保，不得容止。无籍之僧，精加隐括，有者送付州镇，其在畿郡，送付本曹。若为三宝巡民教化者，在外赍州镇维那文移，在台者赍都维那等印牒，然后听行，违者加罪。《本纪》云："诏沙门不得去寺浮游民间，行者仰以公文。"观此知当时僧众亦有如基督教士巡游劝化者，而奸猾乃因之以行矣。世宗永平二年冬，沙门统惠深上言："与经律法师，群议立制：或有不安寺舍，游止民间，乱道生过，皆由此等，若有犯者，脱服还民。"仍与延兴之诏同意。

僧众游涉，究较平民为自由，观当时遭难者，或变形为沙门，或由沙门加以隐匿可知。《晋书·祖约传》：祖逖有胡奴曰王安，待之甚厚，及在雍丘，告之曰：石勒是尔种类，吾亦不在尔一人，乃厚资遣之，遂为勒将。祖氏之诛也，安多将从人于市观省，潜取逖庶子道重藏之为沙门，时年十岁，石氏灭后，来归。《宋书·邓琬传》：子勋之败，郢州行事张沈、伪竟陵太守丘景先闻败，变形为沙门逃走，追禽伏诛。《梁书·陈庆之传》：洛阳陷，庆之马步数千，结陈东返，尔朱荣亲自来追，直嵩高山水洪溢，军人死散，庆之乃落发为沙门，间行至豫州。《陈书·王质传》：侯景军至京师，质不战而溃，乃剪发为桑门，潜匿人间。《南史·宋宗室诸王传》言长沙王道怜之孙彦节谋攻齐高帝被杀,子侯与弟陂剃发被法服向京口,于客舍为人识,执于建康狱,尽杀之。又《齐武帝诸子传》言竟陵王子良子昭胄,王敬则事起,明帝召诸王侯入宫;及陈显达起事,王侯复入宫,昭胄惩往时之惧,与弟永新侯昭颖逃奔江西,变形为道人。《魏书·房法寿传》言法寿从弟崇吉南奔,夫妇异路,剃发为沙门,改名僧达,投其族叔法延,住岁余,清河张略之,亦豪侠士也,崇吉遗其金帛,得以自遣;妻从幽州南出,亦得相会。《萧宝夤传》言兄宝卷子赞,本名综,为齐州刺史,尔朱兆入洛,为城民赵洛周所逐,为沙门,潜诣长白山,未几,趣白鹿山,至阳平遇病而卒。《裴叔业传》言长兄子彦先,正始中转渤海相;属元愉作逆,征兵郡县,彦先不从,为愉拘执,逾狱得免,仍为沙门,潜行至洛。此皆身为沙门以求免者也。《宋书·王华传》:父廞,举兵以讨王恭为名,恭遣刘牢之击廞,廞败走,不知所在。长子泰为恭所杀,华时年十二,《南史》作十三。在军中与廞相失,随沙门释昙永《南史》作昙冰。逃窜。《南史·袁昂传》:雍州刺史颛之子也。颛败,藏于沙门。沙门将以出关,关吏疑非常人,沙门杖而语之,遂免。又《梁宗室传》:临川王宏,宣武之难,兄弟皆被收。道人释惠思藏宏。及武帝师下,宏至新林奉迎。又邵陵王纶,元帝闻其盛,乃遣王僧辩帅舟师一万以逼纶。纶将刘龙武等降僧辩,纶遂与子踬等十余人轻舟走武昌。沙门法磬与纶有旧,藏之岩石之下。又《王僧辩传》言甥徐嗣先,荆州灭亡,为比丘慧暹藏得脱。《魏书·司马楚之传》:刘裕诛夷司马戚属,叔父宣期、兄贞之并为所杀,楚之乃亡,匿诸沙门中,济江自历阳西入义阳竟陵蛮中。又《王慧龙传》:自云司马德宗尚书仆射愉之孙。刘裕微时,愉不为礼,及得志,愉合家见诛。慧龙年十四,为沙门僧彬所匿,百余日,将慧龙过江。此皆借沙门之隐藏以获免者也。沙门中虽多豪猾,究为方外之人,故其或行或居,讥察者究较宽弛矣。

〔一五二〕畜 蛊

　　畜蛊之俗,近世谓西南有之。《隋书·地理志》曰:"新安、永嘉、建安、遂安、鄱阳、九江、临川、庐陵、南康、宜春,此数郡往往畜蛊,而宜春偏甚。其法:以五月五日,聚百种虫,大者至蛇,小者至虱,合置器中,令自相啖,余一种存者留之,蛇则曰蛇蛊,虱则曰虱蛊,行以杀人。因食入人腹内,食人五藏,死则其产移入蛊主之家,三年不杀他人,则畜者自钟其弊。累世子孙,相传不绝,亦有随女子嫁焉。干宝谓之为鬼,其实非也。自侯景乱后,蛊家多绝,既无主人,故飞游道路之中则殒焉。"余少时闻人之言蛊者,大同小异,可见近世西南诸族,在六代时,尚盛于东南也。

〔一五三〕淫祀之盛

　　《宋书·礼志》四:"刘禅景耀六年,诏为丞相诸葛亮立庙于沔阳。先是所居各请立庙,不许,百姓遂私祭之,而言事者或以为可立于京师,乃从人意,皆不纳。步兵校尉习隆、中书侍郎向允等言于禅曰:昔周人怀邵伯之美,甘棠为之不伐;越王思范蠡之功,铸金以存其象。自汉兴以来,小善小德,而图形立庙者多矣;况亮德范遐迩,勋盖季世,王室之不坏,实斯人是赖。而烝尝止于私门,庙象阙而莫立,百姓巷祭,戎夷野祀,非所以存德念功,述追在昔也。今若尽从人心,则渎而无典,建之京师,又逼宗庙,此圣怀所以惟疑也。愚以为宜因近其墓,立之于沔阳,使属所以时赐祭。凡其故臣欲奉祠者,皆限至庙。断其私祀,以崇正礼。于是从之。"诸葛亮诚贤相,民乃竞私祭之,且及戎夷,亦为野祀乎?《志》又曰:"汉时城阳国人以刘章有功于汉,为之立祠,青州诸郡,转相放效,济南尤盛。至魏武帝为济南相,皆毁绝之。及秉大政,普加除翦,世之淫祀遂绝。"刘章有功于汉,青州何与焉?而城阳祠之,诸郡且放效之乎?若曰栋折榱崩,侨将厌焉,忠孝之节,天下之所同美也,以是报德,且以厉后之人,魏武又何得目为淫祀乎?不特此也。《孔季恭传》云:"出为吴兴太守,加冠军。先是吴兴频丧太守,云项羽神为卞山王,居郡听事,二千石至,常避之,季恭居听事,竟无害也。"《齐书·李安民传》云:

为吴兴太守,卒官。"吴兴有项羽神,护郡听事,太守不得上。太守到郡,必祀以轭下牛。安民奉佛法,不与神牛,著屐上听事,又于听上八关斋。《太平御览》六五四、八八二引此文,"八关斋"上并有"设"字。俄而牛死,葬庙侧,今呼为李公牛冢。及安民卒,世以神为祟。"《萧惠基传》云:"弟惠休,徙吴兴太守,征为右仆射。吴兴郡项羽神旧酷烈,世人云:惠休事神谨,故得美迁。"《梁书·萧琛传》云:"迁吴兴太守。郡有项羽庙,土民名为愤王,甚有灵验,遂于郡听事安施床幕为神座,公私请祷,前后二千石皆于听拜祀,而避居他室。琛至,徙神还庙,处之不疑。又禁杀牛解祀,以脯代肉。"合此数事观之,吴兴之奉项羽,可谓至虔,羽何功德于吴兴乎?犹得曰羽初避地江东,江东故楚地,民以其有功于楚而怀之也。乃如董卓,逆乱之贼也,度无怀思之崇敬之者;而《北史·魏兰根传》:谓其母忧,将葬常山。"郡境先有董卓祠,祠有柏树,兰根以卓凶逆,不应遗祠至今,乃启刺史,请伐为椁。左右人言有灵,兰根了无疑惧。"是董卓亦受人崇祀数百年也。石虎尤异族淫暴之主也,而《北史·景穆十二王传》云:南安王桢为相州刺史,"以旱祈雨于群神。邺城有石季龙庙,人奉祀之。桢告神像云:三日不雨,当以鞭罚。请雨不验,遂鞭像一百。是月疽发背薨"。为此言者,盖亦信季龙之能为厉也。何民之不论善恶,不别内外,不计其有功德及己与否,而好淫祀至于如此也?善乎周朗之言之也。宋世祖之即位也,普责百官谠言,朗上书曰:"凡鬼道惑众,妖巫破俗,触木而言怪者不可数,寓采而称神者非可算,其原本是乱男女,合饮食,因之而以祈祝,从之而以报请,是乱不除,为害未息。凡一苑始立,一神初兴,淫风辄以之而甚。今修堤以北,置园百里,峻山以右,居灵十房,糜财败俗,其可称限?"可谓言之深切著明矣。饮食男女,人之大欲存焉。凡民之所费诚多,而为之唱率者,则其饮食男女之欲遂矣。蒙藏之民奉喇嘛之教至虔也,而达赖、班禅乃深相德基督教,有新旧之争也。天方教异黑白之宗也。五斗米道实出张脩,张鲁杀脩而窃其教,乌呼,世岂有创教传教之人而真信教者邪?

《齐书·周山图传》云:义乡县长风庙神姓邓,先经为县令,死遂发灵。山图启乞加神位辅国将军,上世祖。答曰:"足狗肉便了事,何用阶级为?"县令死而发灵,亦习隆等所云小善小德图形立庙之类也。加之阶级,则又将屠牛刲羊,烦费不赀矣。是以世祖不之许也。《武十七王传》:"竟陵王子良为会稽太守。夏禹庙盛有祷祀,子良曰:禹泣辜表仁,菲食旌约,服玩果粽,足以致诚。使岁献扇簟而已。"《隋书·高劢传》:"拜楚州刺史。先是城北有伍子胥庙,其俗敬鬼,祈祷者必以牛酒,至破产业。劢叹曰:子胥贤者,岂宜损百姓乎?乃告谕所部,自此遂止,百姓赖之。"诚无所费于民,以虚文崇祀之亦何害?然无所费,则其祠亦将不禁而自绝矣。何也?无所利焉,则莫为之倡率,而欲祷祝报请者,亦将无所景从也。

自宋、齐之世,孔季恭、李安民即不信项羽神,然至梁世而其妖妄仍不息,则以季恭、安民仅逐出之于听事,而未能径废其庙也。然即废之,亦未必能遂绝之。《梁书·王神念传》云:"出为青、冀二州刺史。神念性刚正,所更州郡,必禁止淫祠。青、冀州东北有石鹿山临海,先有神庙,妖巫欺惑百姓,远近祈祷,糜费极多。及神念至,便令毁撤,风俗遂改。"而《南史·阴子春传》云:"子春仕历位朐山戍主、东莞太守。时青州石鹿山临海,先有神庙,刺史王神念以百姓祈祷糜费,毁神影,坏屋舍。当坐栋上有一大蛇长丈余,役夫打扑,不禽,得入海水。尔夜,子春梦见人通名诣子春云:有人见苦,破坏宅舍,既无所托,钦君厚德,欲憩此境。子春心密记之。经二日而知之,甚惊,以为前所梦神,因办牲醑请召,安置一处。数日,复梦一朱衣相闻,辞谢云:得君厚惠,当以一州相报。子春心喜,供事弥勤。

经月余，魏欲袭朐山，间谍前知，子春设伏摧破之，诏授南青州刺史，镇朐山。"此事不知子春故信此神，闻神念之废之而己立之；抑有信此神者，闻神念之废之，而说子春立之也？然此神也，则废于此而立于彼矣。又不仅此也，《周书·于翼传》云："出为安州总管。时属大旱，溳水绝流。旧俗，每逢亢阳，祷白兆山祈雨。高祖先禁淫祀，山庙已除，翼遣主簿祭之，即日澍雨沾洽，岁遂有年。民庶感之，聚会歌舞，颂翼之德。"其时则有废之，又有举之者矣。然所云聚会歌舞者，又安知不为乱男女、合饮食来邪？

　　阴子春、于翼之事，其小焉者也。魏武帝之废淫祀也，文帝、明帝皆能继其志。文帝黄初五年诏曰："自今，其敢设非祀之祭，巫祝之言，皆以执左道论，著于令典。"明帝青龙元年，又诏："郡国山川不在祀典者勿祠。"晋武帝泰始元年诏："末代信道不笃，僭礼渎神，纵欲祈请，曾不敬而远之。徒偷以求幸，妖妄相扇，舍正为邪，故魏朝疾之。其按旧礼，具为之制，使功著于人者，必有其报，而妖淫之鬼，不乱其间。"犹此志也。然穆帝升平中，何琦论修五岳祠谓："今非典之祠，可谓非一。考其正名，则淫昏之鬼；推其糜费，则四人之蠹。可俱依法令，先去其甚，俾邪正不渎。不见省。"而武帝之志荒矣。以上亦皆据《宋书·礼志》。《宋书·武帝纪》：永初二年四月诏曰："淫祠惑民废财，前典所绝，可并下在所，除诸房庙，其先贤及以勋德立祠者，不在此例。"此《礼志》所谓"普禁淫祀"者，盖至此而又一整顿也。《志》云："由是蒋子文祠以下，普皆毁绝。"然又云："孝武孝建初，更修起蒋山祠，所在山川，渐皆修复。明帝立九州庙于鸡笼山，大聚群神。"则其废之也，亦不旋踵而即复，且加厉焉。所谓蒋子文者，其行事无可考。《齐书·崔祖思传》云："州辟主簿，与刺史刘怀珍于尧庙祀神，庙有苏侯像。怀珍曰：尧圣人，而与杂神为列，欲去之，何如？祖思曰：苏峻今日可谓四凶之五也。怀珍遂令除诸杂神。"祖思,清河东武城人,清河齐世属冀州。《南史·祖思传》则云:"年十八,为都昌令,随青州刺史垣护之入尧庙,庙有苏侯神偶坐。护之曰:唐尧圣人,而与苏侯神共坐,今欲正之,何如?祖思曰:使君若清荡此坐,则是唐尧重去四凶。由是诸杂神并除。"不云苏侯为苏峻。论者或以苏峻凶逆,不当见祀,谓《南史》为可信,然则董卓、石虎又何以见祀邪?若谓苏侯当在建康,不当在青、冀,则《南史·张冲传》言:"东昏遣薛元嗣、暨荣伯领兵及粮运送冲,使拒西师。冲病卒,元嗣、荣伯与冲子孜及长史江夏程茂固守,处围城之中,无他经略,惟迎蒋子文及苏侯神,日禺中于州听上祀以求福,铃铎声昼夜不止。又使子文导从登陴巡行,旦日辄复如之,识者知其将亡。"苏侯可迎入郢城,独不可至青、冀邪?以此推之,蒋侯亦必非正神。不然,宋武诏明言先贤及以勋德立祠者不在除例,何以其祠在当时亦见毁绝耶?

　　凡人当祸福无定之际,则惶惑无主。《宋书·礼志》四云:"蒋侯,宋代稍加爵位,至相国、大都督、中外诸军事,加殊礼,钟山王。苏侯,骠骑大将军。"今案宋世信此二神者,莫如元凶及太宗。《文九王传》云:"劭迎蒋侯神于宫内,疏世祖年讳,厌祝祈请。"又云:"始安王休仁都督征讨诸军事。初行,与苏侯神结为兄弟,以求神助。及事平,太宗与休仁书曰:此段殊得苏侯兄弟力。"《南史》云:"明帝初与苏侯神结为兄弟。"书辞则曰:"此段殊得苏兄神力。"皆在军旅成败之际也。自此而上溯之,《晋书·简文三子传》云:"孙恩至京口,道子无他谋略,惟日祷蒋侯庙,为厌胜之术。"又《苻坚载记》云:"坚与苻融登城而望王师,见部陈齐整,将士精锐,又北望八公山上,草木皆类人形,顾谓融曰:此亦勍敌也,何谓少乎?怃然有惧色。初,朝廷闻坚入寇,会稽王道子以威仪鼓吹,求助于钟山之神,奉以相国之号。及坚之见草木状人,若有力焉。"由此而下,暨之《齐书·东昏侯纪》云:

"崔慧景事时,拜蒋子文神为假黄钺、使持节、相国、太宰、大将军、录尚书、扬州牧、钟山王,至是(义师至近郊)又尊为皇帝,迎神像及诸庙杂神,皆入后堂,使所亲巫朱光尚祷祀祈福。《南史·齐东昏侯纪》云:"又偏信蒋侯神,迎来入宫,昼夜祈祷。左右朱光尚诈云见神,动辄谘启,并云降福。始安之平,遂加位相国,末又号为灵帝,车服羽仪,一依王者。"又虚设铠马斋仗千人,皆张弓拔白,出东掖门,称蒋王出荡。"亦皆在军事急迫之际也。《南史·曹景宗传》云:天监六年,"先是旱甚,诏祈蒋帝神求雨,十旬不降。帝怒,命载荻,欲焚蒋庙并神影。尔日开朗,欲起火,当神上忽有云如伞,倏忽骤雨如泻。台中宫殿,皆自振动。帝惧,驰诏追停,少时还静。自此帝畏信遂深。自践阼以来,未尝躬自到庙,于是备法驾将朝臣修谒。是时,魏军攻围钟离,蒋帝神报敕必许扶助,既而无雨水长,遂挫敌人,亦神之力焉。凯旋之后,庙中人马脚尽有泥湿,当时并目睹焉"。此盖大敌当前,借此以激士气,其灵异之迹,则传者之所增饰也。《陈书·高祖纪》,帝以十月乙亥,即皇帝位于南郊,丙子即幸钟山,祀蒋帝庙;三年闰四月,久不雨,又幸钟山,祭蒋帝庙。亦梁武之志矣。《南史·陈高祖纪》:永定二年正月,又尝遣中书舍人韦鼎策吴兴楚王神为帝。《南史·毛脩之传》云:"脩之不信鬼神,所至必焚房庙。时蒋山庙中有好牛马,并夺取之。"当清平无事之时,虽凡人亦不易惑以淫昏之鬼矣。固知巫觋之流,莫非有所利而为之者也。

　　然凡民亦非可以徒诳也,周朗论淫祀又曰:"针药之术,世寡复修;诊脉之技,人鲜能达;民因是益征于鬼,遂弃于医。"凡民当疾病生死不决之时,亦犹之王公贵人当军事成败未决之日耳,固易乘危而胁取其财帛矣。然即巫觋亦有徒为救死计而非以牟利者。《南史·李义传》云:"诸暨东洿里屠氏女,父失明,母痼疾,亲戚相弃,乡里不容。女移父母远住纡舍,昼采樵,夜纺绩,以供养。父母俱卒,亲营殡葬,负土成坟。忽空中有声云:汝至性可重,山神欲相驱使,汝可为人疗病,必得大富贵。女谓是妖魅,弗敢从。遂得病积时。邻舍人有溪蜮毒者,女试疗之,自觉病便差,遂以巫道为人疗疾,无不愈。家产日益,乡里多欲娶之。女以无兄弟,誓守坟墓不嫁,为山劫所杀。"岂非惑人之术,然忍责之乎?辟二氏者,恒訾其徒不耕而食,不织而衣。是以古之为民者四,今之为民者六。然古者济急救穷之政,睦姻任恤之道,后世有之乎?亦岂尽不耕而食不织而衣者之罪也。

〔一五四〕巫能视鬼

巫能视鬼,由来旧矣。夏父弗忌谓"吾见新鬼大,故鬼小"是也。《左氏》文公二年。《史记·魏其武安侯列传》:"武安侯病,专呼服谢罪。使巫视鬼者视之,见魏其、灌夫共守欲杀之。"《后汉书·孝明八王传》:梁节王畅乳母王礼等自言能见鬼神事。《三国·吴志·孙休朱夫人传注》引《搜神记》曰:"孙峻杀朱主,埋于石子冈。归命即位,将欲改葬之。冢墓相亚,不可识别,而宫人颇识主亡时所著衣服,乃使两巫各住一处,以伺其灵,使察鉴之,不得相近。久时,二人俱白:见一女人,年可三十余,上著青锦束头,紫白袷裳,丹绨丝履,从石子冈上。半冈,而以手抑膝长太息,小住须臾。进一冢上,便住,徘徊良久,奄然不见。二人之言,不谋而同。于是开冢,衣服如之。"《孙和传》:孙晧遣守丞相孟仁等以灵舆法驾,东迎神于明陵。《注》引《吴书》曰:"比仁还,中使手诏,日夜相继,奉问神灵起居动止。巫觋言见和被服颜色如平生日。"吴范等传《注》引《抱朴子》曰:"吴景帝有疾,求觋视者,得一人。景帝欲试之,乃杀鹅而埋于苑中,筑一屋,施床几,以妇人屣履服物著其上,乃使觋视之。告曰:若能说此冢中鬼妇人形状者,当加赏,而即信矣。竟日尽夕无言,帝推问之急,乃曰:实不见有鬼,但见一头白鹅立墓上,所以不即白之,疑是鬼神变化作此相,当候其真形而定。无复移易,不知何故,不敢不以实上闻。景帝乃厚赐之。"据此三事,知汉世巫鬼之习犹盛也。

《论衡·论死》篇曰:"夫为鬼者,人谓死者之精神。如审鬼者死人之精神,则人见之宜徒见裸袒之形,无为见衣带被服也。"其辩驳可谓隽快,然此非流俗所知。流俗云见鬼,恒云见其衣带被服,故有葬之俗焉。王充谓被服无精神,然人以焚烧之,则其物化而为气,亦鬼神之伦矣。《三国·魏志·乌丸传注》引《魏书》,言乌丸之葬,"取亡者所乘马、衣物、生时服饰,皆烧以送之",由此也。中国古无烧送之俗,岂明器初起时,谓死者诚能用之邪?则其知识反出乌丸下矣。后世衣物等亦率皆烧送,可见人心之渐变也。《魏志·文德郭皇后传注》引《魏略》曰:"甄后临没,以(明)帝属李夫人。及太后崩,夫人乃说甄后见谮之祸,不获大敛,被发覆面,帝哀恨流涕,令殡葬太后,皆如甄后故事。"又引《汉晋春秋》曰:"初,甄后之诛,由郭后之宠,及殡,令被发覆面,以糠塞口,遂立郭后,使养明帝。帝知之,心常怀忿。遂逼杀之。敕殡者使如甄后故事。"《袁绍传注》引《典论》曰:"(绍妻)刘氏性酷妒,绍死,僵尸未殡,宠妾五人,刘尽杀之。以为死者有知,当复见绍于地下,乃髡头墨面以毁其形。"案子西以袂掩面而死。《左氏》哀公十六年。《吴越春秋·夫差内传》曰:"吴王临欲伏剑,顾谓左右曰:使死者有知,吾羞前君地下,不忍睹忠臣伍子胥及公孙圣。使其无知,吾负于生。死必连縶组以罩吾目。恐其不蔽,愿复重罗绣三幅,以为掩明。"亦此意也。《汉书·景十三王传》:广川王去爱姬阳成昭信杀幸姬王昭平、王地余。后昭信病,梦见昭平等,以状告去。去曰:虏乃复见畏我,独可燔烧耳。掘出尸,皆烧为灰。后昭信立为后,复谮幸姬陶望卿,望卿投井死;昭信出之,椓杙其阴中,割其鼻唇,断其舌。谓去曰:前杀昭平,反来畏我,今欲靡烂望卿,使不能神。与去共支解,置大镬中,取桃灰毒药并煮之,连日夜靡尽。亦皆谓毁其形则不能神也。